Handbuch Heiliger Geist

Herausgegeben
von Siegfried Großmann

unter Mitarbeit von
Oskar Föller, Gerhard Hörster und Gottfried Wenzelmann

R. BROCKHAUS VERLAG WUPPERTAL

Umschlaggestaltung: Dietmar Reichert, Dormagen
Satz: Graphische Werkstätten Lehne GmbH, Grevenbroich
Druck und Bindung: Wiener Verlag, Himberg/Österreich
ISBN 3-417-24682-2
Bestell-Nr. 224 682

INHALT

Dritter Teil

Vierter Teil:

Fünfter Teil:

Einführung

Siegfried Großmann

Die Frage nach dem Heiligen Geist ist in den letzten Jahrzehnten zu einem Hauptthema in der Christenheit geworden. Dadurch hat die Pneumatologie, die Lehre vom Heiligen Geist, eine größere Bedeutung gewonnen. Drei Faktoren möchte ich nennen, die in erster Linie für diese Entwicklung verantwortlich sind:

1. Erweckungs- und Erneuerungsbewegungen haben immer etwas mit dem Wirken des Heiligen Geistes zu tun. Wir haben heute eine große Fülle von solchen Aufbrüchen, die uns herausfordern, das Entstehen und die Gestaltungsformen neuer Spiritualitäten zu beobachten und zu werten. Die zahlenmäßig größte dieser Erneuerungsbewegungen ist die *charismatische Bewegung*, die am deutlichsten die Frage nach der Wirkungsweise des Geistes Gottes in unserer Gegenwart stellt. Ein zweiter, allerdings weniger geschlossen in Erscheinung tretender Ansatz ist eine Art *Koinonia-Bewegung*, in der neue Erfahrungen mit geistlicher Lebensgemeinschaft im Mittelpunkt stehen, angefangen von den neuen evangelischen Kommunitäten über Bewegungen wie die Focolare bis hin zu einer Vielzahl ortsgebundener Gemeinschaftsformen in Gemeinden, Werken und Hauskreisen. Drittens nenne ich die *ökumenische Bewegung*, die sich auf die Einheit schaffende Wirkung des Heiligen Geistes beruft, zu der ich auch den Bereich des »Konziliaren Prozesses« zur Förderung von Gerechtigkeit, Frieden und Bewahrung der Schöpfung zähle. Schließlich beschäftigt sich der weltweite *evangelikale Bereich* der Christenheit heute nicht nur – wie schon immer – in der geistlichen Praxis, sondern auch in der Theologie zunehmend mit pneumatologischen Fragen.

2. Das intensivere Nachdenken über den Heiligen Geist und die wachsende Offenheit, sich seinen Wirkungen konkret auszusetzen, hängt darüber hinaus mit bestimmten Defiziterfahrungen in Kirche und Gesellschaft zusammen.

Das ist zunächst die Individualisierung, die in unserer Gesellschaft immer weiter fortschreitet. Wem es gelingt, zu sich selbst zu finden, der erfährt zumeist einen positiv empfundenen Schritt zur Selbstverwirklichung. Gleichzeitig leidet er unter zunehmender Vereinzelung, denn je individualistischer die Menschen geprägt sind, umso schwieriger werden Beziehungen. In einer solchen Situation wird das paulinische Bild vom *Leib Christi* zu einem wichtigen Vorbild, weil es verspricht, die Individualität der Charismen zu einer neuen, lebendigen Einheit zu verknüpfen.

Ein zweites Problem der Gegenwart ist der zunehmende Verlust an unmittelbarer Erfahrung, bedingt sowohl durch die Intellektualisierung vieler Lebensbereiche wie durch den Ersatz der Augenzeugenschaft durch die Informationen über Medien. Dabei hat es in den letzten Jahrzehnten drei »Schübe« gegeben: das Radio, das Fernsehen und nun das Internet. Die Entwicklung der modernen *Erlebnisgesellschaft* ist eine der Antworten auf dieses Problem. Ist das Streben nach enthusiastischer Geisterfahrung eine Parallele zur Erlebnisgesellschaft?

Zum Dritten ist das Leben in unserer Gesellschaft so unübersichtlich geworden, dass die Orientierungsprobleme überhand nehmen. Die Sehnsucht nach prophetischer Klarheit und geistgewirkter Führung könnte der Versuch sein, diesem Problem auf der religiösen Ebene entgegenzutreten.

3. Natürlich ist das »Jahrhundert des Heiligen Geistes« nicht nur eine Reaktion auf gesellschaftliche Entwicklungen, sondern auch eine direkte Antwort des Geistes Gottes auf die aktuelle Problematik des Lebens. Denn es sind biblisch bezeugte Wirkungen des Heiligen Geistes, dass er Einheit schafft, Unmittelbarkeit wirkt und Orientierung bringt. Wir können also die charismatischen, kommunitären, ökumenischen und evangelikalen Bewegungen der Neuzeit durchaus auf das Wirken des Geistes Gottes zurückführen. Gleichzeitig besteht aber die große Gefahr, dass sich diese Entwicklungen in der Grauzone zwischen Geisterfahrung und gesellschaftlicher Defiziterfahrung so an den säkularen Trend anpassen, dass sie ihre spirituelle Tiefe und geistliche Eindeutigkeit verlieren.

Es liegt auf der Hand, dass es wichtig ist, den Heiligen Geist in der heutigen Situation nicht nur auf der Gefühls- und Erfahrungsebene wahrzunehmen, sondern ihn in seinem Wesen und in seinen Wirkungen zu erfassen und zu verstehen. Damit ist die Zielsetzung des »Handbuchs Heiliger Geist« umschrieben. Als Handbuch muss es versuchen, die ganze Bandbreite der Frage nach dem Heiligen Geist anzusprechen. Wir haben versucht, dies in einer knappen und für den interessierten theologischen Laien verständlichen Art und Weise zu tun, die aber auch den Fachleuten Information und Anregung bietet. Es ist unser Bemühen, uns von der biblischen Basis und der aktuellen Erfahrung her den Fragen zu stellen, die existentiell wichtig sind.

Das Handbuch hat vier Teile und entsprechend der systematischen Anlage des ganzen Buches beginnen wir mit dem systematisch-theologischen Teil, der gleichzeitig eine Einführung in die Gesamtthematik darstellt. Ihm folgt der biblische Teil, der die Frage nach dem Heiligen Geist im Alten und im Neuen Testament anspricht. Danach kommt der geschichtliche Teil, der einen kurzen Abriss der Geschichte der Pneumatologie in den letzten 2000 Jahren bringt, und zum Schluss der praktische Teil, der danach fragt, wie das Wirken des Heiligen Geistes heute aussehen kann. Weil dies nicht anders als ausschnitthaft geschehen kann, folgt am Ende ein »kleines pneumatologisches Wörterbuch«. Herausgeber und Verlag haben darauf geachtet, dass die Autoren dieses Handbuchs von einem gemeinsamen grundlegenden Ansatz ausgehen, was nicht ausschließt, daß sie im Einzelnen unterschiedlicher Meinung sind. Dadurch repräsentieren sie die Bandbreite der Einstellungen, die wir jenseits der Extreme im weiten evangelikalen Spektrum finden.

Im Bereich der Pneumatologie ist vieles im Fluss und so möchten wir in diesem Handbuch »auf dem Weg sein« und mit unseren Lesern zusammen neue Schritte gehen und überraschende Erfahrungen machen. Denn auch bei dem Versuch, den Heiligen Geist zu verstehen, bleibt er der Unberechenbare, der »weht, wo er will«.

ERSTER TEIL

Der Heilige Geist – Wesen und Wirkung

Gerhard Hörster

Wer kann es wagen, über das Wesen des Heiligen Geistes zu schreiben? Was wissen wir schon vom Wesen Gottes, von Gott, dem Vater, dem Sohn und dem Heiligen Geist? Die Heilige Schrift Alten und Neuen Testamentes ist bei diesem Thema sehr zurückhaltend. Wir finden Hinweise und Andeutungen, liturgische Formeln und Bekenntnisse, aber keinen Abschnitt, der das Wesen des Heiligen Geistes näher erläutert. Deswegen bleibt uns kein anderer Weg, als das Wirken des Heiligen Geistes so zu beschreiben, wie es sich im Leben von Menschen und in der Geschichte der Gemeinde Gottes gezeigt hat. Erst danach können wir es wagen, aus dem Wirken des Heiligen Geistes und aus den Hinweisen und Andeutungen in der Heiligen Schrift Schlussfolgerungen zu ziehen, um sein Wesen zu beschreiben. Dabei werden wir immer bedenken müssen, dass wir als Geschöpfe Gottes es wagen, uns zum Wesen Gottes zu äußern. Wir werden über das Stammeln nicht hinauskommen und uns dabei in guter Gesellschaft mit vielen Theologen befinden.

1. Die Ausgießung des Heiligen Geistes

1.1 Das Pfingstereignis

Die Apostelgeschichte berichtet, dass sich Jesus nach seinem Leiden, Sterben und Auferstehen seinen Jüngern wiederholt zeigte. Bei diesen Begegnungen, die sich über einen Zeitraum von 40 Tagen erstreckten, sprach er mit ihnen darüber, wie Gott seine Herrschaft aufrichten und sein Werk vollenden werde.

Er trug ihnen auf, in Jerusalem zu bleiben und auf den Heiligen Geist zu warten, den der Vater versprochen habe. Sie würden bald mit dem Heiligen Geist getauft werden (Apg 1,3-5). Bei seiner Himmelfahrt hat er dieses Versprechen noch einmal bekräftigt: »Ihr werdet die Kraft des Heiligen Geistes empfangen und werdet meine Zeugen sein in Jerusalem, in ganz Judäa, in Samaria und bis an das Ende der Erde« (Apg 1,8).

Beim Pfingstfest, das 50 Tage nach dem Passafest gefeiert wurde und zu dem viele Auslandsjuden nach Jerusalem kamen, erfüllte sich das Versprechen Jesu. Die Apostelgeschichte berichtet von mächtigem Rauschen, Sturm, Feuerzungen auf den Köpfen der Apostel. Diese wurden vom Geist Gottes erfüllt und begannen in fremden Sprachen zu reden. Die Auslandsjuden, die sich in Jerusalem niedergelassen hatten, hörten die Apostel in ihren eigenen Muttersprachen reden. Das verwirrte sie völlig. Viele fragten, was dieses Phänomen bedeuten solle. Andere machten sich darüber lustig und meinten, die Apostel wären betrunken (Apg 2,1-13).

Um die Verwirrung zu beenden, hielt Petrus eine mutige Rede, in der er das Geschehen als Erfüllung von Joel 3 deutete. Danach berichtete er über die Erfahrungen der Apostel mit Jesus von Nazareth, über seinen Kreuzestod und seine Auferstehung von den Toten. Er bezeichnete die Apostel als Zeugen des Auferstandenen und rief seine Zuhörer zum Glauben an Jesus, zur Umkehr und zur Taufe auf (Apg 2,14-36). Die Rede des Petrus rief eine starke Bewegung unter den Zuhörern hervor. 3 000 Menschen kamen zum Glauben an Jesus. So wuchs die Gemeinde Jesu Christi in Jerusalem (Apg 2,37-41).

Dieses Bild der Apostelgeschichte ist in seinen Einzelzügen umstritten: Einig ist man sich nur in der Annahme, dass im Jüngerkreis ein Ereignis stattgefunden haben muss, das die Jünger zu ihrem späteren Aposteldienst befähigt hat. Es ist müßig, den einzelnen kritischen Stimmen nachzugehen. Wichtig scheint aber die Frage: Was ist zu Pfingsten wirklich geschehen, wenn man die Apostelgeschichte zur Grundlage des Urteils macht?

1.2 Die Deutung des Pfingstereignisses

Es wurde bereits erwähnt, dass Petrus das Pfingstereignis als Erfüllung von Joel 3 erklärt hat. Dort ist die Ausgießung des Geistes verbunden mit Prophetenrede von Jungen und Alten, mit Träumen und Visionen. Aber das Sprachenwunder wird dort nicht erwähnt. Ist es mit dem Sprachenreden (Glossolalie) in Korinth vergleichbar? Oder stammen die Erscheinungen in Korinth aus der griechischen Religiosität, wie es sich zum Beispiel in den Sprüchen der Pythia im Apollo-Tempel in Delphi gezeigt hat?

Begrifflich ist zunächst einmal Übereinstimmung festzustellen: In Apg 2,4 wird berichtet, dass die Apostel »anfingen, in Sprachen (oder Zungen) zu reden« (griech. *glôssais lalein).* In 1. Kor 14,2 nennt Paulus einen Menschen, der über die Gnadengabe der Sprachenrede verfügt: »der mit Sprache (oder Zunge) Redende« (griech. *glôssê lalôn*). Vom sprachlichen Befund her kann man zwischen der Sprachenrede beim Pfingstfest in Jerusalem und der Sprachenrede in der Gemeinde Korinth keinen Unterschied feststellen.

Inhaltlich meinte man aber vielfach, einen Unterschied konstatieren zu müssen: In Korinth habe es sich um ein ekstatisches Stammeln gehandelt, die Rede sei unverständlich gewesen, man habe einen Dolmetscher gebraucht. In Jerusalem seien aber die Predigten der Apostel von den Anwesenden aus verschiedenen Teilen des Römisches Reiches verstanden worden.

Diese Ansicht übersieht folgende Tatsachen: Es handelt sich in Jerusalem nicht um Predigten, sondern um den Lobpreis Gottes (Apg 2,11b). Dass er verstanden wurde, lag an den Umständen in Jerusalem: Anwesenheit von vielen Festpilgern und Auslandsjuden.

Um den Lobpreis geht es aber auch in Korinth (1. Kor 14,13-16). Dass es sich in Korinth um ekstatisches Stammeln handelt, beruht auf dem Vergleich mit den Erfahrungen in den griechischen Tempeln. Dort versetzten sich die Sprachenredner in einen Zustand der Ekstase, während der sie von der Sprachenrede überwältigt wurden. Man hatte den Eindruck, dass die Zunge fremdgesteuert wurde und unverständliche Laute ausstieß. Demgegenüber zeigt 1. Kor 14,27f, dass der Sprachenredner darüber entscheiden kann, ob er seine Gabe betätigen will oder nicht. Dass in Korinth im Gegensatz zu Jerusalem eine Interpretation der Sprachenrede nötig war, lag an der griechischsprachigen Gemeinde.

Dementsprechend bietet sich an, die Ereignisse von Korinth mit Hilfe der Ereignisse von Jerusalem zu deuten. Sprachenreden meint dann: Beten in einer Fremdsprache, die der Redende nicht gelernt hat. Neuzeitliche Erfahrungen bestätigen diese Beschreibung der Glossolalie. Sie ist neben Sturm, Feuer und kraftvoller Verkündigung des Petrus ein Kennzeichen für das Kommen des Geistes.

Nun hat es besondere Geisterfahrungen auch schon im Alten Testament gegeben. Auch das Wirken Jesu geschieht in der Kraft des Heiligen Geistes. Was zeichnet das Pfingstgeschehen gegenüber diesen Geisterfahrungen aus? Das Besondere besteht darin, dass der Heilige Geist nicht nur Einzelpersonen oder der Gruppe der Apostel verliehen wird, sondern – wie Petrus ausdrücklich betont – allen, die zum Glauben an den Messias Jesus finden, umkehren und sich auf den Namen Jesu Christi taufen lassen. Sie erhalten den Heiligen Geist auch nicht nur für bestimmte Aufträge oder Aufgaben, sondern er wird die bestimmende Kraft ihres Lebens auf Dauer. Daraus ergibt sich: Das Besondere an diesem Ereignis im Vergleich zu voraufgehenden Geisteswirkungen ist die Allgemeinheit und die Beständigkeit. Darum sieht Petrus in diesem Ereignis Joel 3 als erfüllt an.

1.3 Was ist Geistestaufe?

Geistestaufe ist ein dogmatischer Begriff, der als solcher im Neuen Testament nicht vorkommt. Stattdessen ist von »taufen mit dem Heiligen Geist« (Mk 1,8) oder »getauft werden mit Heiligem Geist« (Apg 1,5) die Rede.

Jesus wird von Johannes dem Täufer als der dargestellt, der mit dem Heiligen Geist taufen wird. Lukas berichtet, dass der auferstandene Herr seinen Jüngern versprochen hat, sie sollten mit dem Heiligen Geist getauft werden (Apg 1,5). Es kann kein Zweifel daran bestehen, dass Lukas diese Verheißung beim Pfingstfest als erfüllt angesehen hat. Geistestaufe ist demnach Ausgießung des Heiligen Geistes beim Pfingstfest. Sie ist ein Geschehen, das aus ängstlichen Jüngern Jesu mutige Apostel Jesu Christi machte.

Ob darüber hinaus auch andere Geisterfahrungen als Geistestaufe bezeichnet wurden, muss im folgenden Abschnitt untersucht werden. Die Frage liegt durch 1. Kor 12,13 nahe. Sollte das zu bejahen sein, müssen diese Geisterfahrungen näher beschrieben werden.

Literatur:
Friedrich Büchsel, Der Geist Gottes im NT, S. 234–242
Leonhard Goppelt, Theologie des NT, S. 297f
Donald Guthrie, New Testament Theology, S. 535–540
Kurt Seidel, »Biblische Gesichtspunkte zu Geistestaufe und Geistesfülle«, in: Klaus Haacker/Gerhard Hörster, Mit Geist beschenkt, Witten 1983

2. Der Empfang des Heiligen Geistes

2.1 Der Zusammenhang von Bekehrung, Taufe, Geistempfang, Wiedergeburt

Das Neue Testament beschreibt mit unterschiedlichen Begriffen, wie Menschen Christen werden. Es spricht vom Gläubigwerden, von der Bekehrung, von der Wiedergeburt, von der Taufe und vom Empfang des Heiligen Geistes. In diesem Abschnitt soll es um die Frage gehen, welche Funktion der Heilige Geist beim Christwerden hat. Ist er unabdingbar für die Grunderfahrung, die das Neue Testament mit »gläubig werden«, »sich bekehren«, »wiedergeboren werden« beschreibt, also mit dem Beginn des Christseins? Oder vermittelt er – wie manche Pfingstkirchen und charismatische Gruppierungen lehren – eine zusätzliche Erfahrung solcher, die bereits Christen sind? Eine Durchsicht der einschlägigen Stellen in der Apostelgeschichte, den Briefen des Apostels Paulus und den Johannes-Schriften führt zur Klärung dieser Fragen.

2.1.1 Beobachtungen in der Apostelgeschichte

Der Empfang des Heiligen Geistes wird mit verschiedenen Verben beschrieben: Er »kommt« auf Menschen (19,6), »fällt« auf sie (10,44), wird auf sie »ausgegossen« (2,17f.33; 10,45), wird ihnen »gegeben« (5,32; 8,18; 11,17; 15,8). Menschen werden mit dem Heiligen Geist »erfüllt« (2,4; 4,8.31; 9,17; 13,9) und vor allem: Sie »empfangen« ihn (2,38). Wichtiger als eine einheitliche Begrifflichkeit ist Lukas wohl das Nacherzählen der vielfältigen Art und Weise, wie Menschen durch den Heiligen Geist Christen geworden sind.

In Apg 2,37-41 wird beschrieben, dass die Pfingstpredigt des Petrus bei den Zuhörern die Frage auslöst: »Was sollen wir tun?« Die Antwort des Apostels ist klar: »Kehrt um, lasst euch taufen auf den Namen Jesu zur Vergebung der Sünden und ihr werdet das Geschenk des Heiligen Geistes empfangen.« Dreitausend Menschen befolgen diese Weisung. Sie nehmen das Wort an, lassen sich taufen und »werden hinzugetan«. Gemeint ist wohl zu der Gemeinde, die bisher nur aus dem größeren Jüngerkreis bestand.

Das heißt: Bekehrung, Taufe, Vergebung der Sünden, Geistempfang und Zugehörigkeit zur Gemeinde stehen in einem untrennbaren Zusammenhang. Erst mit dieser gewaltigen Erweckungsbewegung kommt Joel 3 zu seiner vollen Erfüllung. Die von Jesus angekündigte Taufe mit dem Heiligen Geist geschieht also nicht nur durch die Ausgießung des Geistes auf die Apostel, sondern nach diesem Heilsereignis bei allen, die durch das Evangelium von Jesus Christus zur Umkehr gerufen werden, diesem Ruf folgen und dadurch zu Christen werden. Christwerden und Geistestaufe bilden einen untrennbaren Zusammenhang. Die weiteren einschlägigen Stellen in der Apostelgeschichte geben aber Fragen auf, ob diese These durchgehalten werden kann.

In Apg 8,5-26 wird das Christwerden der Menschen in Samaria beschrieben. Sie haben das Evangelium durch Philippus gehört und waren beeindruckt durch die Zeichen, die durch ihn geschahen: Dämonenaustreibungen und viele Krankenheilungen. Sie stimmten dem zu, was sie von Philippus gehört hatten und ließen sich taufen. In diesem Zusammenhang ist von ihrem Glauben die Rede (8,12). Aber es ist ein »Glaube« ohne Geistempfang. Denn diesen erhalten sie erst unter Handauflegung der Apostel Petrus und Johannes, obwohl sie bereits vorher getauft worden waren (8,14-17).

Diese Erfahrung scheint der vorher geäußerten These zu widersprechen, dass es kein Christwerden ohne Geistesempfang gibt. Denn immerhin waren die Samaritaner gläubige Menschen und bereits auf den Namen Jesu getauft. Nachdenklich macht allerdings, dass auch der Magier Simon als gläubiger Mensch beschrieben wird, der sich taufen lässt. Die weitere Geschichte zeigt allerdings, dass er vom Evangelium so gut wie nichts verstanden hat (8,18-24). Deswegen ist die Frage berechtigt, ob der Glaube der Menschen in Samaria mit einer Lebensumkehr verbunden war oder ob er sich in einer gedanklichen Zustimmung zu der gehörten Botschaft erschöpfte. Dementsprechend wurde dann wohl auch die Taufe als Ausdruck dieser Zustimmung verstanden. Erst der Geistempfang bewirkt die Erneuerung des Lebens und begründet damit das Christsein.

Die Begebenheit von Samaria unterstreicht das freie Walten des Heiligen Geistes. Er lässt sich nicht in irgendwelche menschlichen Akte einfangen, noch nicht einmal in die Zustimmung zur gehörten Predigt noch in die Taufe. Er wirkt, wie und wann er will. Sein Wirken allein bewirkt das Christwerden.

Wie frei das Wirken des Heiligen Geistes ist, zeigt sich in der Bekehrungsgeschichte des Saulus (Apg 9,1-20). Dem ehemaligen Christenverfolger, der dem auferstandenen Herrn Jesus Christus begegnet ist, wird von Hananias gesagt: »Du sollst wieder sehen können und mit dem Heiligen Geist erfüllt werden« (9,17). Daraufhin wird Saulus sehend, lässt sich taufen und wird zum glühenden Zeugen Jesu Christi. Von einem Empfang des Heiligen Geistes wird nicht ausdrücklich berichtet, aber wie seine Briefe zeigen, führt er seine neue Existenz auf die Gabe des Heiligen Geistes zurück.

Auch die Bekehrungsgeschichte der Familie des Kornelius beschreibt das freie Wirken des Heiligen Geistes (Apg 10,1-11,18). Es ist die erste Gelegenheit, bei der das Evangelium die Grenzen des Judentums durchbricht. Gott benutzte dreimal dieselbe Vision, um dem Apostel Petrus klarzumachen, dass dieser Weg des Evangeliums seinem Willen entspricht. Aber das alleine reichte nicht aus. Während der Predigt des Petrus werden die Zuhörer vom Heiligen Geist ergriffen, sodass es auch für die Begleiter des Petrus keinen Zweifel gibt, dass die Heiden den Heiligen Geist empfangen haben und darum getauft werden können.

Zu den klassischen Belegstellen in der Apostelgeschichte gehört schließlich die Begegnung des Apostels Paulus mit den Johannesjüngern in Ephesus (Apg 19,1-7). Sie werden als »Jünger« vorgestellt, denen Paulus die Frage stellt: »Habt ihr auch den Heiligen Geist empfangen, als ihr gläubig wurdet?« (19,2) Auf den ersten Blick scheint es die Ansicht mancher Pfingstler zu belegen, dass es einen Christusglauben ohne Geistempfang gibt. Bei genauerer Betrachtung zeigt sich allerdings, dass von einem Christusglauben bei ihnen keine Rede sein konnte. Sie wussten weder etwas vom Heiligen Geist, noch waren sie christlich getauft worden. Sie hatten die Botschaft Johannes des Täufers gehört, ihr innerlich zugestimmt und das mit der Taufe des Johannes unterstrichen. Paulus muss ihnen zunächst das Evangelium von Jesus Christus verkündigen, ehe sie sich auf den Namen Jesu taufen lassen und den Heiligen Geist empfangen können.

Zwischenergebnis

Es ist unübersehbar: In der Apostelgeschichte gehören Bekehrung, Taufe und Geistempfang zusammen, aber nicht in einem sich immer wiederholenden gleichen schematischen Ablauf von Ereignissen. Vielmehr bewirkt der Heilige Geist in einem immer neuen, den betroffenen Menschen und Situationen angemessenen Handeln das Christwerden. Von einer zweiten auf das Christwerden folgenden Erfahrung im Sinne eines »zweiten Segens« lassen die besprochenen Stellen nichts erkennen.

2.1.2 Beobachtungen in den Briefen des Apostels Paulus

Paulus geht von der Grundeinsicht aus, dass es ohne das Wirken des Heiligen Geistes kein Christsein gibt.[1] Das lässt sich durch viele Einzelstellen belegen. Er spricht die Gemeindeglieder in Thessalonich als solche an, die den Heiligen Geist empfangen (1.Thess 4,8). Durch das Partizip Präsens beschreibt er eine gegenwärtige Erfahrung, die alle Gemeindeglieder machen. Dem entspricht, dass er den Korinthern schreibt, sie seien alle durch einen Geist zu einem Leib getauft (1. Kor 12,13), d.h. durch Geistempfang und Taufe Glieder am Leib des Christus geworden. Die deutlichste Stelle ist 1. Kor 12,3, nach der es kein Bekenntnis zu Jesus Christus als dem Herrn gibt ohne den Heiligen Geist. Dem entspricht die negative Kehrseite, die in Röm 8,9 formuliert ist: »Wer den Geist Christi nicht hat, gehört nicht zu ihm«.

Paulus beschreibt die Gegenwart des Heiligen Geistes im Leben der Christen mit verschiedenen bildhaften Ausdrücken. Nach 1. Kor 3,16 sind die Korinther der Tempel Gottes, in dem der Geist Gottes wohnt. Das wird in 1. Kor 6,19 auf die einzelnen Christen angewandt, deren Körper ein Tempel des Heiligen Geistes genannt wird. Ein anderes Bild ist das Siegel, mit dem ein Dokument als amtlich gültig bestätigt wird. So hat Gott den Korinther Christen sein Siegel aufgedrückt, indem er ihnen als Garantie den Geist gegeben hat (2. Kor 1,22). Das wiederholt Paulus noch einmal in 2. Kor 5,5. Dasselbe Bild taucht in Eph 1,13f auf, wo das Gläubigwerden beschrieben wird als »versiegelt worden mit dem heiligen Geist, der verheißen ist«. Ein drittes Bild verwendet Paulus in 2. Kor 3,3: Die Korinther Christen sind ein Brief, der mit dem Geist des lebendigen Gottes in menschliche Herzen geschrieben worden ist.

Zwischenergebnis

Es kann auch nach Paulus kein Zweifel daran bestehen, dass es ein Christsein ohne Empfang des Heiligen Geistes nicht gibt. Dass die Anfangserfahrung mit dem Heiligen Geist nicht die einzige bleibt, ist das Anliegen des Apostels. Deshalb ruft er die Glaubenden auf, sich mit dem Heiligen Geist erfüllen zu lassen. Deswegen beschreibt er die Frucht und die Gaben des Heiligen Geistes. Ja, es gibt keinen Lebensbereich des Christen, der nicht vom Heiligen Geist

[1] »Indeed it is a fundamental assumption of Paul's theological position that all believers are possessors of the Spirit. In other words no-one can respond to the claims of Christ without being activated and indwelt by the Holy Spirit.« D. Guthrie, New Testament Theology, S. 551

bestimmt wäre. Mit demselben Recht, mit dem man Paulus mit der Kreuzestheologie identifizieren kann, ist es möglich, seine Theologie als eine pneumatische darzustellen. Wie sie sich im Einzelnen entfaltet, ist noch zu beschreiben.

2.1.3 Beobachtungen bei den Johannes-Schriften

Zum Verständnis des Geistempfangs ist die Geschichte von Nikodemus unbedingt notwendig (Joh 3,1ff). In dieser Geschichte tritt an die Stelle der sonst für das Christwerden verwendeten Begriffe »sich bekehren«, »gläubig werden«, »das Wort annehmen« ein für die Johannes-Schriften typischer Begriff »von neuem oder von oben geboren werden«. Das Gespräch mit Nikodemus kreist um diesen Begriff der Wiedergeburt. Er ist nicht zu verwechseln mit Reinkarnation. Vielmehr beschreibt er die Erneuerung des menschlichen Lebens von Grund auf bei Beibehaltung der Identität und ihrer Ausdrucksformen (Leib, Seele, Geist). Diese Erneuerung bezeichnet nach Johannes das Christwerden. Dafür ist der Geistempfang unverzichtbar (Joh 3,5). Nur der Geist Gottes kann aus einem Leben ohne Gott das Leben eines Kindes Gottes machen.

Ergebnis
Alle einschlägigen Stellen des Neuen Testaments belegen: Wir werden zu Christen nur durch den Empfang des Heiligen Geistes, der unverfügbar ist und den einzelnen Menschen einen ihnen angemessenen Zugang zum Glauben eröffnet.

2.2 Die Gewissheit des Heils

Der Begriff der Heilsgewissheit ist kein biblischer Begriff. Die damit gemeinte Sache ist im Neuen Testament zu finden, wenn man gewisse inhaltliche Vorgaben klärt. Die Dogmatik unterscheidet beim Begriff der Heilsgewissheit zwischen *securitas* (Sicherheit) und *certitudo* (Gewissheit). Vor einer Heilssicherheit, die den Christen unverlierbar gehört, warnt Jesus in seinen die Pharisäer kritisierenden Worten und vor allem auch in einigen seiner Gleichnisse. Die Bilder vom Wettkampf, die Paulus gerne verwendet, schließen ein solches Heilsverständnis aus. Am ehesten könnte mit den Johannes-Schriften so etwas wie Heilssicherheit begründet werden (vgl. Joh 3,36; 5,24).

Bei näherem Hinsehen zeigt sich aber, dass das bereits überwundene Gericht mit dem gelebten Glauben an Jesus Christus begründet wird. Von einer Heilssicherheit, die dem Christen ein für allemal übereignet wäre, auch unabhängig von seinem Christusglauben, kann also auch bei Johannes keine Rede sein. Insofern ist Luther zuzustimmen, der die *securitas* als eine dem christlichen Glauben unangemessene Haltung beschrieben hat.

Anders ist es mit der *certitudo*, also der Gewissheit, die aufgrund der Zusagen und des Handelns Gottes entsteht. Für sie gibt es im Zusammenhang mit dem Heiligen Geist vor allem in Römer 8 manche Belege. Paulus schreibt, dass die Lebensordnung des Geistes den Glaubenden (»dich«) durch Jesus Christus von dem Gesetz der Sünde und des Todes befreit hat (Röm 8,2). Der Geist Gottes bezeugt unserem Geist, dass wir Gottes Kinder sind (Röm 8,16). So ist das *symmartyrein tini* zu übersetzen und nicht »mit jemandem zusammen bezeugen«.[2] Dieser Geist weckt das starke Vertrauen in die unverbrüchliche Liebe Gottes, das durch nichts zu erschüttern ist (Röm 8,31-39, bes. V. 38f).

Ähnliche Ausdrucksformen der Gewissheit gibt es auch in anderen Schriften des Neuen Testaments (vgl. 1. Joh 3,1-10), aber sie werden nicht ausdrücklich auf das Wirken des Heiligen Geistes zurückgeführt.

2.3 Die Fülle des Geistes

Der Begriff »Geistesfülle« kommt im Neuen Testament ebenso wenig vor wie der Begriff »Geistestaufe«. »Fülle« (*plêroma*) wird im Neuen Testament nicht im Zusammenhang mit dem Heiligen Geist verwendet, wohl aber in anderen Verbindungen: Röm 11,25: Fülle der Heiden; Eph 4,13: Fülle Christi; Gal 4,4: Fülle der Zeiten. Aber der Heilige Geist wird im Neuen Testament mit Verben oder Adjektiven verbunden, die Fülle beschreiben: z. B. mit dem Heiligen Geist erfüllt werden (*plêroô* in Apg 13,52; Eph 5,18 oder *pimplêmi* Lk 1,15.41.67; Apg 2,4; 4,8.31; 9,17; 13,9). Das Adjektiv »voll« (*plêrês*) wird mit dem Heiligen Geist verbunden in Lk 4,1; Apg 6,3.5; 7,55; 11,24. Was ist mit diesen Wortverbindungen gemeint?

---

[2] H. Schlier, Römer, S. 254 mit Verweis auf Strathmann, Leenhardt, H. W. Schmidt, Kuss, Käsemann

Was jemanden erfüllt, das bewegt ihn, das bestimmt ihn, das ist die Mitte seines Lebens. Seine Gedanken, Empfindungen und Entscheidungen werden davon geleitet. Angewandt auf den Heiligen Geist bedeutet das: Er ist die bestimmende Kraft im Leben dieser Menschen. Von ihm lassen sie sich führen (Röm 8,14). Aus seiner Kraft handeln sie. Er befähigt sie zum Lob Gottes.

Geistesfülle ist also nicht ein besonderer Erkenntnis- oder Lebensstand, den Menschen anstreben oder erreichen können. Es geht vielmehr wie bei anderen Erfahrungen mit dem Heiligen Geist um etwas Dynamisches. Der Heilige Geist verändert das Leben von Menschen entsprechend den Zielen Gottes. Darum fordert Paulus die Christen auf, sich diesem Wirken des Geistes auszusetzen (Eph 5,18).

Literatur:

Donald Guthrie, New Testament Theology, S. 540–549
Kurt Seidel, »Geistestaufe«, in: Haacker/Hörster, Mit Geist beschenkt, S. 58–69

3. Die Erneuerung durch den Heiligen Geist

Der Begriff der Erneuerung hat in der pfingstlerisch-charismatischen Frömmigkeit eine große Bedeutung. Er begegnet als »Geisterneuerung«, »Tauferneuerung« oder »Firmerneuerung«. Gemeint ist jeweils eine besondere Erfahrung, die Christen mit dem Heiligen Geist machen. Manchmal wird sie verstanden als eine punktuelle Erfahrung, die dem bisher gelebten Glauben eine neue Dimension verleiht. Andere beschreiben sie als eine beständige Erneuerung des geistlichen Lebens.

Vermittelt werden solche Erfahrungen in Gebetsgruppen, Glaubenskursen, Konferenzen, Tagungen. Vorausgesetzt wird bei denen, die sich nach einer solchen Erfahrung sehnen, dass sie im Glauben viel von Gott erwarten, zur Neuorientierung ihres Lebens bereit sind, ihre Vorbehalte gegenüber pfingstlerisch-charismatischer Frömmigkeit zurückstellen, aktiv um die Erfahrung der Kraft des Heiligen Geistes bitten und offen für besondere Geistesgaben sind (z. B. Sprachenreden).

Über die erlebte Erneuerung berichten viele, dass sie mit dem Heiligen Geist – manchmal körperlich spürbar – durchdrungen wurden und seitdem die Gegenwart des Heiligen Geistes in ihrem Leben erfahren. Gott begegnet ihnen real, gegenwärtig und persönlich, kraftvoll und voller Liebe. Daraus ergibt sich für sie eine tiefe Gewissheit der eigenen Rettung, Mut zum Bekennen des Glaubens, Vollmacht im geistlichen Dienst, Geistesgaben für diesen Dienst, lebendiges Gebet, Verlangen nach Lob und Anbetung Gottes, Liebe zur Heiligen Schrift, Neuentdeckung der Gemeinde als Leib Christi.[3]

Entspricht dieses Verständnis der Erneuerung durch den Heiligen Geist den Aussagen des Neuen Testaments? Welche Erfahrungen gelebten Glaubens haben die Apostel mit dem Wirken des Heiligen Geistes verbunden? Was ist durch diese Erfahrungen in ihrem Leben neu geworden?

3.1 Die Erneuerung des Lebens

Das Kapitel 8 des Römerbriefes beschreibt eindrücklich, welche gewaltige Veränderung durch das Wirken des Heiligen Geistes in das Leben hineinkommt. Er befreit von den versklavenden Mächten der Sünde und des Todes (Röm 8,2) und befähigt dazu, den für den Menschen guten Willen Gottes, wie er im mosaischen Gesetz beschrieben ist, zu erfüllen (Röm 8,3f). Er eröffnet eine neue Lebensart. Sie ist der bisherigen alten, die sich in der Feindschaft gegen Gott äußerte, frontal entgegengesetzt (Röm 8,5-8). Paulus verwendet das Bild des Wohnens für die Wirksamkeit des Heiligen Geistes, die für den Glaubenden Überwindung des Todes und Zugang zum Leben bedeutet (Röm 8,9-11). In der Praxis führt der Heilige Geist zu einer Lebensgestaltung, die Kindern Gottes entspricht (Röm 8,12-17).

Es ist nicht zu übersehen, dass dieses Wirken des Heiligen Geistes eine völlige Neuorientierung des Lebens bedeutet. Sie entspricht der neuen Schöpfung, von der Paulus den Korinthern geschrieben hat (2. Kor 5,17). Aber was bedeutet das konkret?

---

[3] nach Oskar Föller, Charisma und Unterscheidung, S. 21f

3.2 Das Leben in der Freiheit des Evangeliums

Paulus schildert im Brief an die Galater, wie das Evangelium von aller Knechtschaft unter das Gesetz befreit zu einem Leben, das Kindern Gottes entspricht. Es ist ein Leben, in dem der Glaube in der Liebe tätig wird (Gal 5,6). Den zerstörerischen Werken der widergöttlichen menschlichen Art stellt Paulus die Frucht des Geistes gegenüber: Liebe, Freude, Friede, Geduld, Freundlichkeit, Güte, Treue, Sanftmut, Besonnenheit.

Die Freiheit des Evangeliums führt keineswegs in die Bindungslosigkeit, sondern zu einem Leben in der Kraft des Heiligen Geistes. Er verändert das Verhalten von Menschen von Grund auf.

3.3 Das Beten mit der Hilfe des Heiligen Geistes

Eine besondere, das Leben verändernde Wirksamkeit des Heiligen Geistes beschreibt Paulus in Röm 8,26f. Es geht um das Beten der Christen, die oft nicht wissen, was sie Gott angemessen von Gott erbitten sollen. Paulus weiß, dass sich der Heilige Geist dieser Ratlosigkeit annimmt und die Anliegen der sprachlosen Beter so vertritt, dass sie von Gott erhört werden können.

An dieser Stelle kommt Paulus der bei Johannes überlieferten Vorstellung vom Heiligen Geist als dem Parakleten am nächsten. Er ist Beistand, Helfer, wenn uns die Worte zum richtigen Beten fehlen. Er hält die Gottesbeziehung aufrecht, wenn wir selber keine Kraft mehr dazu haben.

In diesen beiden Versen einen verborgenen Hinweis auf die Sprachenrede in Rom sehen zu wollen, erscheint mir eine zu weit hergeholte Exegese zu sein. Der Textzusammenhang spricht von einem dreifachen Seufzen unter der gegenwärtigen vergänglichen Welt. Von diesem Seufzen ist die Schöpfung erfüllt; es ist auch bei den Glaubenden zu hören, die unter der Vergänglichkeit ihres Leibes leiden; es wird übernommen von dem Heiligen Geist, der unsere Ratlosigkeit vor Gott zur Sprache bringt. Darin erweist er sich als der Stellvertreter Christi auf Erden.

3.4 Das missionarische Wirken durch den Heiligen Geist

Vor dem Empfang des Heiligen Geistes hatten die Apostel keine Kraft, über ihre Erfahrungen mit Jesus zu berichten. Sie zogen sich vielmehr in ihr Alltagsleben zurück (vgl. Joh 21,1-14). Das änderte sich grundlegend durch die Ausgießung des Heiligen Geistes zu Pfingsten. Petrus vertrat stellvertretend für alle anderen aggressiv den Glauben an den Messias Jesus. Gott beglaubigte sein Reden durch das Wirken des Heiligen Geistes.

Er bleibt die bestimmende Kraft für alle missionarischen Bemühungen in Jerusalem, Judäa, Samaria und im gesamten Römischen Reich entsprechend der Verheißung in Apg 1,8. Selbst die Auswahl der Orte, an denen die Apostel missionieren, wird durch das Hören auf den Heiligen Geist bestimmt (Apg 16,1-8). Für den Apostel Paulus ist es entscheidend, dass Menschen, die einen Zugang zum Glauben an den Messias Jesus finden, den Heiligen Geist empfangen. Erst dann hat die missionarische Bemühung ihr Ziel erreicht (Apg 19,1-6). Das Bekenntnis HERR IST JESUS CHRISTUS kann nur durch den Heiligen Geist glaubwürdig abgelegt werden (1. Kor 12,3).

Für die Zeit des Neuen Testaments ist untragbar, was später in der Geschichte der Kirche bestimmend wurde, dass Menschen sich Christen nennen, die noch nie eine persönliche Gottesbegegnung hatten und noch nie eine Erfahrung mit dem Heiligen Geist gemacht haben. Darum ist auch der Gedanke an eine »Geisterneuerung« im Leben von Christen dem Neuen Testament fremd. Wo keine Geisterfahrung ist, da gibt es auch kein Christsein (Röm 8,9b). Darum kann es keine missionarische Bemühung ohne die Kraft des Heiligen Geistes geben.

3.5 Die vom Heiligen Geist bestimmte Gestaltung der Gemeinde

Als durch das missionarische Wirken der Apostel Gemeinde entstand, brauchte sie Lebensformen. Manches wurde in Anlehnung an die jüdischen Synagogen gestaltet. Wo diese Orientierungsmuster aber nicht mehr ausreichten, gab das Wirken des Heiligen Geistes den Ausschlag für die neue Gestaltung.

Er bestimmte das Beten der Gemeinde (Apg 4,23-31), deckte Unlauterkeit im Spendenwesen auf (Apg 5,1-11), half soziale Konflikte zu lösen (Apg 6,1-7), schenkte die für den Bestand der Gemeinde wichtigen begabten Menschen

(Röm 12,3-8; 1. Kor 12,28-30; Eph 4,11). Die neutestamentliche Forschung spricht von der charismatischen Führungsstruktur der Anfangszeit, die aber schon im 1. Jh. n.Chr. von der am Bischofsamt orientierten Führungsstruktur abgelöst worden sei.

Das ist gerade das Verhängnis, dass möglich wurde, was für die Anfangszeit undenkbar war: eine Gestalt von Kirche ohne unmittelbare Geisterfahrung, aus der Gesellschaft übernommene organisatorische Strukturen, von Menschen geprägte und vermittelte Traditionen. Das alles kann existieren ohne unmittelbare Geisterfahrung. Verloren geht dabei das Wesensmerkmal der Gemeinden im Neuen Testament, Schöpfung des Geistes Gottes zu sein.

3.6 Berechtigung und Fragwürdigkeit des pfingstlerisch-charismatischen Verständnisses von Erneuerung durch den Heiligen Geist

Angesichts der kirchengeschichtlichen Entwicklung ist es verständlich, dass sich im Lauf der Geschichte immer wieder Bewegungen bilden, die auf Erneuerung durch den Heiligen Geist drängen. Was am Anfang dieses Abschnitts als Merkmal pfingstlerisch-charismatischer Frömmigkeit beschrieben wurde, findet sich durchaus im Neuen Testament.

Allerdings werden diese Erfahrungen nicht als eine zusätzliche Geisterfahrung von Christen beschrieben, sondern als grundlegend für das Christsein und Gemeindesein überhaupt. Das legt die Frage nahe, ob das kirchengeschichtlich geprägte Verständnis von Christsein und Gemeindesein nicht einer deutlichen Korrektur durch das Hören auf das Neue Testament bedarf. Nicht um zusätzliche Geisterfahrungen von Christen geht es, sondern um das Christwerden durch das Wirken des Heiligen Geistes. Nicht um die Einbindung von geistlichen Bewegungen in die Kirche geht es, sondern um die Gestaltung von christlicher Gemeinde als Bewegung des Heiligen Geistes.

Bei einer so grundsätzlichen Neuorientierung von Christsein und Gemeindesein werden auch fragwürdige Engführungen in der pfingstlerisch-charismatischen Frömmigkeit vermieden: Gewiss geht es um Lobpreis und Anbetung Gottes im Gottesdienst der christlichen Gemeinde, aber ob das geschieht, hängt nicht am Liedgut aus dem Bereich charismatischer Frömmigkeit. Auch traditionelle Choräle eignen sich durchaus zur Anbetung Gottes. Gewiss geht es um persönliche Erfahrung der Nähe Gottes, aber ebenso will der Glaube in der Liebe tätig werden. Der Heilige Geist drängt auf das Handeln zum Heil und Wohl des Nächsten.

Wenn Menschen sich beständig und selbstverständlich vom Heiligen Geist beschenken, führen, korrigieren und ermutigen lassen, geschieht die Erneuerung, nach der sich viele sehnen.

Literatur:

Leonhard Goppelt, Theologie des NT, Bd. II, S. 447–450
Donald Guthrie, New Testament Theology, S. 549–564

4. Die Gaben des Heiligen Geistes

Wer sich heute zu den Gaben des Heiligen Geistes äußert, muss damit rechnen, dass er ein Thema aufgreift, das in vergangenen Jahrzehnten wenig beachtet wurde. Das hatte geschichtliche Gründe.[4]

In der zweiten Hälfte des vergangenen Jahrhunderts entstand im Zusammenhang mit der Erweckungsbewegung bei vielen Glaubenden ein starkes Verlangen nach vermehrtem Wirken des Heiligen Geistes. Viele meinten, ihre Erwartungen wären erfüllt, als Anfang unseres Jahrhunderts in verschiedenen Kreisen von Glaubenden Prophetie, Krankenheilungen und Zungenreden erlebt wurden. Man sprach von einem neuen Pfingsten.

Doch schon bald kam es in Kassel und Umgebung zu schwärmerischen Entgleisungen. Diese veranlassten führende Männer der Gemeinschaftsbewegung und der Freikirchen zu der Erklärung, es handele sich nicht um ein Wirken des Heiligen Geistes, sondern des »Geistes von unten«.

Wer nach dieser eindeutigen Warnung zu viel vom Heiligen Geist sprach, musste damit rechnen, als Schwärmer bezeichnet zu werden. Deshalb sprach man kaum vom Wirken des Heiligen Geistes. Der Theologe Wolfgang Trillhaas bemerkt in seiner Dogmatik zu dieser Entwicklung: »Die Angst vor einer

[4] vgl. dazu Oskar Föller, Der Heilige Geist in der Geschichte der Kirche

missbräuchlichen Berufung auf den Heiligen Geist ist zu einer dogmatischen Angst vor dem Heiligen Geist geworden.«[5]

Wer sich zum Wirken des Heiligen Geistes äußert, wendet sich andererseits einem Thema zu, das heute für viele in den Mittelpunkt gerückt ist. Auch das hat geschichtliche Gründe. Lange Zeit sah man außerordentliche Gnadengaben wie Prophetie und Zungenreden, zum Teil auch Krankenheilungen, als Merkmal der Pfingstbewegung an. Viele horchten auf, als in den sechziger Jahren über solche Wirkungen des Heiligen Geistes in den lutherischen und reformierten Kirchen der USA berichtet wurde. Es entstanden Verbindungen zu deutschen kirchlichen und freikirchlichen Bewegungen.

In solcher Lage ist beides möglich: neue Anstöße und Verwirrung. Die Gemeinde braucht Orientierungshilfen. Sie können nur aus der Besinnung auf das Wort kommen. Sie sollen einerseits die Angst vor dem Wirken des Heiligen Geistes nehmen; sie sollen andererseits vor Fehlentwicklungen schützen. Dazu können die folgenden fünf Überlegungen helfen:

1. Der Stellenwert der Geistesgaben im Neuen Testament
2. Wie wird im Neuen Testament von Geistesgaben geredet?
3. Die Vielfalt der Charismenlisten
4. Erläuterung und Wertung einzelner Charismen
5. Welche praktischen Folgerungen ergeben sich daraus für uns?

4.1 Der Stellenwert der Geistesgaben im NT

Wo wird im Neuen Testament der Begriff »Gnadengaben« erwähnt? Es sind insgesamt nur sieben Bibelstellen. Dabei ist allerdings noch zu berücksichtigen, dass dieselbe Sache durch zwei verschiedene Begriffe bezeichnet wird: »Gnadengaben« und »Geistesgaben«.

1. Timotheus 4,14

Es geht um Dienstanweisungen für Timotheus. Er soll die vielfältigen Aufgaben eines Gemeindehirten übernehmen. Berechtigt ist die Frage, wie Timotheus diese Aufgaben bewältigen soll. Der erwähnte Vers erinnert Timotheus an die Gnadengabe, die er durch eine Prophetie während der Handauflegung der

[5] Wolfgang Trillhaas, Dogmatik, Berlin ^{3}1972, S. 408

Ältesten empfangen hat. Die knappe Bemerkung lässt vermuten, dass Timotheus durch Handauflegung in sein Dienstamt eingeführt wurde. Bei dieser Gelegenheit muss ihm jemand im Namen Gottes zugesagt haben, dass er die für seinen Auftrag notwendigen Gaben empfangen werde.

2. Timotheus 1,6

Paulus richtet ein sehr persönliches Abschiedswort an seinen Mitarbeiter. Er fordert ihn auf, mit ihm zusammen Jesus zu bekennen und für ihn zu leiden. Der Apostel selbst geht diesen Weg des Leidens und weiß, wie schwer er ist. Er möchte, dass sein Mitarbeiter ihm ohne Furcht folgt. Deshalb erinnert er an den Glauben der Großmutter und der Mutter des Timotheus und fügt hinzu: »Aus diesem Grunde erinnere ich dich daran, die Gnadengabe Gottes zum Leben zu erwecken, die durch meine Handauflegung in dir ist.« Wir entnehmen dieser Mitteilung, dass der Apostel seinem Mitarbeiter die Hände in der festen Gewissheit aufgelegt hat, dass Timotheus dadurch die für seinen Dienst notwendigen Gnadengaben vermittelt werden.

1. Petrus 4,10

Es ergeht ein Dienstaufruf an alle Glaubenden: »Dient einander, jeder, wie er eine Gnadengabe empfangen hat, als gute Verwalter der vielfachen Gnade Gottes!« Keiner wird überfordert; niemand soll etwas geben, was er nicht hat. Wer reden kann, soll reden; wer durch handwerkliche oder diakonische Arbeit helfen kann, betätige sich auf diesem Gebiet! Beides ist auf Gottes Gnadengabe zurückzuführen. Die Gemeinde lebt davon, dass jeder seine Gaben einsetzt.

1. Korinther 1,6f

Paulus äußert sich dankbar über die Fülle der in Korinth vorhandenen Gnadengaben: »Denn die Predigt von Christus ist in euch wirksam geworden, sodass ihr keinen Mangel habt an irgendeiner Gnadengabe …« Was damit im Einzelnen gemeint ist, zeigt die Darstellung in 1. Kor 12.

1. Korinther 12

Das umfangreiche Kapitel erwähnt im Einzelnen die in Korinth vorhandenen Gnadengaben, auf die wir im dritten Abschnitt dieser Darstellung noch eingehen werden. Vor allem geht es Paulus darum, der verwirrten Gemeinde Maßstäbe an die Hand zu geben, nach denen die Gnadengaben sachgerecht eingesetzt werden können. So mündet das Kapitel aus in eine Darstellung der verschiedenen Dienstämter in der Korinther Gemeinde, die erkennen lässt, dass es Paulus um die Vielfalt der Gaben geht. Er weist jede Überbetonung einzelner Gaben entschieden zurück.

1. Korinther 14

Der Apostel wendet sich dem Problem zu, das wohl in Korinth im Brennpunkt des Interesses stand: Welcher Stellenwert kommt dem Sprachenreden (in den meisten Übersetzungen »Zungenreden«) zu? Ist es Kennzeichen des Christseins und muss darum jeder Christ in Sprachen beten können? Ist es ein besonderer Ausweis der Wirkung des Heiligen Geistes in den Zusammenkünften der Gemeinde? Paulus wendet sich gegen jede schwärmerische Überschätzung. Seine nüchterne Bilanz: Die prophetische Rede ist dem Sprachenreden auf jeden Fall vorzuziehen.

Römer 12,3-8

Wir erhalten einen Einblick in eine andere Gemeinde und deren Gnadengaben. Das ist deshalb besonders hilfreich, weil die Gnadengaben der römischen Gemeinde erheblich von denen der Gemeinde in Korinth abweichen. Nicht nur innerhalb der einzelnen Gemeinden, sondern auch im Vergleich der Gemeinden miteinander herrscht Vielfalt. Aber auch in der römischen Gemeinde geht es um den sachgerechten Einsatz der von Gott verliehenen Gaben.

Von diesen sieben Bibelstellen bedürfen im Rahmen des hier gestellten Themas nur drei einer gründlichen Untersuchung.

Während wir in Röm 12 und 1. Kor 12 und 14 eine ausführliche Aufzählung verschiedener Gnadengaben erhalten und im Zusammenhang damit Maßstäbe für ihre sachgerechte Anwendung bekommen, wird an den anderen Stellen jeweils nur eine Gnadengabe ohne nähere Erläuterung erwähnt. Aus solchen Stellen lassen sich keine Anhaltspunkte für die Bewertung verschiedener Gnadengaben gewinnen. Wir bleiben also auf Röm 12 und 1. Kor 12 und 14 angewiesen.

War es schon ernüchternd, dass nur an sieben Stellen des Neuen Testaments Gnadengaben erwähnt werden, so ist nach diesen Einzelbeobachtungen das Ergebnis noch ernüchternder: Das Thema Gnadengaben reduziert sich auf drei Kapitel in zwei Paulusbriefen. Es ist darum sicher ein Thema neben vielen anderen im Neuen Testament. Freilich ist dabei zuzugeben, dass das Ergebnis zustande kommt, weil nur die Begriffe »Gnadengaben« und »Geistesgaben« berücksichtigt wurden. Vor allem die Apostelgeschichte, die diese Begriffe nicht verwendet, schildert, wie einzelne Gnadengaben – Prophetie, Diakonie, Sprachenreden – in den Gemeinden der ersten Zeit betätigt wurden. Sie ist darum bei der Schilderung der einzelnen Gnadengaben heranzuziehen.

Dennoch überrascht es, dass die lehrhafte Beschäftigung mit dem Thema Gnadengaben einen verhältnismäßig bescheidenen Raum in den Schriften des Neuen Testaments einnimmt. Das sollte uns nicht veranlassen, dieses Thema zu verdrängen. Wir müssen uns mit ihm befassen. Aber wir sollten es auch nicht überbewerten und vor allen Dingen nicht zu einer zentralen Sache machen, von der das Christsein abhängt.

4.2 Wie wird im Neuen Testament von Geistesgaben geredet?

4.2.1 Geistesgaben? – Gnadengaben!

Auffällig ist die Verwendung der Begriffe »Gnadengaben« und »Geistesgaben«. Paulus bevorzugt den Begriff »Gnadengaben«. Nur an zwei Stellen spricht er von Geistesgaben: 1. Kor 12,1 und 14,1. An beiden Stellen greift er die Redeweise der Korinther Gemeinde auf.

In Korinth gab es eine Gruppe, die sich viel auf den Besitz des Heiligen Geistes einbildete. Sie hielt sich für besonders fromm und sprach anderen das Christsein ab. Unter Berufung auf den Heiligen Geist verbreitete man das Schlagwort: »Mir ist alles erlaubt« (1. Kor 6,12) und handelte dementsprechend. Das Wirken des Heiligen Geistes zeigte sich nach den Vorstellungen dieser Schwärmer nicht in einem Leben nach den Weisungen Gottes, sondern in wunderhaften Ereignissen wie Krankenheilungen, Sprachenreden, Deutung. Auf diese Geistesgaben war man besonders stolz.

Paulus greift den Begriff auf, lässt ihn dann aber sofort fallen und spricht von Gnadengaben. Das geschieht nicht zufällig. Während die Korinther Schwärmer auf ihren Geistbesitz stolz sind, betont Paulus, dass alle Gaben, die in der Gemeinde betätigt werden, Gottes Geschenke sind. Es ist Gnade, dass er sie gibt. Was Gnadengabe ist, kann niemanden mit Stolz erfüllen. Dankbarkeit gegenüber dem, der die Fähigkeit geschenkt hat, ist angemessen.

Der Ton, in dem man von Gnadengaben spricht, macht die Musik. Der Unterton der Einbildung verdirbt sie. Dass etwas Sensationelles, Außerordentliches geschieht, beweist noch nicht das Wirken Gottes. Auch der Satan kann Sensationelles tun. Entscheidend ist, dass Gnadengaben als Gottes Geschenke erfahren und verstanden werden.

4.2.2 Die Funktion der Gnadengaben

Im Römer- und im 1. Korintherbrief beschreibt Paulus im Zusammenhang mit den Gnadengaben die Gemeinde als einen Organismus mit vielen Gliedern. Während in Röm 12,4-6 das Bild vom Leib und seinen Gliedern nur kurz gestreift wird, finden wir in 1. Kor 12,12-26 eine anschauliche, breit ausgeführte Schilderung. Es soll deutlich werden: Ein Organismus ist dann gesund, wenn alle seine Glieder zum Wohl des Ganzen zusammenwirken. Alle Glieder sind aufeinander angewiesen. Keins kann für sich allein bestehen. Es wäre töricht, wollte ein Glied sich absolut setzen und den anderen Gliedern die Zugehörigkeit zum Leib absprechen. Ebenso töricht wäre es, wenn ein Glied Komplexe bekäme, weil es anders ist als die anderen Glieder.

Indem Paulus so vom Organismus spricht, meint er ständig die Korinther Gemeinde: Die Schwärmer sollen nicht so tun, als seien sie mit ihren Gaben die einzig bedeutsamen Gemeindeglieder. Sie können gar nicht ohne die anderen Glieder leben. Gott will Vielfalt in der Gemeinde. Alle Glaubenden sollen erkennen, dass sie aufeinander angewiesen sind. Keiner ist bedeutungslos. Der Gemeinde geht es dann gut, wenn alle in ihr vorhandenen Gaben betätigt werden. Denn dazu sind sie gegeben, dass die Gemeinde in ihrer Entwicklung gefördert werde.

Für Paulus steht nicht der mit einer Gnadengabe beschenkte Mensch im Vordergrund. Ihm liegt viel mehr an der Entwicklung der ganzen Gemeinde. Nicht die Gnadengabe an sich ist erstrebenswert, sondern der Dienst, der mit ihrer Hilfe in der Gemeinde getan werden kann.

Wie kann es dahin kommen, dass Gnadengaben nicht zur Selbstbestätigung und zur Demütigung des Nächsten eingesetzt werden? Wie kann man dahin kommen, dass die Entwicklung der ganzen Gemeinde wichtiger ist als die eigene Erbauung?

Paulus gibt einen wichtigen Rat: Die Liebe ist der Maßstab für die richtige Anwendung der Gnadengaben.

Nachdem Paulus in Röm 12,4-8 über Gnadengaben geschrieben hat, widmet er den anschließenden Abschnitt 12,9-21 dem Thema Bruderliebe und Feindesliebe. Ähnliches kann man im 1. Korintherbrief beobachten. Zwischen Kap. 12 und 14, in denen die Gnadengaben beschrieben werden, steht in Kap. 13 das so genannte Hohelied der Liebe. Gnadengaben und Liebe haben also nach den beiden einschlägigen Stellen des Neuen Testaments etwas miteinander zu tun.

Nirgendwo wird die Liebe als Gnadengabe beschrieben. Zwar wird die Liebe durch Gottes Geist vermittelt (Röm 5,5), aber nicht so, wie Gnadengaben verliehen werden. Die Gnadengaben sind bestimmten Personen geschenkt. Eine Gnadengabe nicht zu besitzen, ist kein Makel. Am Besitz von Gnadengaben entscheidet sich das Christsein nicht. Anders ist es mit der Liebe. Paulus nennt sie eine Frucht des Heiligen Geistes (Gal 5,22). Er setzt voraus, dass der Heilige Geist jeden Glaubenden zu einem Handeln in Liebe befähigt. Liebe kann also von jedem Christen erwartet werden.

Darum kann man auch bei der Betätigung der Gnadengaben nicht von der Liebe absehen. Sie hilft, die Gaben des anderen zu sehen und zu achten. Sie lehrt, auf den Nächsten Rücksicht zu nehmen und ihm die Wirkungsmöglichkeiten nicht durch eigenes Vorpreschen zu beschneiden. Wer liebt, denkt an das Wohl des anderen und setzt sich dafür ein. Er lässt sich auch durch Fehlschläge nicht entmutigen. Er hat von seinem Herrn Jesus Christus gelernt, auch dann noch zu lieben, wenn er verletzt, zurückgestoßen und verachtet wird. Wer immer sich nach Gnadengaben sehnt, sollte sich noch viel mehr nach der Fähigkeit zur Liebe sehnen. Denn sie allein macht uns bereit, die Gnadengaben entsprechend Gottes Absichten einzusetzen.

Die eindringlichen Worte des Apostels in 1. Kor 13,1-3 sollten von allen, die sich mit Gnadengaben befassen, nie vergessen werden: »Wenn ich mit Menschen- und mit Engelzungen redete und hätte die Liebe nicht, so wäre ich ein tönendes Erz oder eine klingende Schelle. Und wenn ich prophetisch reden könnte und wüsste alle Geheimnisse und alle Erkenntnis und hätte allen Glauben, sodass ich Berge versetzen könnte, und hätte die Liebe nicht, so wäre ich nichts. Und wenn ich alle meine Habe den Armen gäbe und ließe meinen Leib brennen und hätte die Liebe nicht, so würde mir's nichts nützen.«

4.3 Die Vielfalt der Charismenlisten

Wenn man die Aufzählung der Gnadengaben in Röm 12 und 1. Kor 12 miteinander vergleicht, ergibt sich: In beiden Gemeinden gibt es die Gnadengaben der prophetischen Rede, der Lehre und der Gemeindeleitung. Sie scheinen von grundlegender Bedeutung für die Existenz der Gemeinde zu sein. Im Übrigen sind die Unterschiede nicht zu übersehen. In Korinth stehen wunderhafte Gnadengaben im Vordergrund: Krankenheilungen, andere wunderbare Taten, die Fähigkeit, Geister zu unterscheiden, Sprachenreden und dessen Deutung. In Rom werden praktische Gaben erwähnt: Diakonie, Seelsorge, Opferbereitschaft, Krankenpflege.

Die Belegstellen für Gnadengaben im Neuen Testament entziehen sich dem immer wieder unternommenen Versuch, zwischen »natürlichen« und »übernatürlichen« Gnadengaben einen grundsätzlichen Unterschied zu machen. Es liegt nahe, bei Gnadengaben an wunderhafte Gaben zu denken und bei praktischen Begabungen von natürlichen Fähigkeiten zu sprechen. Bei dieser Denkweise ist das Sprachenreden eindeutig als Gnadengabe erwiesen, während man sich sehr schwer tut, die Fähigkeit zur Krankenpflege als Gnadengabe zu bezeichnen. Hinter dieser Denkweise steht eine gefährliche Aufteilung der Wirklichkeit: »Der Bereich der Natur ist uns Menschen überlassen. Wir zeichnen für ihn verantwortlich. Gott hat nur insofern etwas damit zu tun, als er der Schöpfer ist. Vor allem aber wirkt Gott im Bereich des Übernatürlichen. Je kleiner dieser Bereich durch menschliche Forschung wird, umso kleiner wird der Spielraum, den die Menschen Gott zubilligen.« Wie fern sind solche Vorstellungen dem Neuen Testament! Jeder Bereich des Lebens hat unmittelbar mit Gott zu tun. Im Zusammenhang mit den Gnadengaben wird das in Röm 12,6f erkennbar: Prophetie und Diakonie stehen nebeneinander. Natürliche und übernatürliche Fähigkeiten sind Gottes Geschenke. Was immer die Gemeinde für ihren Dienst nötig hat, kommt von Gott und ist darum Gnadengabe.

4.4 Erläuterung und Wertung einzelner Gnadengaben

4.4.1 Gemeinsame Gnadengaben in Rom und Korinth

Nur drei Gnadengaben kommen sowohl in der Gemeinde Rom als auch in der Gemeinde Korinth vor: Prophetie, Lehre und Führungsgaben.

Prophetie

Unter Prophetie wird in der Regel Zukunftsdeutung verstanden. Nach biblischem Verständnis ist das nicht so. Zwar haben die Propheten des Alten Testamentes auch von der Zukunft gesprochen, aber wesentliche Teile ihrer Botschaft beschäftigten sich mit der Gegenwart. Sie haben etwas zu den religiösen, wirtschaftlichen, kulturellen und politischen Verhältnissen ihrer Zeit zu sagen. Dabei vertreten sie nicht ihre private Meinung. Immer wieder begegnet der Bibelleser der Formulierung: »Es geschah das Wort des Herrn zu mir ...« Das prophetische Wort wird unmittelbar von Gott empfangen. Es ist sachgemäß, von göttlicher Eingebung zu sprechen. Gelegentlich empfangen die Propheten auf diese Weise auch ein Wort, das die Vergangenheit deutet. Prophetie ist also ein von Gott durch Eingebung empfangenes Wort zur Lage in Vergangenheit, Gegenwart oder Zukunft.

Dass dieses Verständnis von Prophetie auch im Neuen Testament vorauszusetzen ist, zeigen die Berichte der Apostelgeschichte (z. B. 5,1-11; 21,8-14) und die Weisung des Apostels Paulus an die Gemeinde in Korinth (1. Kor 14,29-31).

Wenn die Prophetie so auf Eingebung gegründet wird, besteht bei manchen die berechtigte Sorge, ob vermeintliche Propheten nicht ihre eigenen Ideen für göttliche Eingebung halten und so die Gemeinde in die Irre führen könnten. Umso wichtiger ist der Hinweis des Apostels, dass die Propheten sich dem kritischen Urteil der Gemeinde stellen müssen. Die Gemeinde hat das Recht und die Pflicht, prophetische Rede an der Heiligen Schrift zu prüfen. Gottes Geist widerspricht sich nicht. Gottes Geist hat die Männer geleitet, die die Heilige Schrift verfasst haben. Wenn es mit rechten Dingen zugeht, wirkt er in den Propheten. Darum müssen prophetische Rede und Heilige Schrift übereinstimmen.

Wann und wie geschieht heute Prophetie? Aktuelle Predigt muss ein prophetisches Element enthalten. Es geht um ein Wort zur Lage, das die Hörer unmittelbar anspricht: glaubensstärkend, wegweisend, ermahnend. In der Regel wird der Verkündiger ein solches Wort während der betenden Vorbereitung auf den Verkündigungsdienst empfangen. Gelegentlich wird es auch spontan während der Predigt gegeben. Die Zuhörer werden unter dem Eindruck stehen, dass Gott zu ihnen geredet hat.

Prophetische Rede muss sich nicht auf die Verkündigung beschränken. Sie hat ihren Platz im Bibelgesprächskreis, im seelsorglichen Gespräch, in der persönlichen Evangelisation. Entscheidend ist, dass der prophetisch Redende von Gott etwas empfängt. Gemachte Prophetie wirkt peinlich (Röm 12,6). Prophetische Rede muss durch ein Leben der Gemeinschaft mit Gott abgedeckt sein.

Lehre

Im Gegensatz zur Prophetie beruht die Lehre nicht auf Eingebung. Ihre Grundlage ist die sachgerechte Auslegung der Heiligen Schrift. Da aber auch darüber die Meinungen auseinandergehen und durch die historisch-kritische Bibelauslegung das Vertrauen in die Heilige Schrift bei vielen erschüttert worden ist, wird man hinzufügen müssen: Die Lehre in der Gemeinde der Glaubenden orientiert sich bei der Auslegung der Heiligen Schrift an den zentralen Grundlagen des Glaubens, die in den Bekenntnissen der Alten Kirche zusammengefasst sind (zum Beispiel im Apostolischen Glaubensbekenntnis). Lehre ist also nicht Verbreitung von privaten Ansichten über die Bibel. Vielmehr geht es darum, verantwortlich zu vermitteln, was Gott den Menschen durch die Heilige Schrift über das Heil in Jesus Christus zu sagen hat.

Die Gnadengabe der Lehre besteht darin, biblische Sachverhalte einprägsam, anschaulich und verständlich weiterzugeben. Das geschieht bei der Unterweisung der Kinder, bei Bibelarbeiten, in Gesprächskreisen, Predigten und Vorträgen.

Manche haben eine besonders glückliche Veranlagung, Zusammenhänge leicht zu erfassen und sie anderen weitergeben zu können. Sie sollten ihre Fähigkeit als ein Geschenk Gottes werten und sie zu seiner Ehre einsetzen. Andere brauchen Schulung und ständiges fleißiges Bemühen, um diese Aufgabe zu erfüllen. Die Mühe ist nicht umsonst. Gott segnet die fleißige Arbeit, sein Wort zu verstehen und es verständlich weiterzugeben.

Die Gabe der Lehre ist deshalb besonders wichtig, weil die Gemeinde die Rede der Propheten kritisch beurteilen soll. Woher soll sie die Maßstäbe für ein kritisches Urteil bekommen, wenn nicht durch biblische Lehre? Urteilslosigkeit ist heute eine ernst zu nehmende Gefahr. Umso wichtiger ist das Bemühen um biblische Lehre, zumal die Geschichte der Erweckungsbewegung zeigt, dass Menschen durch den Umgang mit der Heiligen Schrift zu selbstständigem Urteil erzogen wurden. Alle Fähigkeiten, die auf didaktischem Gebiet vorhanden sind, sollten genutzt werden. Entdecken wir vorhandene Gaben! Schulen wir die Mitarbeiter, damit sie die wichtige Aufgabe noch besser erfüllen können!

Führungsgaben

Die Führungsgaben werden mit unterschiedlichen Begriffen bezeichnet. In Korinth heißen ihre Träger »Steuerleute« (12,28: *kybernêseis*). Luther übersetzt »Regierer«. Im Römerbrief spricht Paulus von den Vorstehern. Luther übersetzt auch hier »regieren«. Die Apostelgeschichte und die Briefe verwenden die Begriffe »Älteste« (*presbyteroi*, z. B. Apg 20,17-28) und »Aufseher, Bischöfe« (*episkopoi*, z.B. Phil 1,1; 1. Tim 3,1-7). Die Verfasser der verschiedenen Schriften des Neuen Testaments legen offensichtlich auf eine einheitliche Bezeichnung keinen Wert. Wichtiger als die Bezeichnung sind die Tätigkeiten, die von Führungskräften der Gemeinde erwartet werden.

Sie sollen steuern können. Wer steuern will, muss das Ziel und den Kurs kennen. Darüber sollten sich Führungskräfte der Gemeinde von Zeit zu Zeit Rechenschaft geben. Führungsaufgaben sind damit eben nicht erledigt, dass man Finanzen und Gebäude richtig verwaltet. Welche Schwerpunkte sollten in der Verkündigung gesetzt werden? Wie kann die Gemeinde ihrem missionarischen und diakonischen Auftrag am besten nachkommen? Welchen Standort soll die Gemeinde in den theologischen und gesellschaftlichen Auseinandersetzungen einnehmen? Welche Strukturen sind für ein gesundes Gemeindewachstum förderlich? – Das sind Fragen, mit denen sich Führungskräfte der Gemeinde heute auseinandersetzen müssen.

Gemeindeleiter sollten aber auch der Gemeinde vorstehen. Der Begriff (*proïstamenos*), den Paulus in diesem Zusammenhang in Röm 12,8 verwendet, ist vielschichtig. Er meint neben dem Leiten das Fürsorgen. Den Gemeindeleitern sind Menschen anvertraut. Über deren geistliche Entwicklung sollen sie Gott Rechenschaft ablegen (Hebr 13,17). Führung in der Gemeinde ist weit entfernt vom Stil, der in Industriebetrieben gepflegt wird. Dort muss nach dem Gesichtspunkt der Effektivität entschieden werden; das Geschick des einzelnen Menschen spielt dabei eine untergeordnete Rolle. Führungskräfte der Gemeinde dürfen über Gemeindeglieder nicht verfügen, um bestimmte Ziele zu erreichen. Es kommt vielmehr auf das Wohl jedes einzelnen anvertrauten Menschen an. Er soll in seiner Entwicklung gefördert werden. Eine solche Aufgabe kann nicht ohne ständiges Beten für einzelne Menschen erfüllt werden.

Um die Vielfalt der Gnadengaben im Neuen Testament in den Blick zu bekommen, ist nun von den so unterschiedlichen Gemeinden zu reden, deren Gnadengaben im Neuen Testament ausführlich geschildert werden. Es geht um Korinth und Rom.

4.4.2 Gnadengaben in Korinth

Das Merkmal des Heiligen Geistes nach 1. Kor 12,1-3

Zur griechischen Kultur gehörten vornehme Sitte und Ordnung. In der Gemeinde von Korinth war davon allerdings wenig wahrzunehmen. Wie wir aus den beiden Briefen an die Korinther entnehmen, gab es ein bewegtes Gemeindeleben. In manchen ethischen Fragen war man ausgesprochen großzügig. Oft herrschte ein rauer Ton.

Zur Gemeinde gehörten nur wenige Gebildete. Die meisten Gemeindeglieder stammten vermutlich aus dem Hafenproletariat. So war es möglich, dass der Ablauf des Gottesdienstes gelegentlich in Unordnung geriet. In solch einem Gottesdienst muss der Ruf laut geworden sein: »Verflucht ist Jesus!« (vgl. V. 3)

Wie war so etwas in einer christlichen Gemeinde möglich? Wahrscheinlich sind Irrlehrer in die Gemeinde eingedrungen, die den irdischen Jesus verwarfen und den erhöhten Christus lobten. Sie leugneten, dass der göttliche Erlöser wahrer Mensch geworden ist. Sie lehrten, er habe sich nur zum Schein des Menschen Jesus von Nazareth bedient. Gelitten habe der Mensch Jesus von Nazareth, aber nicht der göttliche Erlöser. Dass die neutestamentliche Gemeinde sich mit dieser Irrlehre auseinandersetzen musste, kann man in 1. Joh 2,22 und 4,2f nachlesen.

Vermutlich verfluchte also eine Gruppe in Korinth im Gottesdienst den irdischen Jesus. Es liegt nahe, an die Gruppe zu denken, die sich auf Christus als Parteihaupt berief. Dagegen wendet sich Paulus und nennt das Merkmal des Heiligen Geistes: Er bewirkt das Bekenntnis: »Herr ist Jesus.« Für die Christen in Korinth war das nicht nur ein Lippenbekenntnis. Sie gerieten zwischen die Fronten. Bei Juden und Römern stießen sie auf Ablehnung und Feindschaft.

Paulus hat mit dieser Stellungnahme einen wichtigen Grundsatz ausgesprochen: Ob der Heilige Geist wirkt, entscheidet sich an der Stellungnahme zu Jesus. Denn der Heilige Geist weist auf Jesus hin (vgl. Joh 15,26 und 16,13f).

Bewegung allein ist noch kein Zeichen für das Wirken des Heiligen Geistes. Es kommt auf die Richtung der Bewegung an. Wir haben zu fragen: Wird Jesus in den Mittelpunkt gestellt?

Die Einheit bei aller Vielfalt nach 1. Kor 12,4-6

Paulus betont, dass bei aller Vielfalt Einheit herrscht. Er erwähnt Gnadengaben, Dienste und Kräfte, die anschließend näher beschrieben werden. In Korinth hatte man keinen Mangel an Mitarbeitern. Stattdessen drohte die Vielfalt der Begabungen die Gemeinde zu sprengen. Einige, die sich für besonders geistbegabt hielten, sprachen anderen die Zugehörigkeit zu Christus ab (vgl. 2. Kor 10,7).

Paulus betont die Einheit, indem er auf den einen Gott verweist, der alle Gaben gibt. Freilich begegnet Gott in verschiedener Weise: als Geist (Heiliger Geist), als Herr (Jesus Christus), als Gott (Schöpfer). Aber es ist immer derselbe Gott. So gibt es Einheit, die keine Uniformität ist. In der Gemeinde können unterschiedliche Fähigkeiten nebeneinander bestehen; sie dürfen nicht gegeneinander, sondern müssen miteinander wirken, weil sie Gaben des einen Gottes sind.

Glaube

Schon die erste der nur in Korinth erwähnten Gnadengaben überrascht. Es ist der Glaube (1. Kor 12,9). Hier wird ausdrücklich betont, dass nur bestimmten Gemeindegliedern Glaube als Gnadengabe geschenkt ist. Sind nicht alle Gemeindeglieder Glaubende? Gibt es überhaupt ein Christsein ohne Glauben? Paulus hat doch mit allem Nachdruck den Glauben als den einzigen und für alle verbindlichen Weg zum Heil dargestellt (vgl. Röm 3,28). Wie kann er dann im Brief an die Korinther vom Glauben als einer Gnadengabe reden, die nicht alle besitzen?

Wenn wir hier nicht in unauflösliche Widersprüche geraten wollen, müssen wir damit rechnen, dass Paulus nicht an den Glauben an Jesus Christus als den Weg zum Heil denkt, sondern an besondere Glaubenskraft, die viel in Bewegung setzen kann. Jesus hat ja auch vom Kleinglauben im Gegensatz zu jenem anderen Glauben gesprochen, der Berge versetzen kann (Mt 17,20). Indem Paulus solchen Glauben als Gnadengabe bezeichnet, wird deutlich: Glaubenskraft, die Großes vollbringt, die Dinge und Menschen in Bewegung setzen kann, ist nicht jedermanns Ding. Sie ist ein Geschenk Gottes an einzelne Glieder seiner Gemeinde. Das ist eine befreiende Aussage. Denn mancher hat schon die Lebensbeschreibungen bedeutender Persönlichkeiten der Gemeinde Jesu Christi gelesen und bedrückt wahrgenommen, dass sein eigener Glaube im Vergleich dazu recht kümmerlich aussieht. Wenn man aber die Glaubenskraft als eine Gnadengabe ansieht, muss nicht jeder Christ ein Hudson Taylor oder Georg Müller sein. Die Gemeinde kann dem Herrn für diese Männer danken, die er in besonderer Weise gebraucht hat. Sie kann ihn darum bitten, dass er in unserer Zeit auch solche Männer und Frauen schenke. Aber keiner braucht sich damit zu quälen, dass er im Vergleich mit ihnen so schlecht abschneidet. Jeder hat seine Gnadengabe, der eine so, der andere so.

Krankenheilung

In Korinth hat es Menschen gegeben, durch die Gott Kranke geheilt hat. Darum erwähnt Paulus die Gabe der Krankenheilung. Der Apostel selbst hat diese Gabe besessen und in Korinth eingesetzt (2. Kor 12,12). Doch dass Gott Kranke durch seine Boten heilt, ist ja nicht nur eine Besonderheit der Gemeinde in Korinth. Jesus hat diese Gabe seinen Jüngern verheißen (Mk 16,15-18). Die Apostelgeschichte ist voll von Hinweisen darauf, dass sich diese Verheißung erfüllt hat (2,43; 4,6f.22; 6,8; 8,6f; 15,12). Der Jakobusbrief beschreibt, wie den Kranken durch das Gebet geholfen werden kann (5,13-15). Die Gabe der Krankenheilung ist in der Urchristenheit verbreitet gewesen. Die Mission hat in jener Zeit nicht zuletzt durch diese Gabe starke Impulse erhalten.

Heute begegnen viele Christen der Gabe der Krankenheilung mit Zurückhaltung. Das ist begründet durch den schwärmerischen Missbrauch dieser Gabe. Zu oft wird verkündigt, dass alle Krankheiten geheilt werden könnten, wenn die Boten Jesu Christi nur die nötige Vollmacht besäßen und die Kranken genug Glauben hätten. So werden die Leidenden einem schwärmerischen Terror ausgesetzt, der nicht anerkennen will, dass Gott die Heilung auch versagen kann (vgl. 2. Kor 12,7-9).

Doch der Missbrauch hebt den richtigen Gebrauch nicht auf. Es ist heute gewiss nötig, in Krankheitsfällen selbstverständlicher mit der Macht Gottes zu rechnen. Die Gemeinde braucht Männer und Frauen, die gezielt für die Kranken beten. Sie wird dann gewiss viel von Gottes Eingreifen erfahren.

Im Zusammenhang mit den Heilungsgaben erwähnt Paulus Kraftwirkungen. Er denkt dabei wohl an machtvolle Taten, wie sie z. B. in Apg 13,10-12 berichtet werden. Solche Taten haben das verkündigte Wort bekräftigt.

Geisterunterscheidung

Eine besondere Bedeutung kommt der Gabe der Geisterunterscheidung zu. Wo – wie in Korinth – viel prophetisch geredet wird, gibt es manchen Irrtum. Es ist damit zu rechnen, dass nicht nur Gottes Geist sich der Menschen bedient. Auch der Satan hat die Möglichkeit, die menschliche Rede zu gebrauchen. Es kommt sehr darauf an, dass die Gemeinde Jesu Christi die Stimme Gottes von der Stimme des Versuchers unterscheiden kann. Denn wenn der Versucher sich auf diese Ebene begibt, weiß er sich so zu tarnen, dass den meisten Christen seine Eingebungen nicht verdächtig sind. Nur Menschen, die durch Gebet und Leben mit dem Wort Gottes einen hellwachen Geist bekommen haben, werden dieses Machwerk durchschauen. Darum sind solche Menschen ein Geschenk Gottes an seine Gemeinde.

Zungenrede

Besondere Aufmerksamkeit hat man immer wieder der Gabe der Zungenrede geschenkt. Von manchen wird sie geradezu als ein Kennzeichen des vollen Christseins angesehen. Große Teile der Pfingstbewegung haben darauf besonderen Wert gelegt. Aber auch die neuen charismatischen Bewegungen geben Anlass, zur Zungenrede etwas ausführlicher Stellung zu nehmen.

Folgende Fragen bedürfen der Klärung: Was ist Zungenrede? Welche Aufgabe hat die Zungenrede? Wie ist die Zungenrede den anderen Gnadengaben zugeordnet? Wie hängen Christsein und Zungenrede zusammen? Die Antworten auf diese Fragen könnten einen umfangreichen Artikel füllen. In dem hier gesteckten Rahmen sollen nur einige Gesichtspunkte genannt werden, die sich aus 1. Kor 14 ergeben.

Was ist Zungenrede? Schon der Begriff löst bei manchen Christen Unbehagen aus. Sie denken an Menschen, die nicht mehr Herr ihrer Sinne sind. Sie nehmen an, dass sich in diesem Zusammenhang die Zunge selbstständig macht und unverständliche Laute ausstößt. Das Ganze halten sie für einen Ausdruck höchster seelischer Erregung. Sie sind für Nüchternheit und möchten deshalb mit dieser Gabe nichts zu tun haben.

Doch die Beschäftigung mit 1. Kor 14 widerlegt solche Vorstellungen. Schon die Übersetzung ist höchst fragwürdig. Die griechische Sprache verwendet für »Zunge« und »Sprache« dasselbe Wort: *glôssa*. Man kann also statt »Zungenrede« auch »Sprachenrede« übersetzen. Das ist ein wesentlicher Unterschied.

Wer die Erscheinungen von 1. Kor 14 als Sprachenrede ansieht, denkt nicht an die Zunge, die im Zustand der Erregung unverständliche Laute ausstößt. Er rechnet vielmehr mit Menschen, die in zuchtvoller Weise in einer fremden Sprache reden, die sie als Fremdsprache nie gelernt haben. Gottes Geist gibt ihnen die Fähigkeit, Gott in einer ihnen unbekannten Fremdsprache zu preisen (vgl. das Pfingstwunder nach Apg 2,4-11).

Paulus denkt nach allem, was er in 1. Kor 14 schreibt, nicht an ein Zungenreden in der Ekstase. Er setzt voraus, dass die Sprachenredner sich in der Kontrolle haben. Sie können sich in die gottesdienstliche Ordnung einfügen. Sie können darüber entscheiden, ob sie reden oder schweigen (14,27f). Sie werden keineswegs von dem Sprachenreden überwältigt. So müssen wir nach 1. Kor 14 davon ausgehen, dass die so genannte Zungenrede den Lobpreis Gottes in einer Sprache meint, die der Beter nicht gelernt hat. In der Fortsetzung des Artikels wird darum der Begriff »Sprachenrede« gebraucht.

Welche Aufgabe hat die Sprachenrede? Beim Sprachenreden geht es nicht um die Vermittlung von Botschaften. Die Sprachenrede ist nicht Anrede an Menschen. Sie ist Gespräch mit Gott (l. Kor 14,2), Lobpreis Gottes, Anbetung (V. 15f). Sie gibt dem Beter die Möglichkeit, da noch weiter zu beten, wo ihm sonst die Worte fehlen. Insofern fördert das Sprachenreden den Beter in seinem persönlichen Glaubensleben (V. 4). Deswegen wünscht Paulus diese Gabe jedem (V. 5). Die Gemeinde kann an dieser Gabe teilhaben, wenn die Sprachenrede übersetzt wird. Andernfalls ist diese Gabe für die Gemeinde bedeutungslos, ja sogar hinderlich (V. 23).

Wie ist die Sprachenrede den anderen Gnadengaben zugeordnet? Offensichtlich wurde in Korinth die Sprachenrede besonders geschätzt. Da der Heilige Geist beim Sprachenreden unmittelbar am Betenden handelt, hielt man es für einen hervorragenden Nachweis der Wirksamkeit des Heiligen Geistes. Dem widerspricht Paulus. Da es um die Förderung der Gemeinde im Glauben geht, ist die Gabe der prophetischen Rede, die für Christen wie für Nichtchristen verständlich ist, viel wichtiger als die Sprachenrede (l. Kor 14,1.24f). Nicht das Sensationelle ist nach Paulus entscheidend für den Gemeindeaufbau, sondern das klare, wegweisende Wort Gottes. So ist die Sprachenrede eine Gnadengabe neben anderen. Sie ist der Prophetie auf jeden Fall nachzuordnen.

Wie hängen Christsein und Sprachenrede zusammen?

Gewiss nicht so, dass man an der Sprachenrede den Christen erkennt. Denn

Paulus rechnet in Korinth mit Christen, die diese Gabe nicht empfangen haben. Sie sind für ihn nicht Christen zweiter Klasse. Er hält es für sehr wichtig, dass sie bei den Gebetsversammlungen der Gemeinde das »Amen« sprechen können (1. Kor 14,16). Solche Christen haben ein Recht darauf, dass die Sprachenredner auf sie Rücksicht nehmen, indem sie die Sprachenrede auslegen oder schweigen (V. 27f). So sehr Paulus die Gabe der Sprachenrede allen Christen wünscht, so wenig hat er gegen jene einen Vorwurf erhoben, die diese Gabe nicht besaßen.

Bei der Rückschau auf die Gaben, die Gott der Korinther Gemeinde geschenkt hat, fällt auf, dass es sich um außergewöhnliche Dinge handelt: Glaubenskraft, Heilungsgaben, Kraftwirkungen, Geisterunterscheidung, Sprachenreden und dessen Deutung. In der Liste der Gaben nach 1. Kor 12,28 begegnet uns aber auch eine Gabe, die alltäglichen Charakter hat. Das Wort, das Luther mit »Helfer« übersetzt, ist ein Fachausdruck aus dem Bankgewerbe. Er bezeichnet den Kassenverwalter. Der Kassierer ist nach Paulus ein Geschenk Gottes für die Gemeinde. Das zeigt den Realitätssinn des Apostels, der jeder Schwärmerei entschieden entgegentrat.

Paulus schließt das 12. Kapitel des 1. Korintherbriefes mit der Aufforderung: Strebt aber nach den höheren Gaben! Das überrascht. Wird damit nicht alles umgestoßen, was bisher gesagt wurde? Scheint es nach diesem Vers nicht so, als unterscheide Paulus die Gaben nicht nur hinsichtlich ihrer Aufgabe, sondern auch im Blick auf ihren Wert, so dass es Gaben, gute Gaben und beste Gaben gibt? Leistet er damit nicht dem falschen Ehrgeiz der Korinther geradezu Vorschub?

Dieser Eindruck entsteht aber nur, wenn man wie Luther übersetzt. Den eben angeführten Satz kann man mit grammatischem Recht statt als Aufforderung auch als Aussage übersetzen. Er lautet dann: »Ihr (Korinther) strebt nach den höheren Gaben. Aber ich will euch einen Weg zeigen, der noch darüber hinaus führt.« Versteht man ihn so, fallen die oben genannten Schwierigkeiten fort.

V. 31a enthält dann eine ironische Bemerkung des Apostels über den falschen Ehrgeiz der Korinther. Er korrigiert ihn, indem er auf die Liebe verweist, von der Kap. 13 handelt. Alle Gnadengaben, die nicht die Liebe zueinander mehren, sind fragwürdig.

4.4.3 Gnadengaben in Rom

Ermahnung

In der Liste der römischen Gnadengaben (Röm 12,6-8) erwähnt Paulus die Ermahnung. Der griechische Begriff (*parakaleô*) kommt in verschiedenen Bedeutungen im Neuen Testament vor. Er meint den dringenden Ruf zum Glauben (2. Kor 5,20), die Mahnung an Christen zu einem evangeliumsgemäßen Leben (Röm 12,1f) und den tröstenden Zuspruch an Leidende (Röm 15,4). Es schwingt also alles mit, was zu einer evangeliumsgemäßen Seelsorge gehört.

Es ist ein Geschenk Gottes, wenn einer Gemeinde Menschen gegeben sind, die zuhören, mitleiden und raten können. Sie sind oft in ihrer Belastbarkeit und in ihrem Wissen hoffnungslos überfordert. Sie können nicht aus dem Eigenen schöpfen. Sie sind Menschen des Gebets. In der Stille vor Gott haben sie gelernt, mit Gott auch dann zu sprechen, wenn sie mit Menschen reden. In ihren Häusern empfangen gehetzte, bedrückte, traurige und verzweifelte Menschen neuen Glaubens- und Lebensmut. Vielleicht braucht die Gemeinde in unserer Zeit die seelsorglichen Menschen noch dringender als die Propheten.

Materieller Reichtum

Paulus scheut sich nicht, auch die Gemeindeglieder als Gnadengaben zu bezeichnen, die über materiellen Reichtum verfügen. Das steht im Gegensatz zu der Neigung unserer Zeit, jeden zu verteufeln, der über größeren Besitz verfügt. Dieses Denken greift auch in der Gemeinde um sich, weil die Besitzenden oft den Anlass dazu geboten haben. Sie waren vielfach die grauen Eminenzen, die aus dem Hintergrund mit finanziellem Druck die Geschicke der Gemeinde lenkten. Mancher Verkündiger fühlt sich berufen, diese Zusammenhänge aufzudecken. Er stellt die Reichen als die Bösen dar, die ihren Besitz benutzen, um Macht und Einfluss in der Gemeinde auszuüben. Dass im Reichtum eine Gefahr liegt, zeigt Jakobus in seinem Brief (Jak 2,1-13; 5,1-6). Dass reiche Menschen immer so handeln, ist eine ungerechte und unzutreffende Behauptung. Ihre Folge sind Komplexe bei denen, die mehr als andere besitzen.

Das Evangelium ist aber nicht dazu da, Komplexe zu erzeugen, sondern zur Freiheit zu rufen. Das heißt für den Besitzenden, damit zu rechnen, dass sein Besitz Gnadengabe, Geschenk Gottes ist. Der Besitz ist deshalb so einzusetzen, dass alle Nebenabsichten, jede Spekulation auf eigenen Vorteil, auf Dankbarkeit, auf höheres Ansehen, auf größere Macht hinfällig werden. Das ist sicher ein schwieriger Lernprozess. Für alle anderen heißt das, unter diesen Voraussetzungen das reiche Gemeindeglied als Gnadengabe, als ein Geschenk Gottes anzusehen.

Diakonie

Die Diakonie wird in der Liste der römischen Gnadengaben zweimal erwähnt. An der Stelle, die Luther mit »Amt« übersetzt, steht im Griechischen *diakonia*. Gemeint ist praktische Hilfeleistung jeder Art. Sicher ist dabei an die Betreuung der Alten und Kranken gedacht, die später noch einmal ausdrücklich erwähnt wird (Röm 12,8: »Wer Barmherzigkeit übt ...«).

Der Sozialstaat hat der Gemeinde viele der hier zu erfüllenden Aufgaben abgenommen. Und dennoch bleibt ein weites Betätigungsfeld für alle, die sich um ihre leidenden Mitmenschen kümmern wollen. Die diakonischen Werke brauchen darum die Unterstützung der Gemeinden, wie auch die Gemeinden auf Impulse aus den diakonischen Werken für die Arbeit der Gemeindediakonie angewiesen sind.

Aber gewiss sind durch den Begriff *diakonia* auch die vielen Tätigkeiten abgedeckt, die heute im Alltag einer Gemeinde wahrgenommen werden müssen: Pflege von Häusern und Grundstücken, Bauarbeiten, Schmuck des Gemeindehauses, künstlerische Gestaltung und vieles andere mehr.

Gott hat seiner Gemeinde viele praktische Begabungen geschenkt. Sie sind weitgehend ungenutzt, weil eine gewisse Engführung im Denken besteht. Dass Prophetie und Lehre Gnadengaben Gottes sind, ist im Bewusstsein der Christen fest verankert. Dass aber praktische Begabungen ebenfalls Geschenke Gottes sind, haben viele noch gar nicht entdeckt. Dass Paulus beide Arten von Gnadengaben gleichwertig nebeneinander stellt, sollte zum Nachdenken Anlass geben.

Wer auf die Gnadengaben im Neuen Testament achtet, wird frei von der Zwangsvorstellung, dass »charismatisch« gleichbedeutend ist mit »Zungenrede in Ekstase«. Er fürchtet sich nicht, nach den Gaben Gottes für seine Gemeinde heute zu fragen. Er entdeckt vielmehr, wie reich und vielfältig Gott seine Gemeinde beschenkt. Deswegen kann er für Gottes Gaben danken und sie zu seiner Ehre einsetzen.

4.5 Welche praktischen Folgerungen ergeben sich daraus für uns?

4.5.1 Das Kennzeichen des Heiligen Geistes

Wir lernen festzustellen, ob Gottes Geist bei uns und anderen wirkt. Das zeigt sich an der Stellung zu Jesus. Was bedeutet das Bekenntnis »Herr ist Jesus«? Eine traditionelle Formel, die übernommen und nachgesprochen wurde, oder ist es Bekenntnis zur Nachfolge Jesu, das heißt zur Gemeinschaft mit dem lebendigen Herrn und zum Leben nach seinen Weisungen?

Damit hängen praktische Fragen zusammen. Lassen wir Jesus in die Verwaltung unseres Geldes hineinreden? Lassen wir ihn über unsere Zeit verfügen? Lassen wir uns von ihm anleiten, andere Christen zu verstehen und zu lieben? Lassen wir uns von ihm zu denen senden, die auf Hilfe warten und niemand haben, der sich um sie kümmert?

Das Wirken des Heiligen Geistes zeigt sich an der Bereitschaft, das Verfügungsrecht Jesu über unser Leben anzuerkennen.

4.5.2 Gnadengaben, die wir brauchen

Wir freuen uns, wenn Gott seiner Gemeinde auch heute die Gnadengaben schenkt, die wir im Neuen Testament beschrieben finden. Das schließt die außergewöhnlichen Gnadengaben wie Krankenheilung und Sprachenreden mit ein. Aber wir quälen uns nicht damit ab, die Vielfalt in Korinth nachzuahmen, sondern bitten Gott um die Gnadengaben, die wir heute brauchen. Ich nenne einige Beispiele:

- Männer und Frauen, die uns helfen, Technik, Massenmedien, Konsumgüter und Freizeit sachgemäß zu verwenden.
- Männer und Frauen, die uns helfen, politische Kräfte und wirtschaftliche Entwicklungen zu verstehen und vom Wort Gottes aus zu beurteilen.
- Männer und Frauen, die über die Grundwahrheiten des Wortes Gottes nachgedacht und sich mit der zeitgenössischen Theologie beschäftigt haben, so dass sie in den Auseinandersetzungen sachgemäß Auskunft geben können.
- Männer und Frauen, die den Glauben vorleben, so dass wir Mut und Freude gewinnen, ebenso zu glauben.
- Männer und Frauen, die erkannte Wahrheiten des Wortes Gottes an alle Altersgruppen der Gemeinde vermitteln können.

- Männer und Frauen, die die Aufgaben des Gemeindealltags übernehmen, ohne darunter zu seufzen.
- Männer und Frauen, die zur Diakonie in jeder Form bereit sind.
- Männer und Frauen, die in Teamarbeit zu gemeinsamen Ergebnissen führen und diese verwirklichen.
- Männer und Frauen, die den Mut besitzen, nach Jak 5 für die Kranken zu beten.

Die Liste der Gnadengaben ist mit den im Neuen Testament beschriebenen nicht abgeschlossen. Gott schenkt seiner Gemeinde auch heute völlig neue Gaben, weil sie diese zu dem ihr aufgetragenen Dienst braucht, zum Beispiel Texter, Komponisten, Musiker, Sänger, Schriftsteller, Schauspieler. Welch ein Reichtum ist zu entdecken, wenn eine Gemeinde sich den Herausforderungen ihrer Zeit stellt!

Gnadengaben entdecken und fördern

Was können wir tun, um die oben geschilderten Gnadengaben zu empfangen? Können wir nur beten? Freilich ist das Gebet das Entscheidende. Es geht ja um Gottes Gaben. Wie sollen wir sie empfangen, wenn wir ihn nicht darum bitten? Dennoch können wir darüber hinaus einiges tun. Wir lassen uns vom Heiligen Geist anleiten, die unter uns vorhandenen Gnadengaben zu entdecken. Mancher junge Mann wäre nicht Pastor geworden, wenn er nicht von anderen auf seine Gaben aufmerksam gemacht worden wäre.

In den Gemeinden sind viele Gaben vorhanden, aber nicht genutzt. Machen wir die Augen auf! Der Heilige Geist macht uns hellwach. Achten wir auf begabte junge Leute! Schulen wir die fähigen Leute! Eine Gemeinde, die das Wirken des Heiligen Geistes in ihren Reihen fördern will, sollte ihre Mitarbeiter zu Lehrgängen schicken! Gott erwartet von uns, dass wir die Gaben, die wir bei uns und anderen entdecken, vertiefen und fördern. Auch an dieser Stelle wird sich zeigen, ob das Bekenntnis zu Jesus als unserem Herrn mehr ist als ein Lippenbekenntnis.

Gnadengaben nicht menschlich werten

Wir hören auf, die verschiedenen Gaben nach menschlichen Gesichtspunkten zu werten. Wir leiden an einer Überschätzung des Dienstes mit dem Wort. Bei Paulus stehen Prophetie und Diakonie auf einer Stufe. Am Leib ist jedes Glied gleich wertvoll. Wir werden die Einheit der Gemeinde finden oder bewahren, wenn wir von der Wirklichkeit des Leibes Christi aus denken und wenn wir die Gnadengaben als Gottes Geschenk ansehen.

Mit Geschenken kann man nicht angeben. Glieder am Leib sind aufeinander angewiesen. Darum beneiden wir die Brüder und Schwestern nicht, nörgeln auch nicht an ihnen herum, sondern beten mit ihnen und für sie. Eine Kette, in der ein Glied versagt, zieht nicht mehr. Weil die Gemeinde an ihren passiven Gliedern stirbt, muss diesen ihre besondere Aufmerksamkeit und Fürsorge gelten.

Unser Herr hat gesagt: »Wenn schon ihr, die ihr doch böse seid, euren Kindern gute Gaben geben könnt, wieviel mehr wird der Vater im Himmel denen den heiligen Geist geben, die ihn darum bitten« (Luk 11,13). Damit wollen wir rechnen.

Literatur:
Ulrich Brockhaus, Charisma und Amt, Wuppertal ^{2}1987
Joachim Gnilka, Theologie des Neuen Testaments, S. 102–104
Leonhard Goppelt, Theologie des Neuen Testaments, Bd. II, S. 449f
Siegfried Großmann, Haushalter der Gnade Gottes, Kassel 1977
Donald Guthrie, New Testament Theology, S. 564–566
Gerhard Hörster, »Gaben des Geistes«, in: Das Große Bibellexikon, Bd. I, S. 398–400
ders.: »Gnadengaben im NT«, in: Klaus Haacker/Gerhard Hörster, Mit Geist beschenkt, S. 32–53
Ernst Käsemann, Amt und Gemeinde, Exegetische Versuche und Besinnungen, Bd. I, S. 109–134
Walter Lohrmann, Frucht und Gaben des Heiligen Geistes, Gießen 1978
Detmar Scheunemann, Und führte mich hinaus ins Weite, Wuppertal ^{2}1987
Peter Stuhlmacher, Biblische Theologie des Neuen Testaments, S. 355f
Reinhold Ulonska, Geistesgaben in Lehre und Praxis, Erzhausen ^{2}1985

5. Das Wesen des Heiligen Geistes

In seiner »Theologie des Heiligen Geistes« definiert Hendrikus Berkhof: »Heiliger Geist ist Gottes beseelender Atem, durch den er in Schöpfung und Neuschöpfung Leben gibt.«[6] Er bringt damit zum Ausdruck, dass der Heilige

[6] Hendrikus Berkhof, Theologie des Heiligen Geistes, Neukirchen 1968, S. 15

Geist zum Wesen Gottes gehört und eine Leben schaffende Aufgabe in dieser Welt hat.

So begegnet er uns in der Schöpfungsgeschichte. Nach dem ersten Satz heißt es: »Und die Erde war wüst und leer und es war finster auf der Tiefe; und der Geist Gottes schwebte auf dem Wasser« (1. Mo 1,2). Die Schöpfung geschieht nicht ohne ihn. Wie er beteiligt ist, wird nicht erzählt.

Anders bei der Erschaffung des Menschen nach 1. Mo 2,7: »Da machte Gott der Herr den Menschen aus Erde vom Acker und blies ihm den Odem des Lebens in seine Nase. Und so wurde der Mensch ein lebendiges Wesen.« Obwohl das Hebräische hier nicht den für »Geist« typischen Ausdruck *ruach* verwendet, lässt die Formulierung doch daran denken.

Wie bei der Schöpfung, so ist der Geist auch bei der Neuschöpfung wirksam. Bildhaft wird das deutlich, als der auferstandene Jesus Christus seinen verängstigten und entmutigten Jüngern begegnet. Er bläst sie an und sagt zu ihnen: »Nehmt hin den heiligen Geist!« (Joh 20,22). Dadurch sollen sie Boten werden, die in seiner Vollmacht Menschen ihre Sünden vergeben oder behalten (Joh 20,23). Wahrlich eine grundlegende Änderung ihres Lebens!

Ist der Heilige Geist also etwas, das von Gott ausgeht, das Wirkungen in Schöpfung und Neuschöpfung erzeugt? Ist er eine göttliche Macht? Oder ist er eine göttliche Person, die redet, handelt, mitwirkt?

5.1 Personales und dynamisches Verständnis

Im Neuen Testament bestehen zwei Sichtweisen des Heiligen Geistes nebeneinander. Einerseits wird von ihm wie von einer Person gesprochen, andererseits begegnet er als eine die Glaubenden erfüllende Kraft.

Für die erste Sichtweise, also den Heiligen Geist als Person, sprechen folgende Belegstellen: Apg 10,19; Röm 8,16; 1. Kor 2,10ff; 1.Thess 5,19; Eph 4,30. Diese Stellen legen es nahe, den Heiligen Geist als Person zu verstehen. Manche wählen dafür auch die Bezeichnung »animistisch« (von *anima* = »Seele«).

Für die zweite Sichtweise, also den Heiligen Geist als Kraft, sprechen folgende Belegstellen: Apg 2,38; 6,8; 10,38; 1. Kor 2,4 und viele andere. Diese Stellen legen es nahe, den Heiligen Geist »dynamistisch« zu verstehen.

Oft werden die beiden Sichtweisen als einander ausschließend betrachtet. Aber beide Betrachtungsweisen sind für das Verständnis des Wesens des Heiligen Geistes wichtig. Der Heilige Geist ist nicht etwa eine Kraft, die zwar von Gott verliehen wird, aber wesensmäßig nicht zu Gott gehört. Vielmehr wendet sich im Heiligen Geist der lebendige Gott selbst den Menschen zu. Da Gott den Menschen als Gegenüber, also als Person begegnet, muss auch vom Heiligen Geist als einer Person gesprochen werden.

Diese Zuwendung Gottes zum Menschen löst erkennbare Wirkungen aus. Wer über sie nachdenkt und berichtet, wird den Heiligen Geist als eine Kraft beschreiben.

5.2 Christus und Heiliger Geist

Das Verständnis des Heiligen Geistes als Person kommt besonders in den Worten Jesu über den Parakleten zum Ausdruck, die der Evangelist Johannes in den Abschiedsreden überliefert (Joh 14-16). Das griechische Wort *paraklêtos* hat Luther mit »Tröster« übersetzt, was aber den Sinn nicht genau trifft. Besser ist »Fürsprecher« oder »Beistand, Anwalt«. Diesen Anwalt wird der Vater (Joh 14,26) und der Sohn (Joh 16,7) senden. Er wird die Jünger unterstützen in der Aufgabe, die ihnen Jesus aufgetragen hat. Er wird die Jünger an das erinnern, was Jesus ihnen gesagt hat. Er wird sich für die Ehre Jesu einsetzen (Joh 16,14).

Die klassische Belegstelle für die Beziehung zwischen Christus und dem Heiligen Geist ist 2. Kor 3,17f. Ist Paulus noch einen Schritt über Johannes hinausgegangen und hat Christus und den Heiligen Geist gleichgesetzt? Ist für Paulus Christus mit dem Heiligen Geist identisch? Sind die Aussagen über Christus und den Heiligen Geist austauschbar? Ist der Heilige Geist bei Paulus als dritte Person der Gottheit gedacht?

Auf diese Fragen sind im Laufe der Auslegungsgeschichte unterschiedliche Antworten gegeben worden. Sie lassen sich in zwei Richtungen zusammenfassen.

Die eine legt die Einheit von Christus und dem Geist wörtlich aus und behauptet die Identität von Christus und dem Geist. Mit anderen Worten: Der von den Toten auferstandene Christus ist der Heilige Geist. Die Geschichte Jesu Christi setzt sich in der Geschichte der Wirksamkeit des Geistes fort. Die Kirche ist die Wirkungsstätte des Heiligen Geistes. Da gewinnt das Wirken des Heiligen Geistes leibhafte Gestalt. Bei dieser Vorstellung entfällt eine persönliche Beziehung zu dem lebendigen Herrn Jesus Christus. Sie wird als mythologisch verstanden. Es kommt vielmehr darauf an, an den Wirkungen des Heiligen Geistes Anteil zu haben. Hier hat das dynamistische Verständnis des Heiligen Geistes den Vorrang erhalten.

Die zweite Richtung ist stärker am Neuen Testament orientiert und fragt: Was lässt sich an der Theologie des Paulus zu diesem Thema ablesen? Wichtig sind in diesem Zusammenhang vor allem Röm 8,1-11 und 2. Kor 2,10-16. Sie zeigen, dass Paulus, obwohl er die Beziehung zwischen Christus und dem Heiligen Geist stark betont, doch zwischen Christus und dem Heiligen Geist unterscheidet.

Die Erlösung ist einzig und allein das Werk Jesu Christi. Der Heilige Geist bringt dieses Werk den Menschen nahe. Nur dem zu Gott erhöhten Christus wird der Gottesname KYRIOS zugesprochen (Phil 2,11) und damit dem Gebet zu Christus die Bahn gewiesen. Der Heilige Geist unterstützt dieses Gebet, aber er wird selber nicht angebetet. Christus wird als der wiederkommende HERR erwartet. Der Heilige Geist begleitet und unterstützt die wartende Gemeinde bis zu diesem Ereignis.

Dass bei Paulus Christus und Geist so eng aufeinander bezogen sind, hängt mit seinem heilsgeschichtlichen Denken zusammen. Die Heilszeit ist die Zeit des Messias, also des Christus. Sie ist aber gleichzeitig die Zeit des Heiligen Geistes. Damit sind Berührungspunkte und Entsprechungen zwischen Christus und dem Heiligen Geist zwangsläufig. Das führt aber nicht zu einem Aufgehen von Christus im Wirken des Heiligen Geistes. Diese Beobachtung ist aus folgenden Gründen erheblich für die christliche Gotteslehre.

Wird in irgendeiner Weise die Identität von Christus und dem Heiligen Geist behauptet, so ist damit die Folgerung verbunden, dass zwischen Christus und dem Heiligen Geist nicht unterschieden werden kann, dass also beide austauschbar sind.

5.3 Wer ist der Heilige Geist?

Der Heilige Geist ist Gott in seiner Zuwendung zu seiner Schöpfung und zu seiner Gemeinde nach Pfingsten. Er ist nicht der gegenwärtige Christus (*Christus praesens*), sondern derjenige, der Christus repräsentiert (*Christum repraesentans*). Er ist nicht der Nachfolger Christi, sondern sein Stellvertreter. Darum will er keine Aufmerksamkeit für sich. Sein Anliegen ist, Christus bei uns Menschen bekannt zu machen. Er wirkt für Christus.

Wohl gibt es im Neuen Testament Bekenntnisformeln, die die Einheit von Vater, Sohn und Geist bestätigen. Der auferstandene Christus trägt seinen Jüngern im Missionsbefehl auf: »Tauft sie auf den Namen des Vaters und des Sohnes und des heiligen Geistes!« (Mt 28,19). Paulus schließt seinen zweiten Brief an die Korinther mit den Worten: »Die Gnade unseres Herrn Jesus Christus und die Liebe Gottes und die Gemeinschaft des heiligen Geistes sei mit euch allen« (2. Kor 13,13). Aber daraus ist keine Gleichsetzung von Vater, Sohn und Geist geworden.

Es blieb der Alten Kirche vorbehalten, sich über das Verhältnis von Vater, Sohn und Heiligem Geist genauer zu äußern. Im erweiterten Nicänischen Glaubensbekenntnis (Nicaeno-Constantinopolitanum) von 381 n.Chr. heißt es zum dritten Artikel: »Wir glauben an den Heiligen Geist, den Herrn und Lebensspender, der vom Vater ausgeht, der mit dem Vater und dem Sohn zusammen angebetet und gepriesen wird, der durch die Propheten gesprochen hat«. Die Kirche des Westens hat den Worten »vom Vater« die Worte »und dem Sohn« hinzugefügt, was den biblischen Aussagen entspricht. Das hat die Kirche des Ostens als Abfall von der richtigen Lehre verstanden. So ist es zur Kirchenspaltung zwischen der orthodoxen und der katholischen Kirche bis zum heutigen Tag gekommen.

Die Gemeinde des Neuen Testaments hat den Heiligen Geist nicht angebetet, während sie den Vater und den Sohn anbetet. Sie hat wohl empfunden, dass Vater, Sohn und Geist in der Trinität unterschiedliche Funktionen haben. Der Vater ist der Schöpfer, Erhalter und Vollender der Welt. Der Sohn ist der Offenbarer des dreieinigen Gottes, der Erlöser und der Herr der Welt. Die Aufgabe des Heiligen Geistes ist, dem Vater und dem Sohn zu dienen.

Jürgen Moltmann hat dazu geschrieben: »Die göttlichen Personen Vater, Sohn und Heiliger Geist existieren in ihren Beziehungen zueinander zugleich füreinander und auf eine so intime Weise ineinander, dass sie durch sich selbst ihre vollständige, trinitarische Einheit bilden.«[7]

Literatur:
Joachim Gnilka, Theologie des NT, S. 106f
Leonhard Goppelt, Theologie des NT, Bd. I, S. 299; Bd. II, S. 450–453
Donald Guthrie, New Testament Theology, S. 570–572
Peter Stuhlmacher, Biblische Theologie des NT, S. 356

[7] J. Moltmann, In der Geschichte des dreieinigen Gottes, S. 93

ZWEITER TEIL

Der Heilige Geist im Alten und Neuen Testament

Gottfried Wenzelmann

Das Gespräch über den Heiligen Geist ist bisweilen durch erhebliche Verständigungsprobleme belastet. Zum einen hängt dies damit zusammen, dass der Geistbegriff im Lauf der Kirchengeschichte hellenistische Bedeutungsinhalte aufgenommen hat, womit ein Wirklichkeitsverlust im Hinblick auf Vorstellungen vom Heiligen Geist verbunden war. Zum andern kommt dem Geistwirken eine ungreifbare, unverfügbare Dimension zu, die zu nebulösen Vorstellungen führen kann. Diese Ungreifbarkeit wirkt auf die einen faszinierend und kann sich in der Suche nach dem Außergewöhnlichen äußern; andere wiederum kann gerade diese Ungreifbarkeit eher auf Distanz gehen lassen.

Eine Beschäftigung mit der Thematik des Heiligen Geistes muss vom biblischen Zeugnis her zum einen eine inhaltliche Klärung des Geistbegriffs leisten und zum andern mögliche Kriterien für das Wirken des Geistes benennen. Die Grobgliederung ergibt sich dadurch, dass wir uns bei den Untersuchungen zum Heiligen Geist den beiden Testamenten zuwenden und dabei geschichtliche Entwicklungslinien in der pneumatologischen Gedankenentwicklung anzudeuten versuchen.

1. Der Heilige Geist im Alten Testament

1.1 Zur Begrifflichkeit

Die hebräische Entsprechung für »Geist« ist das Wort *ruach*, das 378-mal im Alten Testament (AT) vorkommt und in der Septuaginta (LXX), der griechischen Übersetzung des AT, 264-mal mit *pneuma* wiedergegeben wird. Das Bedeutungsspektrum dieses Wortes trägt zu den Verständigungsschwierigkeiten im Gespräch über den Heiligen Geist bei. Es heißt sowohl »Wind, bewegte Luft, Hauch« (1. Mo 3,8: leichter Luftzug; 2. Mo 10,19: Sturm), »Atem (bei Mensch und Tier), Geist bzw. Sinn«, »Atem Gottes« (Jes 12,4) und »Geistwesen«. Aus »Hauch« und »Wind« entwickelte sich in späterer Zeit auch die Bedeutung »Nichtiges« (Jer 5,13; Hiob 16,3).

Will man diese Bedeutungsfülle gruppieren, so lassen sich drei Gruppen benennen: Lebenskraft; Sitz der Erkenntnis und Gemüt; Lebenskraft Gottes. Es handelt sich um einen »Bedeutungsumfang, der Physisches und Psychisches, Körperliches und Seelisches, Materielles und Spirituelles, Außen und Innen vereint«.[8] Der Begriff bezeichnet, darin dem griechischen *pneuma* und dem lateinischen *spiritus* gleich, einen Akt der Bewegung, der selber in Bewegung zu bringen oder zu halten vermag. Die hinter der Bewegung stehende Kraft kann einmalig oder kontinuierlich wirken. *Ruach* gibt den Geschehnissen, die mit diesem Begriff angesprochen werden, »etwas Realistisches, etwas Markantes«[9]; das deutsche Wort »Geist« vermag das kaum wiederzugeben. In der Bibel bezeichnet der Begriff »Geist« keinen Gegensatz zum Leib.

In unserem Zusammenhang interessiert weniger der anthropologische Gebrauch von *ruach*. Beachtenswert sind hier vielmehr die Übergänge vom profanen zum theologischen Gebrauch.[10] Dieser ist nicht immer streng zu unterscheiden. Das wird deutlich, wenn vom »*ruach* deiner Nase« (2. Mo 15,8) und vom Wind, der das Wasser bewegt (2. Mo 14,21), gesprochen wird. Gott selber

---

[8] W. H. Schmidt, »Geist/Heiliger Geist/Geistesgaben I. Altes Testament«, in: TRE Bd. XII, Berlin 1984/93, S. 170; vgl. auch dazu G. Gerlemann, »Geist II. Geist und Geistesgaben im AT«, in: RGG Bd. 2, Tübingen 1958/86, S. 1270; V. Hamp, »Pneuma I. Im AT«, in: LThK Bd. 8, Freiburg 1963, S. 568; F. Baumgärtel, »pneuma etc.«, in: ThWNT Bd. 6, Stuttgart 1990, S. 357ff

[9] Congar, Heiliger Geist, Freiburg 1982, S. 19

[10] vgl. dazu Schmidt, a.a.O., S. 171

steht hinter dieser *ruach* als Naturkraft und erregt sie; nach Ps 104,4 ist sie sein Werkzeug. In Jes 40,7 ist »Jahwes Hauch«, der über Gras und Blume weht und sie vertrocknen lässt, der Glutwind, der zugleich Gottes Macht über Schöpfung und Geschichte darstellt. Ein ähnlicher Übergang findet sich auch bei *ruach* als der Lebenskraft des Menschen; göttlicher und menschlicher Geist können hier gelegentlich miteinander identifiziert werden, wenn etwa in Hiob 27,3 vom »Hauch Gottes in meiner Nase« gesprochen wird. »Obwohl das Alte Testament nicht sagt, dass Gott Geist ist (vgl. Jes 40,13), kann Gottes Geist synonym für Gottes Gegenwart sein (Ps 139,7 u. a.).«[11] Zur alttestamentlichen Begrifflichkeit gehört abschließend der Hinweis darauf, dass die Wendung »Heiliger Geist« nur zweimal auftaucht: in Ps 51,13 und Jes 63,10f.

1.2 Die Wirksamkeit des Geistes in der Frühzeit Israels

Zunächst gehen wir hier auf die Geistverleihung an die 70 Ältesten unter Mose ein. Der Ausgangspunkt dieser Erzählung ist eine allgemeine Unzufriedenheit des Gottesvolkes in der Wüste aufgrund der Versorgungslage. Das Volk sehnt sich nach den reichen Mahlzeiten in Ägypten zurück (4. Mo 11,5). Es setzt Mose unter Druck, der sich bei Gott beklagt: »Ich vermag all das Volk nicht allein zu tragen, denn es ist mir zu schwer« (11,14). Gott befiehlt Mose, 70 Männer aus den Ältesten beim Begegnungszelt zu versammeln. »So will ich herniederkommen und dort mit dir reden und von deinem Geist, der auf dir ist, nehmen und auf sie legen, damit sie mit dir die Last des Volks tragen und du nicht allein tragen musst« (11,17f). Die Gabe des Geistes soll die Wiederherstellung der Einmütigkeit im Volk bewirken. Sie soll die Situation der Unruhe und Klage überwinden helfen und die gefährdete Gemeinschaft des Volkes mit Gott und untereinander erneuern. Das geschieht in diesem Fall einer Neustrukturierung in der Führungsverantwortung dadurch, dass diese Verantwortung dezentralisiert wird. Nachdem Mose die Ältesten versammelt hatte, kam Gott in einer Wolke herab, redete mit ihm »... und nahm von dem Geist, der auf ihm war, und legte ihn auf die siebzig Ältesten. Und als der Geist auf ihnen ruhte, gerieten sie in Verzückung wie Propheten und hörten nicht auf« (V. 25). Dabei kam der Geist

[11] Schmidt, a.a.O.

nicht nur auf die Versammelten, sondern auf die beiden im Lager Zurückgebliebenen (V. 26).

In dieser Erzählung geht es um die Vollzahl derer, die Gott für die Wahrnehmung der Führungsverantwortung bestimmt hat. »Gottes Anteilgabe am Geist richtet sich … nicht nach dem Verhalten der Betroffenen, sondern nach Gottes Anordnungen und den diesen Anordnungen entsprechenden Vorgängen der Auswahl.«[12] Es fällt hier auf, dass die Gabe des Geistes daran erkennbar wird, dass die Geistempfänger in Ekstase geraten und weissagen. Nach M. Noth[13] handelt es sich bei der Ekstase um einen Zustand, aus dem nicht notwendig prophetische, verständliche Worte hervorgehen. In einem Zusammenhang, in dem es um die Entlastung des Mose geht, wirkt das Phänomen der Ekstase seltsam. Die Befremdlichkeit bringt auch die Reaktion eines jungen Mannes über die beiden im Lager Gebliebenen zum Ausdruck, die, obwohl sie nicht bei den versammelten Ältesten vor dem Begegnungszelt zugegen waren, vom Geist Gottes erfasst in Ekstase gerieten. Josua will Mose auffordern, sie an der vom Geist gewirkten Ekstase zu hindern. Er scheint den entlastenden Sinn dieser außergewöhnlichen Ereignisse für die Führungsverantwortung nicht zu erkennen. Aber Mose geht auf diesen Rat nicht ein: »Möchte doch das ganze Volk Jahwes Propheten sein, dass Jahwe seinen Geist auf sie legte« (V. 29).

In dieser Erzählung kommt es unter der Wirkung des Gottesgeistes zur Veränderung von Menschen, die Menschen für einige Zeit ihres bewussten Verhaltens oder ihrer Kraft beraubt. Diese Veränderung erfolgt ohne Vorbereitungen. Die mit der Gabe des Geistes verbundene Ekstase weist jedoch auf die Indienstnahme der Ältesten und macht sie nach außen als von Gott Beauftragte kenntlich. Inwieweit damit ein verborgenes vorbereitendes Handeln an den Betroffenen auch auf psychologischer Ebene verbunden ist, lässt sich fragen, kann aber vom Text her nicht über Spekulationen hinausgehen. Die Veränderung der Identität zeigt an, dass Menschen durch den Geist in die Lage versetzt werden, über sich hinauszugehen, wobei sie in diesem Geschehen nicht mehr sich selbst gehören.

Der Geist-Hauch Gottes bewirkt seinem Wesen nach, dass sich Gottes Plan in der Geschichte durchsetzt und Realität wird. Das lassen die Richtererzählungen klar erkennen. Richter sind in Israel als charismatische Anführer in politisch

---

[12] M. Welker, Gottes Geist. Theologie des Heiligen Geistes, Neukirchen-Vluyn ^{2}1993, S. 84

[13] Das vierte Buch Mose, ATD 7, Göttingen ^{4}1982, S. 79

brisanter Lage zu verstehen. Die politisch kritischen Zeiten stellt das Richterbuch als Konsequenz der Schuld Israels dar, die das Gottesvolk in der Zeit zwischen der Landnahme und dem Beginn des Königtums durch den Abfall von Jahwe auf sich geladen hat. In der kritischen Lage beruft Gott sich durch seinen Geist politische Führer. So heißt es von Otniël: »Der Geist Jahwes kam über ihn« (Ri 3,10; ähnlich von Gideon Ri 6,34; von Jeftah Ri 11,29 und Simson Ri 13,35; 14,6). Gott befähigt die Richter mit der Berufung durch seinen Geist zum politisch-nationalen Handeln. Dieses Wirken des Geistes Gottes ist logisch nicht durchschaubar oder berechenbar. Der Geist vermag vor ihrer Berufung ganz unbeachtete Männer für das öffentliche Auftreten als Führer zu beanspruchen.

Bei Simson fällt auf, dass die *ruach* zu plötzlichen außergewöhnlichen Krafttaten befähigt (Ri 14,6.19; 15,14). In allen Richtererzählungen wird der Geist Gottes als die Kraft erfahren, die die entscheidende Wende des bedrohlichen Geschicks herbeiführt. Der Geist stellt dabei häufig eine neue Einmütigkeit im Volk her. Das Volk Gottes wird durch ein machtvolles Wirken des Geistes Gottes zu einer nicht vorhersehbaren Erneuerung der Handlungsfähigkeit geführt. Gott bedient sich dazu der Richter, denen es in der Kraft des Geistes gelingt, diese gemeinsame Fähigkeit im Volk wieder herzustellen.

Zwar wirkt der Geist Gottes bei den Richtern auf außergewöhnliche Weise; diese Wirksamkeit ist aber dennoch nicht als magisch zu bezeichnen. Er bedient sich der Menschen so, dass sie selber zum Mitmachen befähigt und durch die anderen »zum freiwilligen Mitmachen«[14] bewegt werden. Die vom Geist ergriffenen Menschen bleiben, auch nachdem sie von Gottes Geist ergriffen werden, schwache und begrenzte Menschen. So zweifelt Gideon auch nach dem Empfang des offenbarenden Geistes und bleibt gegenüber seinem Auftrag skeptisch (Ri 6,13ff.36ff). Diese Menschen werden durch die Geisterfahrung weder Übermenschen noch Idealgestalten. Der Geistträger vermag das Wirken Gottes durch seinen Geist weder zu kontrollieren noch in seinen Folgen vorher zu überschauen. »Der Lebens- und Erfahrungszusammenhang, der durch das Wirken des Geistes nach frühen Zeugnissen bestimmt ist und geprägt wird, ist gefahrvoll. Das Wirken des Geistes ist keineswegs notwendig mit Freude und Glück für den Geistträger und dessen Umgebung verbunden!«[15] Und doch

[14] C. Westermann, »Geist im Alten Testament«, EvTh 4 (1981), S. 225
[15] Welker, a.a.O., S. 69

geben die Texte aus dem Richterbuch zu erkennen, dass mit der Herabkunft des Geistes die Wende der Not des Gottesvolkes – und damit im Ergebnis doch Freude – beginnt.

1.3 Das Wirken des Geistes am Übergang zum Königtum

Die frühen Zeugnisse vom Wirken des Geistes beschränken sich zumeist auf einzelne politische oder prophetische (2. Kön 2,9ff) Leitpersonen, die zumeist spontan und nicht selten mit außergewöhnlichen Begleiterscheinungen vom Geist überkommen wurden. Mit dem Auftreten des Königtums ist im Zeugnis des Alten Testaments eine Änderung festzustellen. Ein Hinweis auf diese Änderung ist die Bemerkung bei der Salbung Davids durch Samuel in 1. Sam 16,13: »... und der Geist Jahwes kam über David und blieb auf ihm von jenem Tage an.« Auf diesen Zusammenhang weist Congar[16] mit den Worten hin: »Von der Institution des Königtums an hört das plötzliche, ungewöhnliche Gepacktwerden durch den Geist (Hauch) Gottes auf.«

Im Zusammenhang mit der Entstehung des Königtums muss auf Saul eingegangen werden. Er ist eine Übergangsfigur, die noch Züge der charismatischen Richter trägt, die aber zugleich dem beginnenden Königtum zuzurechnen ist. Saul wird noch hin und wieder von Gottes Geist in einer Weise ergriffen, dass es zu außergewöhnlichen Manifestationen kommt. So sagte Samuel Saul die Begegnung mit einer Schar ekstatischer Propheten voraus: »... und wenn du dort in die Stadt kommst, wird dir eine Schar von Propheten begegnen, die von der Höhe herabkommen, und vor ihnen her Harfe und Pauke und Flöte und Zither und sie werden in Verzückung sein. Und der Geist Jahwes wird über dich kommen, dass du mit ihnen in Verzückung gerätst; da wirst du umgewandelt und ein anderer Mensch werden« (1. Sam 10,5f; vgl. auch 10,10 ff und 11,6). Die Ekstase, in die Saul hier mit den Propheten fällt, ist sicher mit dem Empfang der Gewissheit über seine Bestimmung verbunden. Aber es fällt auf, dass dieses Zeichen auf die Umgebung Sauls fremd wirkt (vgl. 10,11). Die Veränderung der Identität Sauls löst Verwunderung aus. Es wird bei der Erzählung über die Ekstase Sauls deutlich, dass sein eigener Wille in der Verzückung außer Kraft gesetzt wird. In dieser Ekstase geschieht eine Art von Verohnmächtigung.

[16] a.a.O., S. 23

Bevor Saul von Gott viel Macht in seinem Volk (und darüber hinaus) anvertraut bekommt, erfährt er durch den Geist Gottes zunächst den Entzug seiner Macht. Als Saul später David verfolgt, erfährt er unter dem Wirken des Geistes Gottes erneut den Entzug von Macht (1. Sam 19,23f). »Das Geistwirken kann ermächtigen und entmächtigen. Das unverfügbare und unerwartete Wirken des Geistes kann sich darin äußern, dass ein vom Geist ergriffener Mensch als ›Herr der Lage‹ erscheint und das Volk ›ausrückt wie ein Mann‹. Es kann aber auch dazu führen, dass der vom Geist Überkommene ›außer Kraft gesetzt‹ erscheint und dass die dazugehörigen Betrachter einfach befremdet oder verschreckt sind.«[17] Dem Geistträger werden wohl immer wieder Zeichen seiner Bevollmächtigung gegeben, aber er soll sich nicht auf das eigene Vermögen verlassen; er darf auch die ihm verfügbare Macht nicht gegen Gottes Willen einsetzen. Was im Hinblick auf Saul gilt, das gilt nach Ri 7,2 auch für das ganze Volk: Das siegreiche Wirken des Geistes Gottes soll nicht zu einem falschen Empfinden der Übermacht und der Siegesgewissheit führen.

1.4 Der Geist in der klassischen Prophetie Israels

Es ist ein Charakteristikum der Geschichte Israels, dass mit dem Auftreten des Königtums auch – dieses begleitend – die Propheten auftreten. Sie treten als kritisches Gegenüber zu den Königen auf, die die Verheißung aus 1. Sam 16,13 im Sinne einer falschen Sicherheit für sich verbuchen könnten. Beim Überblick über die Botschaft der Propheten fällt auf, dass die vorexilischen Propheten eine explizite Berufung auf den Geist vermissen lassen.[18] Diese fehlende Berufung auf den Geist könnte damit zusammenhängen, dass auch falsche Propheten sich explizit auf den Geist Gottes beriefen (vgl. dazu 1.5). Beginnend in vorexilischer Zeit (ca. im 7. Jahrhundert v. Chr.) und noch ausgeprägter in exilischer (6. Jahrhundert) wird das prophetische Wort dem Geist Gottes, also einer Inspiration zugeschrieben. In Jes 48,16 sagt der dort redende Prophet von sich: »Und nun hat der Herr, Jahwe, mich gesandt und sein Geist.« Ähnlich bezeugt Hesekiel von sich selbst (2,2): »Und als er (nämlich Gott) mit mir redete, kam

[17] Welker, a.a.O., S. 81

[18] Eine Verwendung des Geistes des Herrn in Mi 2,3 ist vielleicht ein späterer Einschub (vgl. dazu Congar, a.a.O., S. 23, Anm. 9). Nicht ganz sicher ist die Deutung von »Geistesmann« in Hos 9,7; wahrscheinlich meint dieses Wort den Propheten selbst.

Geist in mich und stellte mich auf meine Füße.« Auch für das nachexilische Prophetentum gilt die Berufung auf den Geist Gottes (Sach 7,12). »So wird in exilisch-nachexilischer Zeit die Vollmacht der Propheten wieder als Wirken des Geistes verstanden . . .«[19]

Verschiedene Texte aus dem Propheten Jesaja, die vom messianischen Heilsbringer sprechen, erwähnen ausdrücklich den Geist Jahwes. Hierzu gehört Jes 11,1-5. Vom Heilsbringer wird in V. 2 gesagt, dass auf ihm der Geist Gottes ruht. Er wird als dauerhaft mit dem Geist Gottes begabt vorgestellt. Darin erweist er sich als von Gott erwählt. »Und auf ihm wird ruhen der Geist Jahwes, der Geist der Weisheit und des Verstandes, der Geist des Rates und der Kraft, der Geist der Erkenntnis und der Furcht Jahwes; und sein Wohlgefallen wird sein an der Furcht Jahwes. Und er wird nicht richten nach dem Sehen seiner Augen . . . und er wird die Geringen richten in Gerechtigkeit und den Demütigen des Landes Recht sprechen in Geradheit . . .« (V. 2-4). Der Geistträger wird richten und dabei Gerechtigkeit durchsetzen. Er verhilft den Hilflosen und Armen zum Recht und entscheidet für sie. So verbindet der messianische Geistträger die Rechtsprechung mit dem Erbarmen. Gerechtigkeit und Erbarmen werden unter dem Wirken des Geistes in ein ausgewogenes Verhältnis zueinander gebracht. »Der messianische Geistträger *wahrt* und pflegt den schwierigen *Zusammenhang von Recht und Erbarmen.*«[20] Getragen wird diese ausgewogene Beziehung zwischen Recht und Erbarmen durch die Furcht Jahwes. Jahwe erhält im Wirken des messianischen Geistträgers den ihm gebührenden Platz, oder anders formuliert: Das durch den messianischen Geistträger vermittelte Wirken des Geistes Gottes setzt Gott, sein Volk und die Völkerwelt, ja sogar die ganze Schöpfung zu sich selbst ins richtige Verhältnis. Die Gotteserkenntnis ermöglicht die Verwirklichung des Zusammenhangs von Recht und Erbarmen. Das von Gotteserkenntnis, Gerechtigkeit und Erbarmen erfüllte Gottesvolk wirkt auf die anderen Völker anziehend: »Und es wird geschehen an jenem Tage: Der Wurzelspross Isais, welcher dasteht als Panier der Völker, nach ihm werden die Völker fragen; und seiner Ruhestätte wird Herrlichkeit sein« (11,10). So setzt Gott seine Offenbarung durch seinen Geist in der Welt durch.

In ähnliche Richtung wie Jes 11 weist auch Jes 42,1-4 im Hinblick auf den Gottesknecht. Auch auf ihm ruht der Geist: »Siehe, mein Knecht, den ich stütze,

---

[19] Schmidt, a.a.O., S. 171
[20] Welker, a.a.O., S. 113 [kursiv im Original]

mein Auserwählter, an welchem meine Seele Wohlgefallen hat: Ich habe meinen Geist auf ihn gelegt.« Zugleich wird auch hier wie in Jes 11 gesagt, worin sich die Geistträgerschaft äußert: Er verkündet und bringt den Völkern das Recht. »Er wird den Nationen das Recht kundtun.« Das Wirken des geisterfüllten Gottesknechtes bleibt nicht auf Israel beschränkt; es ist universal ausgerichtet. Bis zu den Inseln, die auf seine Weisung warten (V. 4), bringt er das Recht. Mit den Blinden und Gefangenen kommen die Schwachen in V. 7 in den Blick. Damit zeigt sich – wie bereits in Jes 11 – der Zusammenhang von Recht und Erbarmen im Wirken des geisterfüllten Gottesknechtes. Gott lässt sich in seiner Offenbarung durch den messianischen Geistträger als gerecht und barmherzig erkennen. So dient die Aufrichtung von Recht und Erbarmen der Offenbarung und Anerkennung Gottes und damit zugleich seiner Ehre.

Auffallend ist beim Gottesknecht, dass er nicht schreit und seine Stimme nicht auf den Gassen hören lässt (V. 2). Der Geistträger setzt also nicht auf Propaganda. Er sucht weder direkte noch indirekte Machtausübung (er verzichtet also auf eine Macht, die ein Mensch noch als Opfer auszuüben vermag). Auch als Leidender macht er nicht öffentlich auf sich aufmerksam. Dennoch wird ihm universale Aufmerksamkeit verheißen. Er richtet, das macht Jes 53 sehr deutlich, die Menschen in ihrer Verachtung ihm gegenüber auf sich aus. »In der Selbsterkenntnis und Selbstverortung im Machtbereich des Geistträgers, der durch Ohnmacht ›herrscht‹ und dadurch, dass er die öffentliche Verachtung trägt, geschieht die Veränderung, die die Menschen dazu befähigt, Gottes Gerechtigkeit anzunehmen.«[21]

Schließlich spricht auch Jesaja 61 vom Heilsträger, auf dem der Geist ruht (V. 1). Mit seiner frohen Botschaft bringt er den Armen Gottes Erbarmen. ». . . Jahwe (hat) mich gesalbt, um den Armen frohe Botschaft zu bringen, weil er mich gesandt hat, um zu verbinden die zerbrochenen Herzens sind, Freiheit auszurufen den Gefangenen, und Öffnung des Kerkers den Gebundenen; um auszurufen das Gnadenjahr Jahwes . . .« (V. 1-2). Gott richtet durch den Heilsbringer in seinem Volk Gerechtigkeit und Erbarmen auf. In Israel wird dann Freude statt Trauer regieren (V. 3). Israel wird seine von Gott zugedachte Rolle als »Priester Jahwes« und »Diener unseres Gottes« annehmen (V. 6) und die Völker werden Gottes Wirken an seinem Volk erkennen (V. 9). »Gerechtigkeit und Ruhm Gottes vor den Völkern haben in der Erkenntnis der in Israel aufge-

[21] a.a.O., S. 130

richteten Gerechtigkeit und Barmherzigkeit ihr Zentrum.«[22] Die fremden Völker nennen in V. 6 Jahwe »unseren Gott«. Hier deutet sich die Erkenntnis und Anerkennung des wahren Gottes durch die Heiden an. Die Gotteserkenntnis breitet sich zugleich mit der Gerechtigkeit und dem Erbarmen aus. Das Wirken des Geistes zielt also auf Gotteserkenntnis und damit zugleich auf ein bewusstes Selbst- und Wirklichkeitsverständnis vor Gott.

1.5 Das Wirken eines bösen Geistes – falsche Prophetie

Die frühen biblischen Zeugnisse berichten nicht nur vom rettenden, Einmütigkeit im Gottesvolk schaffenden und bewahrenden Wirken des Gottesgeistes; sie erwähnen auch böse Geister, die Gott zwischen Menschen senden kann. Solche Geister können die Entstehung von Einmütigkeit hindern und zu unweisem politischen Handeln führen. In Ri 9,23 heißt es: »Gott sandte einen bösen Geist zwischen Abimelech und die Bürger Sichems, sodass die Bürger Sichems von Abimelech abfielen.« In Jes 19,2f kündigt der Prophet an, dass Gott Ägypten gegen Ägypten aufstacheln will. »Da wird der Geist Ägyptens in seiner Brust zerstört und sein Rat von mir verwirrt. Da werden sie Rat suchen bei den Götzen und bei den Beschwörern, bei den Totengeistern . . .« Nicht nur Israels Feinde, auch Israel selbst kann der »Geist der Ohnmacht« überkommen.[23]

An Saul wird sogar deutlich, dass ein zuvor vom Geist Gottes ergriffener Mensch von einem bösen Geist gequält werden kann (1. Sam 16,14ff). Hier wie bei den zuvor erwähnten Belegen kommt die ethische Dimension in den Blick: Saul war Gott ungehorsam, indem er den Bann gegen die Amalekiter nicht vollzog (1. Sam 15,8f). Israel hat sich immer wieder an Jahwe versündigt, indem es sich auf den Götzendienst der Nachbarvölker eingelassen hat.

Der böse Geist ist in seinem Wirken von den Betroffenen nicht leicht zu durchschauen. Tritt er als »Lügengeist« auf, muss er prophetisch erkannt werden. Indem auch der böse Geist mit Jahwe in Verbindung und als von ihm gesandt verstanden wird, hält der alttestamentliche Glaube fest, dass auch die zwiespältigen, dunklen Erfahrungen des Menschen vom Glauben her gedeutet werden sollen und unter der Herrschaft Jahwes stehen.

---

22 a.a.O., S. 117

23 Jes 29,10; vgl. auch Hos 4,12; 5,4; 9,7 und dazu Welker, a.a.O., S. 87ff

Falsche und wahre Prophetie können in solchen Zusammenhängen hart aufeinandertreffen. Das führt z.B. 1. Kön 22 eindrücklich vor Augen. Die vierhundert Propheten, die Ahab zur Befragung versammelt hat, ob er in den Kampf gegen Ramot-Gilead ziehen soll, antworten einmütig: »Ziehe hinauf und Gott wird es in die Hand des Königs geben« (V. 6). Der König von Israel lässt durch einen Boten den Propheten Micha ben Jimla holen, den der König hasst, weil er nie Gutes weissagt. Dem Boten, der Micha empfiehlt, dasselbe zu sagen wie die vierhundert Propheten, antwortet Micha: »So wahr Gott lebt: Nur was Gott zu mir sagen wird, das werde ich reden« (V. 14). In der Begegnung mit dem König sagt Micha ben Jimla dann zunächst tatsächlich dasselbe wie die vierhundert Propheten (V. 15). Erst auf die Beschwörung des misstrauischen Königs im Namen Gottes hin entfaltet Micha seine Vision, die sowohl auf den Lügengeist der vierhundert Propheten als auch auf die Wahrheit verweist. Gott hat Unheil über den König beschlossen. Hier zeigt sich, dass der Lügengeist unvermeidlich ist, weil er von Gott zum Vollzug seines Gerichts gesandt ist. Die Lage zwischen wahrer und falscher Prophetie ist vor allem deshalb so brisant, weil beide Seiten sich auf ein Hören auf Gott berufen. Michael Welker weist auf drei Kriterien hin, die sich aus 1. Kön 22 erheben lassen:

»1. Die Bereitschaft, sich nicht ohne weiteres der herrschenden Meinung anzuschließen, sondern *immer erneut* zu prüfen, ob der Geist der Zeit ... mit dem Geist der Wahrheit übereinstimmt oder nicht.«[24] Mit diesem Kriterium ist nicht gesagt, dass die Wahrheit immer auf der konträr zur herrschenden Meinung stehenden Seite gefunden werden könnte. Der Konflikt ist nicht zu suchen, aber der prophetische Mensch wird solche Konflikte nicht scheuen. Micha ben Jimla erweist im Sinne dieses Kriteriums Standfestigkeit.

»2. Die Bereitschaft, die öffentlich erkennbare Wahrheit der eigenen Prophezeiung mit der eigenen Existenz und dem eigenen Schicksal zu verbinden. Das heißt, die eigene Glaubwürdigkeit wird vom faktischen Eintreffen des prophetisch in Aussicht Gestellten abhängig gemacht.«[25] Damit legt sich der Prophet im Auftrag Gottes vor den Adressaten der Botschaft fest. Weil er selber an die Wahrheit gebunden ist, bindet er seine Existenz an die öffentliche Erkenntnis der Wahrheit. Zwar heißt das nicht, dass Propheten die definitive Erfüllung ihrer Botschaft immer selber erleben werden; das Verheißene kann

[24] a.a.O., S. 90
[25] a.a.O., S. 91

nach ihrem Tod eintreffen. Aber er trägt, wie das am Propheten Micha ersichtlich wird, die »in seiner überlegenen Sicht der himmlischen, definitiven Öffentlichkeit bereits präsente zukünftige Wirklichkeit«[26] als Außenperspektive an die herrschende Meinung. Die prophezeite Wirklichkeit mag noch verstellt sein, aber deren Eintreffen steht mit Gewissheit bevor.

»3. Die Befähigung, die verfahrene, gegen die Wahrheit immunisierende Situation theologisch zu klären, zu rekonstruieren und damit zu relativieren.«[27] Das heißt nicht, dass Propheten als Exegeten oder systematische Theologen zu verstehen wären, die jedermann nachvollziehbare historische oder systematisch-theologische Einsichten darlegen. Die theologische Deutung der Situation meint vielmehr eine pneumatische Intuition. Diese ist nicht an eine theologische oder andere Bildung gekoppelt; sie ist hingegen als eine Offenbarung des Geistes Gottes zu verstehen, der, wie auch immer im Einzelnen das geschehen mag, dem prophetisch begabten Menschen das konkrete, deutende Wort in einer konkreten Situation zuwachsen lässt.

1.6 Die Ausgießung des Geistes und die umfassende endzeitliche Erneuerung

Die Fragestellung dieses Abschnitts wurde bereits im vorletzten Abschnitt 1.4 berührt. Sie ist nun genauer in den Blick zu nehmen.

Verschiedene prophetische Texte sprechen von einer Ausgießung des Geistes, die zu einer umfassenden Erneuerung der Welt führen wird. So kündigt Jes 32,15f an: »Wenn der Geist über uns ausgegossen wird aus der Höhe, dann wird die Wüste zum Fruchtgefilde … Und das Recht wird sich niederlassen in der Wüste und die Gerechtigkeit auf dem Fruchtgefilde wohnen und das Werk der Gerechtigkeit wird Friede sein und der Ertrag der Gerechtigkeit Ruhe und Sicherheit ewiglich.« Das angekündigte heilvolle Geschehen wird nach diesem Text durch ein machtvolles Eingreifen des Geistes Gottes ins Werk gesetzt. Die Rede von der Ausgießung des Geistes bringt das Umfassende dieses Geschehens zum Ausdruck: Menschen verschiedener Regionen und Kulturen, ja die ganze Schöpfung wird davon erfasst. Die Ausgießung des Geistes bewirkt ein

[26] a.a.O., S. 91
[27] a.a.O.

unverfügbares und überraschendes Zusammenwirken: Sie bewirkt eine neue Gemeinsamkeit und Lebendigkeit in der Gebrochenheit der Schöpfung. Die Folge dieser umfassenden Geistausgießung ist eine Transformation von noch nicht gestalteter Natur in Kulturland. Auf der dadurch verwandelten Erde werden Gerechtigkeit und Friede wohnen. Die erneuerte Welt ermöglicht »Ruhe und Sicherheit«, also Vertrautheit und Geborgenheit.

Die Ausgießung des Geistes führt auch zu einem neuen Selbstverständnis der Menschen: »So spricht Gott ... fürchte dich nicht, mein Knecht Jakob, du Jeschurun, den ich erwählt habe. Denn ich werde Wasser gießen auf das Durstige und Bäche auf das Trockene ... Dieser wird sagen: Ich bin Jahwes; und der wird den Namen Jakobs anrufen; und jener wird mit seiner Hand schreiben: Ich bin Jahwes und wird den Ehrennamen Israels ehrend nennen« (Jes 44,2f.5). Die endzeitliche Geistausgießung bewirkt eine neue Zuwendung zu Gott, eine Zuordnung zu Jahwe aus dem Vertrauen zu ihm heraus. Der Geist Gottes bindet das Gottesvolk und darüber hinaus alle Menschen in einer neuen Weise an Gott.

Der Gedanke der Ausgießung des Gottesgeistes findet sich bei Hesekiel in Verbindung mit der Sammlung Israels aus den Völkern. So verheißt Gott seinem Volk nach Hes 36,24: »Und ich werde euch aus den Nationen holen und euch sammeln aus allen Ländern und euch in euer Land bringen. Und ich werde reines Wasser auf euch sprengen ...« Wasser, ein Bild für den Geist Gottes, wird das Gottesvolk reinigen und wiederherstellen. So schafft Gottes Geist in seinem Volk neue Gemeinschaft und neue Lebendigkeit, verbunden mit einer neuen konzentrierten Gegenwart Gottes in seiner Offenbarung. Die Rückführung des Volkes bei der Ausgießung des Geistes bringt eine neue Zuwendung des Angesichts Gottes den Menschen gegenüber (vgl. Hes 39,27ff). So verbindet die Ausgießung des Geistes eine universale Weite des Wirkens Gottes mit der Konkretheit seiner Gegenwart.

Die endzeitliche Erneuerung durch den Geist konzentriert sich auch in der endzeitlichen Erneuerung des Menschen. Das bringen die Aussagen Hesekiels über die Erneuerung des menschlichen Herzens zum Ausdruck: »Und ich werde euch ein neues Herz geben und einen neuen Geist in euer Inneres geben und ich werde das steinerne Herz aus eurem Fleisch wegnehmen und euch ein fleischernes Herz geben. Und ich werde meinen Geist in euer Inneres geben und ich werde machen, dass ihr in meinen Satzungen wandelt und meine Rechte bewahrt und tut. Und ihr werdet in dem Lande wohnen, das ich euren Vätern gegeben habe; und ihr werdet mein Volk sein und ich werde euer Gott sein«

(Hes 36,26-28; ähnlich 11,17.19-20). Die Verleihung des neuen Geistes, des Geistes Gottes, geht einher mit dem Auswechseln des Herzens, was in der Terminologie von steinernem und fleischlichem Herzen angesprochen wird. W. Zimmerli bemerkt zu diesen Stellen: »Das Herz, der Sitz sowohl des Denkens wie der Willensentschlüsse …, soll anders werden. Seine Verhärtung, im Bild des steinernen Herzens beschrieben, soll einer neuen, echten Lebendigkeit, dem fleischernen Herzen, Raum geben.«[28] Das steinerne Herz ist das leblose Herz, das sowohl für Gott und seinen Willen als auch für Recht und Erbarmen unempfänglich ist. Das fleischerne Herz als das lebendige Herz ist im Hinblick auf Gottes Willen, die göttliche Weisung (Thora), einsichtsvoll. Es ist bereit zum neuen Handeln aus Glauben. Gottes Geist wirkt im Innern des Menschen die Bereitschaft zum neuen Leben nach Gottes Ordnungen. So wirkt der Geist den neuen Gehorsam des Glaubens. In der Endzeit wirkt also Gottes Geist ein unverbrüchliches Verhältnis zwischen Gott und seinem Volk. Das die Herzen der Glieder des Gottesvolkes erneuernde Handeln und die Sammlung des Gottesvolks geschieht nicht nur um der Betroffenen willen, sondern auch um der anderen Völker willen, die diese Verwandlungen im Gottesvolk von außen wahrnehmen. »Die Jerusalemer (nach Hes 11) und die Fremdvölker (nach Hes 36) werden dadurch (sc. durch die Erneuerung der Herzen und die endzeitliche Sammlung der Zerstreuten) selbst mit Gott und der Gotteserkenntnis konfrontiert.«[29] So erweist sich Gott durch seinen Geist als der, der machtvoll sein Heil für alle durchsetzt.

Im Zusammenhang mit den Verheißungen bei Hesekiel, die den Geist betreffen, ist noch ein Blick auf Hes 37 zu werfen. Der Prophet hat »im Geist Gottes« (V. 1) eine Vision, in der er Totengebeine sieht; diese symbolisieren den Zustand des im Exil zerstreuten Israel. Die Antwort auf die Frage Gottes an den Propheten: »Menschensohn, werden diese Gebeine lebendig werden?« (V. 3) gibt der Prophet mit der Bemerkung an Gott zurück: »Herr, Jahwe, du weißt es.« Gott beauftragt daraufhin den Propheten, über die Totengebeine zu weissagen: »Weissage über diese Gebeine und sprich zu ihnen: Ihr verdorrten Gebeine, hört das Wort Jahwes! So spricht der Herr, Jahwe, zu diesen Gebeinen: Siehe, ich bringe Odem in euch, dass ihr lebendig werdet … Und ihr werdet wissen, dass ich Jahwe bin« (V. 4-6). Darauf rücken die Gebeine zusammen; aus den ver-

[28] Hesekiel, BKAT XIII/1, Neukirchen-Vluyn [2]1978, S. 250; ähnlich auch H. W. Wolff, Anthropologie des Alten Testaments, München [5]1990, S. 89
[29] Welker, a.a.O., S. 167

streuten Gebeinen werden menschliche Gestalten (V. 7-8). »Aber es war kein Odem (*ruach*) in ihnen« (V. 8). Mit den zusammengefügten Gebeinen ist erst die Hoffnung auf Leben zurückgekehrt, aber noch nicht das Leben selbst. Durch ein erneutes, von außen kommendes Wort erfolgt die eigentliche Belebung. Gott spricht zum Propheten: »Weissage, Menschensohn, und sprich zu dem Odem: So spricht der Herr, Jahwe: Komm von den vier Winden her, du Odem, und hauche diese Getöteten an, dass sie lebendig werden! Und ich weissagte, wie er mir geboten hatte; und der Odem kam in sie, und sie wurden lebendig und standen auf ihren Füßen, ein überaus großes Heer.« (V. 9-10)

Der aus den vier Winden kommende Geist weist neben seiner Externität auf seine Unverfügbarkeit hin. Die zusammengefügten Gebeine werden durch den Geist befähigt aufzustehen. Der Geist befähigt das wiederhergestellte Gottesvolk zu selbstständigem und für die Umgebung zeugnishaftem Handeln. In diesem Prozess der Verlebendigung Israels ist der Prophet aktiv beteiligt. Er ist beauftragt, in den Tod und das Chaos Gottes Lebensverheißung, die der Geist Gottes mit Leben füllt, hineinzusprechen. Der Prophet erscheint als einer, der über den Geist Gottes Macht hat. Er soll im Auftrag Gottes den Geist direkt ansprechen. Aber diese Macht ist eine von Gottes Auftrag herrührende, also eine von Gott selber verliehene Macht. Die Autorität des Propheten ist keine autonome, sondern eine empfangene. Sie kommt aus der Lebensfülle Gottes und schafft Leben. Die volle Lebendigkeit erreicht Israel nach der Belebung in der Zusammenführung im eigenen Land und in der ungetrübten Gotteserkenntnis.

Wenn es um das endzeitliche Wirken des Geistes geht, darf Joel 3,1-5 nicht unerwähnt bleiben. Diese Verheißung kündigt um 350–340 v. Chr. eine Geistausgießung für alle Völker in der Endzeit an. »Und danach wird es geschehen, dass ich meinen Geist ausgießen werde über alles Fleisch und eure Söhne und eure Töchter werden weissagen, eure Greise werden Träume haben, eure Jünglinge werden Gesichte sehen. Und selbst über die Knechte und über die Mägde werde ich meinen Geist ausgießen in jenen Tagen« (V. 1-2). Die unverstellte Gegenwart Gottes und eine allgemeine Geistausgießung stehen im Zusammenhang. Die Ausgießung des Geistes wird »allem Fleisch« zuteil. Sie erfolgt geschlechter-, alters- und sogar soziale Schichten übergreifend. Sie umgreift damit auch diejenigen, die zu den Schwachen, Kraft- und Hoffnungslosen zu zählen sind; auch sie werden zu den Empfängern des neuen Lebens mit Gott. Wenn der Geist auf alles Fleisch ausgegossen wird, bringt er die Gerechtigkeit mit sich, die in der Zuwendung zu den Schwachen Recht und Erbarmen verbindet; sie kommt darin zur Durchsetzung, dass der Geist die Schwachen allen anderen Menschen gleichstellt.

Darunter ist sicher keine gleichmacherische Nivellierung zu verstehen. Die Gleichheit erwächst vielmehr aus den verschiedenen und doch verbindenden Erfahrungen des einen Geistes Gottes. »Indem alle ... durch den Geist Gottes *prophetische Erkenntnis* erlangen, werden sie dazu befähigt, *miteinander und füreinander die von Gott intendierte Wirklichkeit und die von Gott beabsichtigte Zukunft zu erschließen.*«[30] Es geht also um eine im individuell-gemeinschaftlichen Geistwirken begründete vielgestaltige Gleichheit. Gott schenkt in dieser durch den Geist gestifteten und gestalteten Gemeinschaft ein reiches prophetisches Kommunizieren in Wechselseitigkeit. So setzt die Geistausgießung auf alles Fleisch ein komplexes Geschehen wechselseitiger Erleuchtung, Erneuerung und Befreiung in Gang.

Alle Menschen, die Schwachen und die Starken, sind nach Joel 3,5 prinzipiell von Verletzlichkeit, Hinfälligkeit und Gottesferne bedroht. Alle bedürfen der Rettung: »Und es wird geschehen, ein jeder, der den Namen Jahwes anrufen wird, wird errettet werden ...«

1.7 Der Geist in der Schöpfung und Neuschöpfung

Aus der Frühzeit Israels gibt es im Alten Testament kaum Aussagen zum theologischen Verständnis der Schöpfung. Dieses Schweigen mag mit der ausgeprägten Naturreligiosität der kanaanäischen Umwelt zusammenhängen, von der sich Israel wegen seines Glaubens an Jahwe als dem Schöpfer distanzieren musste. In der exilischen Zeit wurde Israel jedoch massiv mit dem babylonischen Schöpfungsmythos konfrontiert. In diese Situation spricht 1. Mo 1 hinein. Diese Schöpfungserzählung sagt, dass nicht Marduk, der oberste babylonische Gott, sondern der Gott Israels die Welt erschaffen hat. 1. Mo 1,2 spricht davon, dass die Erde wüst und leer war und dass Finsternis über der Tiefe war, »und die *ruach elohim* schwebte über den Wassern.« Unklar ist, was mit *ruach elohim* gemeint ist. Drei Interpretationen sind möglich:

[30] Welker, a. a., O. S. 146

(1) Diese Wendung kann *elohim* als Superlativ verwenden. Dann wäre sie als »Riesensturm« wiederzugeben. (2) Sie kann auch als »Gottessturm« verstanden werden. Dann wäre Gott im Sturm des Urchaos als gegenwärtig begriffen. (3) Schließlich ist die Übersetzung »Geist Gottes« möglich. Dann wäre an Gottes schöpferische Kraft über dem Urchaos gedacht. Die dritte Übersetzung käme einem dogmatischen Interesse im Sinne der Trinitätslehre entgegen; sie ist aber innerhalb des ersten Schöpfungsberichtes eher unwahrscheinlich. Eine Entscheidung zwischen den ersten beiden Möglichkeiten ist exegetisch nicht sicher zu fällen. Mit W. H. Schmidt[31] lässt sich jedoch sagen: »Diese *ruach* ist weder an den Schöpfungsakten (V. 3ff) beteiligt, noch kann sie selbst (anders als etwa Psalm 33,6) eine schöpferische Macht sein, da 1. Mo 1,2 einen vergangenen Zustand schildert. So mag man am ehesten an den (von Gott ausgesandten) Wind denken; jedenfalls ist auch die Welt vor der Schöpfung (›im Anfang‹) nicht ohne die Anwesenheit Gottes.«

Die Wahrscheinlichkeit, dass 1. Mo 1,2 nicht auf den Geist Gottes als Schöpferkraft zu deuten ist, schließt jedoch nicht aus, dass der Glaube Israels Gottes Geist sehr wohl als dynamisch-schöpferische Kraft verstehen konnte. So finden sich im Alten Testament Aussagen, die den Geist als schöpferisches Prinzip verstehen, das nach dem Willenswirken Gottes im Vollzug der Schöpfung den Kosmos ins Dasein ruft und mit Leben erfüllt. Alles Lebendige, alles physische Leben ist aus dieser Dynamis hervorgegangen. Wie dicht der Gedanke des Geistes Gottes als Schöpferkraft bei dem des Geistes als Erhalter der Schöpfung liegt, geht aus Hiob 34,15 hervor: »Wenn er (sc. Gott) ... seinen Geist und seinen Odem an sich zurückzöge, so würde alles Fleisch insgesamt verscheiden und der Mensch zum Staube zurückkehren.« In dieselbe Richtung weisen auch die Stellen Hiob 33,4; Ps 104,29f; Pred 12,7; 1. Mo 6,3 und Sach 12,1. Auch als Erhalter entfaltet Gott durch seinen Geist seine schöpferisch wirkende personhafte Macht. Der Mensch ist bleibend auf die erhaltende Kraft des Gottesgeistes angewiesen. Für göttliche Mächte im Sinne pantheistisch-mystischer, kosmischer Realitäten lässt der Glaube Israels von daher keinen Raum. Die Schöpfung ist durch den Bezug zum Geist Gottes entgöttlicht; zugleich steht sie aber damit unter dem Schutz Gottes.

Einige prophetische Texte lassen erkennen, dass die eschatologische Wirksamkeit des Geistes nicht nur den einzelnen Menschen und nicht nur die

[31] a.a.O., S. 172

Gemeinschaft wandelt, sondern auch die gesamte Schöpfung. Wenn der messianische Geistträger nach Jes 11 Recht und Erbarmen zur Geltung bringen wird, dann wird die Schöpfung einen umfassenden Friedenszustand erleben: »Und der Wolf wird bei dem Lamm weilen und der Leopard bei dem Böcklein lagern; und das Kalb und der junge Löwe und das Mastvieh werden zusammen sein und ein kleiner Knabe wird sie treiben« (V. 7). Dieser Friede kehrt nicht nur zwischen den Tieren ein, sondern auch zwischen Mensch und Tier (V. 8). Einen ähnlichen Zusammenhang von einer zukünftigen Ausgießung des Geistes und der verwandelten Schöpfung konnten wir in der bereits zitierten Stelle Jes 32,15-18 erkennen: Die Wüste wird zu einem Fruchtgarten verwandelt, wenn der Geist kommt und die Gerechtigkeit sich in Recht und Erbarmen durchsetzt, sodass der Friede sich ausbreitet.

1.8 Der Geist und die Weisheit

An verschiedenen Stellen wird im Alten Testament die Weisheit mit dem Geist Gottes in einen Zusammenhang gebracht. So sprechen 2. Mo 28,3; 31,3 vom »Geist der Weisheit« in Verbindung mit technischer Kunstfertigkeit für den Bau der Stiftshütte und 5. Mo 34,9 verwendet diese Begrifflichkeit im Hinblick auf die Segnung Aarons durch Mose unter Handauflegung zur Führung des Gottesvolkes. Weisheit als Gabe des Geistes wird auch in Hiob 32,8 und Dan 5,11 gesehen.

Ab dem 5. Jahrhundert v. Chr. entwickelte sich die Weisheitsliteratur als eigene literarische Gattung. Hiob, die Sprüche (Proverbia), viele Psalmen, Prediger (Kohelet) und andere, außerkanonische Schriften gehören zu dieser Gattung. Congar bemerkt dazu: »Die Weisheitsliteratur des hellenistischen Judentums enthält beachtenswerte Gedanken über die Weisheit, die diese mit dem Geist Gottes in so nahe Verwandtschaft bringen, dass die beiden Realitäten sich decken, wenigstens wenn man sie in ihrem Wirken besieht.«[32]

Neben der weiter oben erwähnten Weisheit als Gabe für spezielle Aufgaben findet sich im Buch der Sprüche eine Vorstellung über die Weisheit als präexistente Größe. Hier rückt der Begriff der Weisheit in die Nähe des theologischen Geistbegriffs. Die Weisheit geht von Gott aus; in ihr und durch sie wirkt er

[32] a.a.O., S. 26

für die Geschöpfe. Sie ist universal verbreitet und »spielt« vor Gott. Spr 1,7 und 8,1 zufolge spielt sie eine kosmische Rolle, indem sie das Universum zusammenhält. »Doch die eigentliche Aufgabe der Weisheit ist die, den Menschen dem Willen Gottes entsprechend zu leiten. Dazu hat sie insbesondere in Israel Wohnung genommen und Gottesfreunde und Propheten herangebildet ... Somit lässt sich das Wirken der Weisheit mit dem des Geistes vergleichen; sie wäre mit ihr sogar identisch, wenn sie, wie er, den Charakter einer inneren Umwandlungskraft aufwiese.«[33] Nach Spr 8,22-31 wird der Weisheit eine personale Natur, die der des Geistes Gottes gleichkommt, zugeschrieben: »Jahwe besaß mich im Anfang seines Weges, vor seinen Werken von jeher. Ich war eingesetzt von Ewigkeit her, von Anbeginn, vor den Uranfängen der Erde ...« »Im strengen Monotheismus des jüdischen Glaubens wird die Weisheit wie der Geist mit Gott in eine enge Verbindung gebracht, die sie Gott selber sein lässt, die aber in Gott Handlungs-, Präsenz-, Seinsweisen (des Mitseins mit den Menschen) darstellen: die Schekina, die Weisheit.«[34] Die Weisheit und der Geist kommen von Gott her auf den Menschen zu, ohne mit Gott identisch zu sein. Beide haben als geschenkhaften Auftrag Gottes so etwas wie eine Mittlerstellung zwischen Gott und Mensch bzw. zwischen Gott und der Schöpfung.

1.9 Zusammenfassende Überlegungen zum Geist im Alten Testament

Überblicken wir die Beobachtungen zum Geist Gottes im Alten Testament, so lässt sich als durchgängiges Charakteristikum seine dynamische Wirksamkeit erkennen. Er ist personhaftes Willenswirken Gottes. Dem Geist Gottes ist eine Wirkmächtigkeit eigen, die nach dem alttestamentlichen Zeugnis nicht umfassend genug gedacht werden kann. Sie vermag sich im ekstatischen Wirken (4. Mo 11 [die Ältesten]; 1. Sam 11 [Saul]) ebenso zu äußern, wie in der Weisheit zur Kunstfertigkeit (2. Mo 28,3; 31,3). Sie kann an einzelnen Menschen ebenso wirkmächtig gesehen werden wie am Volk Gottes, an den Völkern und an der ganzen Schöpfung. Vom alttestamentlichen Geistverständnis her ist deshalb der Begriff »charismatisch« nicht auf außergewöhnlich erscheinende Ereignisse

[33] a.a.O., S. 26f
[34] a.a.O., S. 27

beschränkt zu verwenden. Auch unscheinbare Ereignisse und menschliche Taten, aus der Kraft des Geistes Gottes heraus getan, sind den charismatischen Phänomenen zuzuordnen. Die Wirksamkeit des Geistes Gottes bemisst sich nicht an seiner Spektakularität, sondern daran, dass Gottes Wille geschieht. Der Gottesgeist setzt Gottes Plan in der Welt durch und er bewegt dabei immer wieder Menschen, diesem Plan zu entsprechen und zu seiner Durchsetzung beizutragen.

So geht es beim Wirken des Geistes zentral um die Geschichtsmächtigkeit Gottes. Auf der einen Seite ist dem Geist Gottes eine Ungreifbarkeit eigen. Er ist menschlicher Verfügbarkeit entzogen und lässt sich deshalb weder manipulieren noch rational durchschauen. Der Geist Gottes ist vielmehr souverän und der Mensch unterliegt dieser Gottesmacht. Auf der anderen Seite ist er deshalb nicht unwirklich; Ungreifbarkeit ist etwas grundlegend anderes als Unwirklichkeit oder Unklarheit. Das wird gerade in der Geschichte Israels immer wieder für den Glauben ersichtlich: Gott rettet sein Volk aus vielfältiger Not (wie im Buch der Richter). Diese Rettung ist ein sehr reales Geschehen. Gott schafft durch seinen Geist Heil, indem er seinem Volk neue Geschichte eröffnet (vgl. dazu vor allem Jes 40-55). Er schafft sein Heil durch den messianischen Heilsbringer, auf dem der Geist Gottes ruht (Jes 11; 42; 61).

Gott bringt durch seinen Heilsbringer in der Ausgießung seines Geistes seine Gerechtigkeit zur Geltung, bei der Gotteserkenntnis, Recht und Erbarmen zu einer untrennbaren Einheit finden (Jes 32). Mit der Recht und Erbarmen umfassenden Gerechtigkeit Gottes kommt die ethische Dimension, die dem Geist nach alttestamentlichen Verständnis eignet, in den Blick.

Der Geist Gottes wirkt in der Schöpfung, indem er Leben schafft. Alles Leben entspringt seiner Dynamis. Und er erhält die Schöpfung (Hiob 33,4; Ps 104,29f). Mit dem Schöpfungsbezug ist zweierlei gegeben und zu beachten:

Indem der Geist in dieser Schöpfung am Werk gesehen wird, ist für Israel die Schöpfung zum einen von numinosen Naturkräften entmächtigt. Die Schöpfung ist weder in sich göttlich noch dämonisch; sie ist vielmehr Schöpfung Gottes, in der sein Geist gestaltend tätig ist. Der Glaube Israels kann so weit gehen, auch böse Geister in der Welt als unter der Herrschaft Gottes stehend zu verstehen (1. Kön 22).

Zum andern unterscheidet der Schöpfungsbezug das alttestamentliche Geistverständnis grundlegend vom hellenistischen, wo der Geist möglichst von aller Materialität und Geschichtlichkeit freigehalten wird.

Der Geist Gottes, der die Schöpfung ins Leben gerufen hat und sie erhält, wird sie auch erneuern und vollenden (Jes 11; 32; Hes 36 u.ö.). Er bringt das Heil Gottes in der Neuschöpfung von Mensch (neues Herz) und der ganzen Kreatur zur vollkommenen und endgültigen Verwirklichung.

2. Der Heilige Geist im Neuen Testament

Es wäre möglich, die Frage nach dem Heiligen Geist im Neuen Testament in der wahrscheinlichen chronologischen Reihenfolge der Entstehung der neutestamentlichen Schriften zu bedenken. Dann hätte die Darstellung mit Paulus einzusetzen, mit den Evangelien fortzufahren (in der vermuteten Reihenfolge: Markus, Matthäus, Lukas mit Apostelgeschichte und Johannes), um schließlich mit den Pastoralbriefen, den Briefen mit überregionaler Adressatenschaft und der Offenbarung des Johannes abzuschließen. Da jedoch sachlich am Anfang das Auftreten Jesu mit seiner Botschaft und seinen Taten steht, soll hier mit den synoptischen (also den ersten drei) Evangelien begonnen werden, wobei ein gesonderter Abschnitt Lukas und der Apostelgeschichte gewidmet ist. Darauf folgt ein Blick auf Paulus und die Paulusschule. Den Abschluss bilden nach einem kurzen Blick auf die Briefe mit überregionaler Adressatenschaft Beobachtungen zum Heiligen Geist im Johannesevangelium, den Johannesbriefen und der Offenbarung des Johannes). Die Frage nach dem Heiligen Geist im Neuen Testament ist so umfangreich, dass es hier nur um die Herausarbeitung einiger wesentlicher Linien gehen kann.

2.1 Jesus und der Heilige Geist

Bevor wir der Frage des Heiligen Geistes in der Verkündigung und im Wirken Jesu nachgehen, soll kurz auf Johannes den Täufer eingegangen werden. Johannes der Täufer weist nach Mk 1,7 auf den kommenden Heilsbringer hin. Im Hinblick auf ihn verkündigt er: »Ich taufe euch mit Wasser; aber er wird euch mit dem Heiligen Geist taufen« (V. 8). Klaus Berger[35] weist darauf hin, dass

[35] »Geist/Heiliger Geist/Geistesgaben III. Neues Testament«, in: TRE Bd. 12, Berlin, New York 1993, S. 178

diese Verheißung dreierlei bedeuten kann: (1) Die Taufe mit dem Geist ist entweder als Reinigung zu verstehen oder (2) sie spricht die durch den Geist bewirkte Auferstehung an; (3) schließlich könnte sie die Gabe prophetischen Geistes meinen, wie Joel 3,1-5 sie verheißt; damit wäre eine inhaltliche Verbindung mit Apg 2 gegeben. Die Botschaft des Täufers und Jesu bezüglich des Heiligen Geistes vergleichend, stellt Berger fest: »Der Unterschied zu Jesus ist, dass Jesus nicht nur mit einer erst zukünftigen (Apokalyptiker), sondern auch mit einer bereits gegenwärtigen Zuwendung Gottes zur Welt (Charismatiker) rechnet. Wie beim Täufer ist aber der positive Ausgang abhängig von der Stellung zu ihm selbst.«[36] Johannes der Täufer markiert mit seinem Hinweis auf den kommenden Messias und mit der Verheißung des Heiligen Geistes den Beginn der eschatologischen Heilszeit.

Ein Blick in die beiden ersten unter den drei so genannten synoptischen Evangelien lehrt, dass Hinweise auf den Heiligen Geist im Zeugnis über das Wirken Jesu in Wort und Tat selten sind. Zutreffend bemerkt W. Rebell[37]: »Die synoptischen Evangelien bieten auffallend wenig Material zum Thema ›Jesus und der Geist‹, am ausführlichsten ist hier noch Lukas.« Mit an Sicherheit grenzender Wahrscheinlichkeit kann man sagen, dass Jesus in seiner Verkündigung nur sehr selten auf den Heiligen Geist Bezug genommen hat. Über die Realität des Geistes Gottes im Leben Jesu ist damit freilich noch nicht viel gesagt. Es zeigt sich, dass auch ohne explizite Nennung des Geistes Gottes Jesus Christus nur im Zusammenhang des Heiligen Geistes zu verstehen ist. Verschiedene Texte der synoptischen Evangelien bringen zum Ausdruck, dass Jesu Wirken vom Heiligen Geist und seiner Kraft durchdrungen war.

Die Berichte über die Taufe Jesu weisen darauf hin, dass Jesus mit dem Geist begabt wurde. Nachdem er von Johannes dem Täufer getauft wurde, heißt es (Mk 1,10f): »Und alsbald, als er aus dem Wasser stieg, sah er, dass sich der Himmel auftat und der Geist wie eine Taube herabkam auf ihn. Und da geschah eine Stimme vom Himmel: Du bist mein lieber Sohn, an dir habe ich Wohlgefallen.« V. 11 macht deutlich, dass der Evangelist in der Taufe Jesu etwas anderes sieht als die Berufung eines Propheten. Die Linie »scheint ... zu einem Bericht über die Geistbegabung des Messias zu führen.«[38] Bereits unter Punkt

---

36 a.a.O.

37 Erfüllung und Erwartung. Erfahrungen mit dem Geist im Urchristentum, München 1991, S. 11; ähnlich auch E. Schweizer, Heiliger Geist, Stuttgart/Berlin 1978, S. 69

38 E. Schweizer, »pneuma etc.«, in: ThWNT Bd 6 Stuttgart/Berlin/Köln 1990, S. 407f

1.4 wurde gezeigt, dass der in der alttestamentlichen Prophetie verheißene Heilsbringer, der Messias, Träger des Geistes Gottes ist. In dem Bericht über die Taufe Jesu wird die Besonderheit gegenüber prophetischen Berufungen dadurch zum Ausdruck gebracht, dass neben der sichtbaren Erscheinung der Taube auch eine hörbare Beglaubigung durch Gott geschieht. Dabei ist der offene Himmel ein Heilszeichen. »Der offene Himmel und die ›Stimme vom Himmel‹ weisen darauf hin, dass dieses Geschehen (sc. der Taufe Jesu) nicht nur für die dabei anwesende Öffentlichkeit bedeutsam ist.«[39]

Hinzu kommt noch eine Beobachtung, die sich auf dem Hintergrund des Judentums der zwischentestamentlichen Zeit abhebt: In dieser Zeit hielt man den Geist für verloschen. Die große Epoche der prophetischen Offenbarung betrachtete man als beendet. »Die Apokalyptiker reden und schreiben durch den hl Geist – aber nur im Namen längst verstorbener Gestalten der hl Geschichte. Mit dem Abschluss des Kanons durch die letzten Propheten ist nach einer verbreiteten theol Überzeugung die prophetische Inspiration von Israel gewichen.«[40] In Jesu Taufe wirkt nun der Geist in neuer Unmittelbarkeit. Damit wird nicht weniger als der Beginn einer neuen Weltzeit angedeutet. »Wie die Taube Noahs nach der Flut den Anbruch eines neuen Weltalters andeutet (1. Mo 8,8ff), so die Taubengestalt des Geistes den Anbruch einer neuen Schöpfung, die aus der Flut der Taufe mit Christus aufsteigt ...«[41] Die Geistbegabung Jesu ist ein Siegel seiner Messianität; Gott selbst ist in Jesus am Werk.

Unmittelbar nach seiner Taufe wird Jesus in Versuchung geführt. »Und alsbald trieb ihn der Geist in die Wüste« (Mk 1,12). Hier kommt im Hinblick auf das Geistwirken eine eigenwillige Vorstellung zum Ausdruck: An dieser Stelle ist der Geist nicht nur als Hilfe für die Versuchung verstanden, sondern als unwiderstehliche Gotteskraft, die den von ihr Erfassten wegführt. Die Vorstellung der Kraft des Heiligen Geistes ist hier sehr massiv. W. Rebell erkennt hinter der Erzählung von der Versuchung folgendes Interesse der frühen Gemeinde: »Am Paradigma der Versuchung Jesu machte man sich im Urchristentum klar, dass Führung durch den Geist Führung in die Versuchung sein kann. Gerade ein Leben, das durch den Geist in Bewegung versetzt und fruchtbar gemacht wird, ist ein gefährdetes Leben ...«[42]

---

39 M. Welker, a.a.O., S. 180

40 E. Sjöberg, »pneuma etc.«, in: ThWNT Bd. 6, Stuttgart/Berlin/Köln, 1990 S. 833

41 O. Procksch, »heilig«, in: ThWNT Bd. 1, Stuttgart/Berlin/Köln 1990, S. 104

42 Erfüllung und Erwartung, a.a.O., S. 19

Ein zentraler Begriff der Verkündigung Jesu war – das wird auch von der kritischen Theologie so gesehen[43] – »Reich Gottes« bzw. das »Reich der Himmel«. So fasst Mk 1,15 das Zentrum der Botschaft Jesu mit den Worten zusammen: »Das Reich Gottes ist nahe herbeigekommen.« Mit dieser Begrifflichkeit des Reiches Gottes spricht Jesus das endzeitliche Wirken des Geistes Gottes an, das sich mit seinem Auftreten vollzieht. So hat Jesus zwar kaum vom Heiligen Geist gesprochen, aber sein Leben war von der Autorität des Gottesgeistes geprägt. Zwei Phänomene machen die Kraft des Geistes Gottes in der mit Jesus anbrechenden Gottesherrschaft offenbar:

Das eine Phänomen sind die Heilungen Jesu. Sie sind ein leibhaftiger Hinweis auf die »unerhörte Autorität«[44], die Jesu Wirken kennzeichnete. »Vollmacht tritt bei Jesus ... dort auf den Plan, wo der Wille Gottes kämpferisch in die Welt und ihre negativen Umstände hineingetrieben wird; dazu stellt sich Gott, er kann es auch gar nicht anders, denn er ist in seinem Willen präsent.«[45] Diese Vollmacht drückt sich bei den Synoptikern in der Verwendung des griechischen Begriffs *dynamis* für die Heilungen aus. Dieser Begriff bezeugt, wie H. N. Nielsen bemerkt[46], den dynamischen Anbruch des Reiches Gottes in Jesu heilendem Handeln. Die Heilungen Jesu sind Machttaten, in denen sich die Macht Gottes und seines Geistes manifestiert. Jesu Heilungen gehören zu den Manifestationen der anbrechenden, eschatologischen Heilszeit und haben bei aller Vorläufigkeit und Zweideutigkeit Offenbarungsrelevanz. Die Machttaten Jesu machen zeichenhaft deutlich, »dass dort, wo Gottes Kraft auf den Plan tritt, weltimmanente Kausalität nicht das letzte Wort hat«.[47] In ihnen erweist sich die in Jesu Gottunmittelbarkeit begründete Vollmacht (griechisch: *exousia*). Der Träger dieser Vollmacht verbürgt die Gegenwart des Reiches Gottes. In den Heilungen Jesu ereignet sich der Beginn des in der alttestamentlichen Prophetie verheißenen Heils, das die Schöpfung als Ganze bis in ihre physische Beschaffenheit hinein erfasst und heil werden lässt (z.B. Jes 11 und Jes 32; vgl. dazu oben Punkt 1.7). Die Jesu Vollmacht offenbarenden Machttaten der Heilungen

---

[43] Vgl. dazu die gründliche Untersuchung von H. Merklein, Die Gottesherrschaft als Handlungsprinzip. Untersuchung zur Ethik Jesu, fzb 34, Würzburg ^{3}1984, S. 21ff

[44] W. Rebell, Alles ist möglich dem, der glaubt. Glaubensvollmacht im frühen Christentum, München 1989, S. 11ff

[45] a.a.O., S. 12

[46] Heilung und Verkündigung. Das Verständnis der Heilung und ihres Verhältnisses zur Verkündigung bei Jesus und in der ältesten Kirche, Leiden/New York/Kopenhagen/Köln 1987, S. 44

[47] Rebell, Alles ist möglich, a.a.O., S. 14

sind Hinweise auf die Wirksamkeit des Heiligen Geistes im Leben Jesu. Die Nennung von *exousia* und *dynamis* ist, E. Schweizer zufolge[48], »eigentlich nur Variante der Geistaussage im volkstümlich-alttestamentlichen Sinn«. Das zweite Phänomen, das die Kraft des Geistes Gottes in der mit Jesus anbrechenden Gottesherrschaft offenbart, sind die Dämonenaustreibungen Jesu. Er hat diesen Austreibungen durch seine Deutung, die er ihnen in Lk 11,20; Mt 12,28 gegeben hat, einiges theologisches Gewicht beigemessen. In der lukanischen Form dieses Wortes, das die gegenüber Matthäus wohl ältere Fassung bewahrt, heißt es: »Wenn ich aber durch Gottes Finger die bösen Geister austreibe, so ist ja das Reich Gottes zu euch gekommen.« Matthäus spricht anstelle vom »Finger Gottes« vom »Geist Gottes« und interpretiert damit die gemeinte Sache zutreffend, da auch »Finger Gottes« eine Anspielung auf den Geist sein dürfte.[49]

In Lk 11,20 wird die Gegenwart des Dämonen austreibenden Geistes als die Gegenwart des Reiches Gottes interpretiert. Dabei ist die griechische Form des Verbs für »gekommen« erneut als ein Zeugnis für den präsentischen Aspekt des Gottesreiches zu verstehen: Jetzt bricht die Gottesherrschaft beim Austreiben der Dämonen durch Jesus an. Zwischen den Dämonenaustreibungen und dem Kommen des Reiches Gottes besteht nach diesem Wort ein zeitlicher Zusammenhang. W. Rebell[50] und E. Käsemann[51] zufolge weist Lk 11,20 darauf hin, dass Jesus sich als geisterfüllt wusste.

Die beiden erwähnten Phänomene beziehen sich auf die Person Jesu selbst in seinem pneumatisch vollmächtigen Wirken. Sie finden ihre Fortsetzung im Auftrag Jesu an seine Jünger. Jesus sendet nach Mk 6,12f (par. Mt 10,7f) mit dem Auftrag aus, die Nähe des Gottesreiches anzusagen. Ihre Sendung besteht mit diesem Auftrag darin, Kranke zu heilen und böse Geister auszutreiben. Mit J. Jeremias[52] lässt sich im Hinblick auf den vorösterlichen Missionsauftrag Jesu an seine Jünger sagen: »Jesus vollzieht ... mit der Bevollmächtigung bei der Sendung eine Art Geistausgießung, die seine Jünger ausrüstet, die Werkzeuge Satans zu überwinden und das Satansreich zu zerstören.« Derselbe Geist Gottes,

48 »pneuma etc.«, in: ThWNT Bd. 2, a.a.O., S. 400

49 Wahrscheinlich hat Mt seine ältere Vorlage geändert, um eine Verbindung zu 12,18, wo Jesus mit einem Zitat aus Jes 42,1-4 als Geistträger gezeichnet wird, und zu 12,31f herzustellen, wo von der Sünde gegen den Heiligen Geist gesprochen wird (vgl. dazu W. Rebell, Erfüllung und Erwartung, a.a.O., S. 21).

50 W. Rebell, Erfüllung und Erwartung, S. 22

51 »Geist IV. Geist und Geistesgaben im NT«, in: RGG Bd. 2, 1986, S. 1273

52 Neutestamentliche Theologie. Erster Teil: Die Verkündigung Jesu, Gütersloh [3]1979, S. 228

durch den Jesus die Dämonen austreibt, wird den Jünger durch den Auftrag Jesu verliehen. Sie sollen mit der ihnen dadurch verliehenen Vollmacht des Geistes Gottes in der Verkündigung der Gottesherrschaft und im Austreiben der Dämonen dieselben Werke tun wie Jesus. In seiner Übertragbarkeit unterscheidet sich der Geist von Eigenschaften eines Individuums, die nicht übertragbar sind. »Der Geist ... ist überpersönlich; er ergreift vom Individuum Besitz und bringt dabei seine Gaben mit ...«[53]

Ein eigenwilliges, in seinem Grundgedanken auf Jesus zurückgehendes Wort findet sich in Mk 3,28-30: »Wahrlich, ich sage euch: Alle Sünden werden den Menschenkindern vergeben werden, auch die Lästerungen, wieviel sie auch lästern mögen; wer aber den Heiligen Geist lästert, der hat keine Vergebung in Ewigkeit, sondern ist ewiger Sünde schuldig. Denn sie sagten: Er hatte einen unreinen Geist.« Mk nennt mit V. 3 den Grund dafür, warum Jesus dieses Wort gesprochen hat. Die Pharisäer bemühen sich um Erklärungen für das offensichtlich außergewöhnliche Wirken Jesu: »Die erste Erklärung lautet: Jesus ist selbst besessen. Die zweite Erklärung besagt: Er treibt Zauberei.«[54] Die Antwort Jesu auf diese Erklärungsversuche ist ein weiterer Hinweis dafür, dass Jesus sich mit dem Heiligen Geist ausgerüstet wusste. Es stellte einen in das Zentrum der Person Jesu und seines Auftrags treffenden Angriff dar, wenn der Geist Jesu, aus dem er lebte, für unrein erklärt wurde. »Jesus musste auf einen solchen Angriff mit aller Schärfe reagieren: Wer den in ihm wirkenden Geist derart verkennt, schließt sich vom Heil aus.«[55] Die Fassungen dieses Wortes nach Lk 12,10 (»Und jeder, der ein Wort gegen den Menschensohn sagt – ihm wird vergeben werden; aber dem, der gegen den Heiligen Geist lästert, wird nicht vergeben werden.«) setzt die Christologie und Pneumatologie als bereits entwickelte Größen voraus. Die Pneumatologie übertrifft die Christologie an Bedeutung, sodass eine Verfehlung im Bereich der Pneumatologie schwerer wiegt. »Wer sich am Pneuma vergeht, dem kann nicht mehr geholfen werden, da vom Pneuma aus die ganze christologische Sinnwelt aufgebaut wird (und nur durch pneumatische Erkenntnis evident bleibt).«[56] Wird die Wurzel des Wirkens Jesu im Geist Gottes verkannt und abgelehnt, bleibt der Zugang zu ihm

53 Rebell, Alles ist möglich, S. 30
54 Welker, a.a.O., S. 198
55 Rebell, Erfüllung und Erwartung S. 20
56 a.a.O., S. 20

verschlossen. Authentischer als in der Person und im Wirken Jesu ist der Heilige Geist unter den Bedingungen dieser Welt nicht wahrzunehmen und zu erfahren.

2.2 Der Geist im Lukasevangelium und in der Apostelgeschichte

Dass Lukas bereits in seinem *Evangelium* eine Neubewertung des Heiligen Geistes vornimmt, lässt bereits die Tatsache erahnen, dass er mehr als dreimal so oft wie Markus *pneuma* als Bezeichnung für den Heiligen Geist verwendet. Zwar bezeugen sämtliche Evangelien dynamische Kontinuität zwischen Jesus Christus und der Kirche, diese Kontinuität findet sich jedoch besonders ausgeprägt im lukanischen Doppelwerk. Eine gesonderte Behandlung des Lukas empfiehlt sich bei einer Untersuchung über den Heiligen Geist im Neuen Testament deshalb, weil er neben Paulus mit gutem Recht als Theologe des Heiligen Geistes bezeichnet werden kann. Lukas trägt mit seiner Darstellung des Lebens Jesu dem Rechnung, was Rebell für die Zeit nach Ostern den »pneumatischen Schub« nennt.[57]

Bereits vor seiner Geburt ist Jesus Geistträger (Lk 1,35). Diese Linie setzt sich mit der Antrittspredigt Jesu in Nazareth in Lk 4,18 mit dem Zitat aus Jes 61,1f fort. Die Salbung des Geistes, die mit der Taufe Jesu erfolgte, hat den Auftrag zur Folge, der mit den Verben »das Evangelium verkündigen« (*euangelizesthai*) und »predigen« (*keryssein*) angesprochen ist. Lukas zeigt hiermit, dass die Verkündigung in der Tätigkeit, zu der Jesus bestimmt war, einen zentralen Platz einnahm. Freilich will Lukas damit die Tätigkeit Jesu nicht auf ein nur verbales Geschehen reduzieren; versteht er doch die in Jesaja angesprochene Heilung wesentlich als Befreiung, und zwar, wie Nielsen anmerkt[58], als eine Befreiung von der Gebundenheit an den Satan und die Dämonen. Die Verkündigung Jesu ist ein von Machttaten begleitetes Realgeschehen, das den Hörern das Heil der Gottesherrschaft dynamisch zuträgt. Wie sehr bei Lukas das geisterfüllte Wirken Jesu in Kraft geschehend dargestellt wird, geht aus folgender Bemerkung Grundmanns hervor: »Sein (sc. Jesu) Handeln ist Kraftwirken und richtet sich auf die dämonischen Mächte der Welt. Seine Kraft hat er im Heiligen Geist – Geist und Kraft gehören für Lukas unauflöslich zusammen –, in

[57] a.a.O., S. 22
[58] a.a.O., S. 139

ihr verwirklicht er seine *exousia* (= Vollmacht).«[59] So gebietet Jesus nach Lk 4,36 in Vollmacht und Kraft den unsauberen Geistern; über die Menschen, die die Befreiung eines Besessenen durch Jesus miterleben, kommt eine Furcht und sie fragen sich: »Was ist das für ein Wort? Er gebietet mit Vollmacht und Gewalt den unreinen Geistern, und sie fahren aus.« Was oben im Zusammenhang mit dem Missionsauftrag mehr allgemein zur Geistverleihung an die Jünger gesagt wurde, findet bei Lukas einen sprachlichen Ausdruck: Nach Lk 9,1f rüstet Jesus seine Jünger so aus, wie er selbst von Gott ausgerüstet war: »Er rief aber die Zwölf zusammen und gab ihnen Gewalt und Vollmacht über alle bösen Geister und dass sie Krankheiten heilen konnten und sandte sie aus, zu predigen das Reich Gottes und die Kranken zu heilen.« Die Leute bezeugten von Jesus, dass er mit »Vollmacht und Gewalt« den unreinen Geistern geboten hat; und Jesus verleiht seinen Jünger ebenfalls »Gewalt und Vollmacht« zur Erfüllung seines Auftrags an sie. Wie nahe für Lukas »Kraft« und »Geist« liegen, geht daraus hervor, dass er den Geist verschiedentlich »die Kraft aus der Höhe« nennt (Lk 14,49; vgl. auch 1,17.35; 4,14).

In der *Apostelgeschichte* bezeugt der Verfasser des dritten Evangeliums die Fortsetzung der Wirksamkeit des Heiligen Geistes in die Zeit der Kirche hinein. Er stellt den Heiligen Geist als die treibende Kraft sowohl im Leben Jesu als auch in der Kirche dar: »Der Geist, der Jesus im Schoße Mariens Leben annehmen ließ, bringt auch die Kirche zur Welt, und so wie er Jesus, nachdem er ihn bei seiner Taufe gesalbt hatte, zu seinem Wirken trieb, so beseelt er das Apostolat von Jerusalem aus ›bis an die Grenzen der Erde‹.«[60] In der Apostelgeschichte wird entfaltet, wie die Gemeinde im pneumatischen Kraftfeld wächst. In ihr gehören Geist und Kirche zusammen. H. Hübner bringt es auf einen präzisen Nenner: »Die ›Zeit der Kirche‹ ist die Zeit des Heiligen Geistes, sofern dieser der Hauptakteur in der Kirche ... ist.«[61] So verbindet die Apostelgeschichte engstens Pneumatologie, die Lehre vom Heiligen Geist, und Ekklesiologie, die Lehre von der Kirche. Die Kirche ist hier ein durch und durch pneumatisches Phänomen. Summarisch stellt Apg 9,31 fest, dass die Gemeinde

---

59 »dynamis etc.«, in: ThWNT Bd. 2,Stuttgart/Berlin/Köln 1990, S. 301f; ähnlich auch G. Friedrich, »dynamis«, in: EWNT Bd. 1, Stuttgart 1980, S. 863

60 Congar, a.a.O., S. 55

61 »Der Heilige Geist in der Heiligen Schrift«, in: KuD 36 (1990), S. 187; vgl. dazu auch Pratscher, »Pneumatologie«, in: EKL Bd. 3, S. 1244. E. Käsemann (»IV. Geist und Geistesgaben im NT«, in: RGG Bd. 2, Tübingen 1986, S. 1277) charakterisiert die geistgeleitete Kirche in der Apostelgeschichte zutreffend als »Organ seines (sc. Gottes) Willens«.

»... sich unter dem Beistand des Heiligen Geistes mehrte«. Die Kraft des Heiligen Geistes baut die Gemeinde auf, indem sie Menschen zu ihr hinzufügt.

Welche Bedeutung der Heilige Geist für die Apostelgeschichte hat, spiegelt in Kapitel 2,1ff der Bericht der Pfingstgeschichte. Der Geist überkam die Urchristen, so wird in dieser Erzählung deutlich, als mächtige Erfahrung. In ihr wird deutlich, dass zuerst die pneumatische Erfahrung da war, die dann der Interpretation bedurfte. Der Pfingstbericht gibt auch zu erkennen, dass Geistphänomene häufig Sprachphänomene sind. Nach Rebell gilt: »Der Geist verändert die Sprache, er schafft eine neue Sprachkompetenz ...«[62] Für Lukas setzt so der Geist an der Sprache an, indem er sie völlig unter seine Herrschaft nimmt. An Pfingsten geschieht das Wunder der Umkehrung des Sprachenwirrwarrs und der Zerstreuung von Babel (1. Mo 11,1-9). So schafft Pfingsten durch den Heiligen Geist eine neue zwischenmenschliche Kommunikation. Dabei ist für ihn beides vom Geist gewirkt: das Sprachengebet (= die Glossolalie) und das Verstehen dieser Rede. Der Pfingstbericht macht im Sprachenwunder deutlich, dass beim Wirken des Heiligen Geistes Einheit und Vielfalt keine Gegensätze sind. »Dem Geist ist es eigen, als ein und derselbe in allen zu sein, ohne die Eigentümlichkeit der Personen, der Völker, ihrer Geistigkeit, ihrer Kultur anzutasten, sondern er bewirkt, dass jeder die Großtaten Gottes in seiner eigenen Sprache zum Ausdruck bringt.«[63]

In den verschiedenen Sprachen und Kulturen werden die Großtaten Gottes erzählt. Diese Großtaten konzentrieren sich auf das Heil Gottes im Tod und in der Auferstehung Jesu Christi. Dabei ersetzt der Heilige Geist Jesus Christus nicht, sondern er vergegenwärtigt ihn als Wirkenden und übermittelt seine Sendung. Das in Jesus Christus gewirkte Heil wird durch den Heiligen Geist aktualisiert und verbreitet. Der Geist beseelt die Jünger Jesu der frühen Christenheit, dieses Heil zu verkündigen; die erste Pfingstpredigt, die Petrus hält, ist exemplarisch dafür. Schließlich besteht die Bedeutung von Pfingsten auch darin, so meint Y. Congar[64], dass hier die Kirche zu ihrem Dienst geweiht wird; durch die Gabe und Kraft des Geistes erhält sie ihre Sendung.

Eine Auffälligkeit der Apostelgeschichte ist es, dass Pfingsten zwar ein erstmaliges, aber nicht ein einmaliges Ereignis ist. Der Geist interveniert immer wieder in Momenten, die für die Verwirklichung des Heilsplans Gottes von

---

[62] W. Rebell, Erfüllung und Erwartung, S. 31
[63] Y. Congar, a.a.O., S. 56
[64] a.a.O., S. 35

großer Bedeutung sind. »Es gibt eine ganze Geschichte von Ankünften des Geistes.«[65] Nach dem ersten Pfingstfest in Jerusalem (Apg 2) findet ebenfalls in dieser Stadt eine zweite Ausgießung des Geistes statt (Apg 4,25-31). Nachdem das Evangelium von Philippus in Samaria verkündigt worden war und bei den Bewohnern Aufnahme gefunden hatte, beteten die Jerusalemer Apostel unter Handauflegung für die, die zum Glauben gekommen waren, sodass sie den Heiligen Geist empfingen (Apg 8,4-8.14-17). Auch Kornelius wird in Cäsarea mit dem pfingstlichen Geist erfüllt, wodurch die Mission zu den Heiden in Gang gebracht wird (Apg 10,44-48; 11,15ff). Schließlich gehört in diesen Zusammenhang die Episode in Ephesus (Apg 19,1-6). Diese Belege zeigen, dass eine Ausgießung des Geistes Gottes immer wieder stattfindet. Die Gemeinde als Ganze (dies steht in der Apostelgeschichte im Vordergrund, weil sie einen wesentlichen Akzent auf die Zeit der Kirche legt) und einzelne Glieder in ihr können sie immer wieder in neuer Fülle erfahren. Hinter diesem Motiv steht zweierlei: Zum einen ist der Heilige Geist unverfügbar. Er bleibt als der den Menschen gegebene immer Gottes Geist. Jede Aktualisierung ist ein neuer Gottesakt. Zum andern muss die Gemeinde aber nicht passiv-untätig sein Kommen abwarten. Sie darf sich nach diesem Geschenk ausstrecken. In sich konsequent darf nach der Apostelgeschichte um den Heiligen Geist gebetet werden. »Wie er (sc. Lk) allein unter den Evangelisten erwähnt, dass Jesus selbst gebetet habe, bevor der Heilige Geist über ihn kam (Lk 3,21), so steht das Gebet auch Apg 8,15; 9,9.11 vor dem erstmaligen, 4,31; 13,1-3 vor dem wiederholten Geistempfang ...«[66] Als außergewöhnliche Zeichen für das Eingreifen des Gottesgeistes werden nach Apg 2,4.11 (die Deutung von Vers 11 ist umstritten); 10,46; 19,6 das Sprachengebet (die Glossolalie), nach Apg 2,17; 11,27; 20,23; 21,4.11 die Prophetie gegeben. Mit der pfingstlichen Erfahrung sind die ersten Jünger gleichsam in den Geist getaucht worden, der über sie gekommen ist.

Ein kurzer Blick ist auf das Verhältnis von Taufe und Geistverleihung in der Apostelgeschichte zu werfen. Einige Stellen erwähnen diese Geistverleihung im Anschluss an den Taufakt (Apg 8,17; 19,5ff; vgl. 2,38). An anderen Stellen geht sie der Taufe voran (Apg 9,17; 10,44). J. Roloff[67] sieht in dieser Differenz

[65] a.a.O., S. 57

[66] E. Schweizer, Heiliger Geist, Stuttgart/Berlin 1978, S. 105

[67] J. Roloff, Neues Testament, Neukirchener Arbeitsbücher, Neukirchen-Vluyn, ^{2}1979, S. 229, der sich in dieser Sicht G. Kretschmar, »Die Geschichte des Taufgottesdienstes in der alten Kirche«, in: Leiturgia. Handbuch des Evangelischen Gottesdienstes, H.- F. Müller/W. Blankenburg, V, 1970, S. 19–27 anschließt.

sich unterschiedliche Nuancierungen im Geistverständnis spiegeln: »Bei der *der Taufe vorausgehenden Geistverleihung* ist der Geist als das endzeitliche Wirken des erhöhten Christus aufgefasst, das in den Dienst Gottes stellt; die Taufe gilt als Konkretion dieses Geistwirkens. *Die der Taufe folgende Geistverleihung* versteht dagegen den Geist primär charismatisch, als Gabe an den Einzelnen, die ihn zu einem neuen Verhalten befähigt.« Auf dem Hintergrund der Apostelgeschichte ist es unsinnig, zwischen der Wassertaufe und der Geistverleihung einen Gegensatz konstruieren zu wollen. Beide sind aufeinander bezogen und dürfen, auch wenn sie sich nicht zeitgleich ereignen müssen, nicht voneinander getrennt werden.

In der Apostelgeschichte ist die Haupttätigkeit des Heiligen Geistes, die Gemeinde für das missionarische Zeugnis auszurüsten. Der Geist äußert sich in der Kraft, für das Evangelium Zeugnis abzulegen; er ist die Kraft für die missionarisch orientierte Zwischenzeit. Das gilt bereits im Hinblick auf die erste Erfüllung von Apg 1,8 an Pfingsten, wo Petrus eine gewaltige Predigt hält. Das gilt ebenfalls für Apg 4,31, wo die erneute Geistausgießung zu neuem Freimut in der Verkündigung führt. So ist der Heilige Geist der eigentliche Motor für die Ausbreitung des Evangeliums. Es ist derselbe Geist, der in 10,19f; 11,12 die Tür zur Heidenmission aufstößt. Hinter dem missionarischen Aspekt beim Wirken des Heiligen Geistes und hinter der Verleihung besonderer Fähigkeiten tritt in der Apostelgeschichte der Aspekt, dass der Geist die Existenz der Glaubenden bestimmt, zurück. So wird nichts darüber gesagt, wie das neue, eschatologisch orientierte Leben aussieht, welche Früchte zu ihm gehören. Hieraus kann sich die Gefahr ergeben, dass die Antriebe zur Sendung und das geistliche Leben der Jüngerinnen und Jünger auseinanderfallen können.

Schließlich soll eine Beobachtung zur Apostelgeschichte aufgegriffen werden, auf die E. Schweizer aufmerksam macht[68]: In der Apostelgeschichte treten nebeneinander zwei verschiedene Vorstellungen über den Geist auf. Zum einen findet sich die ursprünglich *animistische* Vorstellung vom Geist, nach der er ein den Menschen überfallendes, außer ihm stehendes Wesen ist. Die animistische Terminologie unterstreicht, dass der Geist der dem Menschen fremde Gottesgeist bleibt und dass jede Aktualisierung des Geistes Gottes Tat bleibt. Zum andern findet sich die ursprünglich *dynamistische* Vorstellung, nach der der Geist ein den Menschen erfüllendes Fluidum ist. Diese Terminologie betont die

68 »pneuma etc.«, a.a.O., S. 403f

andauernde Verbundenheit mit dem Geist (Apg 6,3; 7,55; 11,24), ohne dass der Geist zum naturhaften Besitz des Menschen würde und ohne dass er zu magischen Manipulationen (Apg 8,18ff) befähigen würde.

2.3 Der Geist bei Paulus

Für das paulinische Geistverständnis sind zwei Denkfiguren grundlegend: Zum einen ist der Geist, den die Christen erfahren, der erhöhte Herr Jesus Christus. Wenn Paulus feststellt: »... und auch wenn wir Christus gekannt haben nach dem Fleisch, so kennen wir ihn doch jetzt so nicht mehr« (2. Kor 5,16), dann weist er damit auf die pneumatische Erkenntnis des erhöhten Herrn im Glauben. Dasselbe gilt für 2. Kor 3, wenn er feststellt: »Der Herr ist der Geist ...« Die Hinwendung zum erhöhten Christus ist folglich die Einfügung in den Bereich des Geistes Gottes. Der »Geist des Herrn«, von dem Paulus immer wieder spricht, umschreibt die Existenzweise Jesu Christi und seine Kraft, in der er seiner Gemeinde begegnet. Zwischen Jesus und dem Geist besteht für Paulus durchaus eine Identität, aber, wie W. Rebell es formuliert[69], »keine seinshafte, sondern eine, die man als dynamische Identität oder Wirkidentität bezeichnen kann«.

Leben die Glaubenden im Wirkungskreis Christi, des gekreuzigten und auferstandenen Herrn, so leben sie zugleich im Wirkungsfeld des Geistes, der ihnen das Heil Christi offenbart und zuteil werden lässt. Zum andern ist das paulinische Geistverständnis im Zusammenhang seiner Eschatologie zu verstehen: Kreuz und Auferstehung Jesu sind die große, entscheidende Wende. Die Gegenwart des Heiligen Geistes ist an die Erniedrigung und Erhöhung Jesu Christi als den Beginn der eschatologischen Heilszeit gebunden. So sagt Röm 8,11, dass der Gott, der Jesus von den Toten auferweckt hat, durch seinen Geist in den Glaubenden wirkt. An der in Jesus Christus geschehenen Wende der Auferstehung haben die Christen durch den Heiligen Geist teil: Der kraft des Wirkens des Geistes Gerechte wird auferstehen. Die Gegenwart des Geistes ist zugleich neue Existenz der Gemeinde selbst. Von daher ist das Leben im Geist der Beginn des Lebens der neuen Schöpfung selbst. Im Geist gehören die Glaubenden bereits in dieser Weltzeit zur neuen Schöpfung. Als Teil der neuen Schöpfung

[69] W. Rebell, Erfüllung und Erwartung, S. 40

hat der Christ nach 2. Kor 1,22; 5,5 das Angeld, die erste Rate des Geistes bzw. nach Röm 8,23 die Erstlingsgabe des Geistes. So stellt der Geist Gottes die Existenz der Christen in eine Spannung, die gegenwärtig noch von Vergänglichkeit, Schwachheit und Unehre geprägt ist, die jedoch auf Unvergänglichkeit, Kraft und Herrlichkeit (1. Kor 15,42.50) zulebt. Der »geistliche Leib« (1. Kor 15,44) ist nicht als ein substantiell aus Geist bestehender Leib zu verstehen, sondern als ein solcher, der durch das Pneuma bestimmt ist. Die Wirklichkeit des schon jetzt wirkenden Geistes steht für die Realität des Kommenden.

Ein charakteristischer Zug des paulinischen Geistverständnisses ist, dass – im Unterschied zur Apostelgeschichte – nicht bloß zusätzliche Wunderkräfte als im Geist begründet verstanden werden, sondern die ganze Existenz der Glaubenden, ohne dass der Geist zum substantiellen Besitz der Christen würde. Das grundsätzliche Werk des Heiligen Geistes ist die Berufung des Menschen zur Gotteskindschaft. »Denn welche der Geist Gottes treibt, die sind Gottes Kinder. Denn ihr habt nicht einen knechtischen Geist empfangen, dass ihr euch abermals fürchten müsstet; sondern ihr habt einen kindlichen Geist empfangen, durch den wir rufen: Abba, lieber Vater! Der Geist selbst gibt Zeugnis unserem Geist, dass wir Gottes Kinder sind« (Röm 8,14-16). Hiernach schafft der Geist eine als intim zu bezeichnende Gottesbeziehung, die in dem der Kleinkindsprache entnommenen Lallwort *abba* zum Ausdruck kommt. Mit der Gotteskindschaft macht uns der Heilige Geist zu »Gottes Erben und Miterben Christi« (V. 17). Der Geist Gottes bestimmt die Glaubenden als »Geist des Glaubens« (2. Kor 4,13). Er übernimmt in den Glaubenden die Rolle des handelnden Subjekts, ohne das menschliche Subjekt auszulöschen. Wenn nach Röm 8,26 der Geist in uns betet oder wenn er nach der soeben zitierten Stelle Röm 8,15 (ebenso auch Gal 4,6) in den Glaubenden »*abba*« ruft, dann sind es doch die eigenen Sprechwerkzeuge, die den Gebetsruf hervorbringen; die Glaubenden sprechen selber. Der Geist teilt eine Dynamik, ein Tätigkeitsvermögen mit, das der Beter aktualisiert. So finden sich bei Paulus Aussagen, die den Eindruck erwecken, als seien die Glaubenden mit dem Geist identisch; der Geist ist ja in den Glaubenden. Aber dennoch ist der Geist das Gegenüber der Menschen; er ist für Paulus eine Instanz größer als der Mensch.[70]

Paulus geht davon aus, dass der Geist Gottes kraftvoll sowohl im individuellen Leben als auch in der Welt mit ihrer Geschichte zu handeln vermag. Der

[70] vgl. dazu W. Rebell, Erfüllung und Erwartung S. 42

Heilige Geist kann außergewöhnliche Wunderwirkungen schenken. Hin und wieder erwähnt Paulus Kraftphänomene des Glaubens. Den korinthischen Gegnern gegenüber spricht er in 2. Kor 12,12 davon, dass unter ihnen die Zeichen eines Apostel mit »Zeichen und Wundern und machtvollen Taten« geschehen sind. In Röm 15,19 hebt Paulus hervor, dass seine Verkündigung den Heiden gegenüber in Wort *und* Tat geschah, und zwar in der Kraft von Zeichen und Wundern und in der Kraft des Geistes. Der Apostel unterstreicht hier zweimal die Kraft, die in den vollbrachten Zeichen und Wundern zum Ausdruck kommt. Es ist die Kraft des Geistes Gottes, die sich in den Krafttaten des Apostel manifestiert. H. Nielsen[71] bemerkt dazu: »Paulus verwendet *dynamis* vorwiegend als eine Bezeichnung für die Macht Gottes.« Mit diesem Begriff unterstreicht Paulus das Wesen der Taten, das im Wirken des Geistes begründet ist, und nicht ihre äußere Erscheinungsform. Es ist für Paulus wichtig, dass sein Dienst nicht allein in Worten, sondern in der Kraft des Heiligen Geistes geschieht. So schreibt er den Thessalonichern (1. Thess 1,5): »... denn unsere Predigt des Evangeliums kam zu euch nicht allein im Wort, sondern auch in der Kraft und in dem Heiligen Geist und in großer Gewissheit.« Ganz entsprechend äußert sich Paulus auch in 1. Kor 2,4: Paulus weist die Korinther darauf hin, dass seine Predigt unter ihnen nicht mit überredenden Worten menschlicher Weisheit geschah, sondern »in Erweisung des Geistes und der Kraft«. J. Roloff[72] bemerkt zu dieser Stelle: Sie »meint ja keineswegs nur die Überzeugungskraft der Verkündigung des Apostels, sondern auch Zeichen und pneumatische Erscheinungen ...« Machttaten scheinen für den Apostel dort selbstverständlich, wo der Geist wirkt. Die in den Gemeinden wirksamen pneumatischen Kräfte lassen die göttliche befreiende Lebensfülle in Raum-Zeit-Koordinaten anbrechen und sind der Anbruch der eschatologischen Herrschaft Gottes. In allem wird unmissverständlich deutlich, dass zum Geistbegriff unlöslich der Kraftbegriff hinzugehört. Im Geist ist Christus dem Apostel und seiner Gemeinde als Kraftspender nahe. Es ist dieselbe Kraft, die sich in der Auferweckung Jesu erwiesen hat (1. Kor 6,14; 2. Kor 13,4) und die durch das Evangelium Rettung bewirkt (Röm 1,16; 1. Kor 1,18).

In negativer Hinsicht wird die Verbindung von Geist und Kraft da deutlich, wo Paulus auf das Gericht zu sprechen kommt. So erwähnt er in Röm 8,13 das

---

[71] a.a.O., S. 191

[72] Das Kerygma und der irdische Jesus. Historische Motive in den Jesus-Erzählungen der Evangelien, Göttingen 1970, S. 182, Anm. 264

Töten des Fleisches durch den Geist. Hier kommt die gefährliche Seite des Geistes in den Blick. W. Rebell[73] bemerkt dazu: »Der Geist ist nicht harmlos! Führung durch den Geist konnte auch Führung ins Gericht sein.«

Das bisher zur Frage des Geistes als Kraft Gesagte wäre einseitig und damit halbwahr, wenn in diesem Zusammenhang nicht eine andere Aussagenreihe Berücksichtigung fände: Eine Reihe von Stellen machen bei ihm darauf aufmerksam, dass die Macht Gottes und damit sein Geist nicht als eine siegreiche Wirklichkeit, sondern anscheinend in Schwachheit und Ohnmacht zu erleben ist. So ist nach 1. Kor 1,23-24 Christus gerade als der *Gekreuzigte* die Kraft Gottes. Der Apostel kann seine Botschaft als »Wort vom Kreuz« (1. Kor 1,18) zusammenfassen und will sich am allerliebsten seiner Schwachheit rühmen (2. Kor 12,10). Es gilt hier jedoch genauer hinzusehen: Was wie ein Gegensatz aussieht, nämlich Schwachheit und Kraft, das kann von Jesus Christus und vom Pneuma her eine sinnvolle, ja notwendige wechselseitige Zuordnung erhalten. In 2. Kor 13,4 knüpft Paulus seine eigene Existenz als Apostel an Christus, der in Schwachheit gekreuzigt wurde, der aber jetzt aus der Kraft Gottes lebt. Eben diese Stelle macht deutlich, dass der Apostel sein Leben nicht allein durch Schwachheit charakterisiert sieht, sondern dass er sehr wohl um die Auferstehungskraft in seinem Leben weiß. Es geht demnach um die Einsicht, die 2. Kor 4,7 in die Worte fasst: »Wir haben aber diesen Schatz in irdenen Gefäßen, damit die überschwängliche Kraft von Gott sei und nicht von uns.« Für Paulus bietet also gerade die Schwachheit die beste Möglichkeit zur Entfaltung der Kraft des Gottesgeistes. Es kann also nicht behauptet werden, dass nach Paulus die Kraft des Geistes Gottes in dieser Welt immer nur als Schwachheit auftreten würde. Gegenübergestellt werden vielmehr die *Kraft des Geistes Gottes* und die *Schwachheit des Menschen*. Die Kraft des Heiligen Geistes offenbart sich *in* der Schwachheit, nicht *als* Schwachheit. Die Schwachheit der menschlich-irdischen Existenz bedingt die Verborgenheit der nur dem Glauben sichtbaren Gotteskraft. Durch dieses Gesetz ist gesichert, dass die Kraft des Heiligen Geistes wirklich Kraft Gottes ist und nicht Menschenkraft. Hier kommt wieder die bereits erwähnte typische Differenz zwischen den Glaubenden und dem Heiligen Geist zum Vorschein; der Christ bleibt ein aus seiner Schwachheit heraus Hoffender, ein den Heiligen Geist Erwartender. Deshalb ist das Leben der Glaubenden aus dem Geist ein Sehnsuchtsleben.

---

73 W. Rebell, Erfüllung und Erwartung, S. 121

Der Zusammenhang von Kraft des Geistes Gottes und Schwachheit des Menschen wirft auch ein Licht auf das Verständnis der *Charismen*, der Gaben des Geistes, bei Paulus. Dabei muss zunächst auf den Begriff *charisma* eingegangen werden. U. Brockhaus[74] stellt zu diesem Begriff fest: »Das Wort *charisma* lässt sich in vorpaulinischer Zeit nicht sicher belegen ... Trotzdem wird man kaum sagen können, dass erst Paulus das Wort gebildet habe ... Vermutlich ist das Wort in der Koine (sc. der griechischen Umgangssprache), zunächst als umgangssprachlicher Ausdruck, entstanden.« Die Bedeutung von *charisma* an Stellen, die von Paulus unabhängig sind, entspricht dem Verb (griechisch *charizesthai*), von dem es abgeleitet ist; von daher ist es am besten mit »Gabe«, »Geschenk« wiederzugeben. Außerhalb des Römer- und ersten Korintherbriefes findet sich die Vokabel innerhalb des Neuen Testaments nur noch in 1. Tim 4,14; 2. Tim 1,6; 1. Petr 4,10. Diese Stellen sind alle von Paulus und seiner Theologie abhängig. »Vermutlich war es also Paulus, der dieses nicht allzu gebräuchliche Wort der hellenistischen Umgangssprache aufgegriffen und in die christliche Theologie eingeführt hat.«[75] Der Apostel gebraucht das Wort *charisma* zur Bezeichnung sehr verschiedener Gaben. In Röm 5,15f bezeichnet es Heilsgüter wie Rechtfertigung, in Röm 6,23 das ewige Leben und in 1. Kor 12 ist mit diesem Wort die Sprachengabe (Glossolalie) und das Geschenk der Heilungstätigkeit angesprochen. »Es (sc. das Ereignis, das *charisma* im jeweiligen Kontext meint) kann direkt von Gott, aber auch von Menschen gegeben werden (Röm 1,11); es kann eine Gabe bezeichnen, die jede Möglichkeit eines Plurals ausschließt (Röm 5,15f), ebenso gut aber auch eine Mehrzahl von Gaben (Röm 11,29); es kann eine Beziehung zur *oikodomê* (= Erbauung) der Gemeinde enthalten (1. Kor 12-14; Röm 1,11), diese Beziehung kann aber auch fehlen (Röm 11,29; 1. Kor 7,7).«[76]

In 1. Kor 12,4.31 und Röm 12,6 kann man die Tendenz eines technischen Wortgebrauchs finden, bei dem *charisma* das von Gott verliehene Geschenk einer Gabe bedeutet, welches zur gemeindlichen oder persönlichen Erbauung dient. Dieser technische Wortgebrauch ist jedoch in den allgemeinen eingebettet. Der Bezug auf den Heiligen Geist ist für die Verwendung des Begriffs *charisma* nicht konstitutiv, kann sich jedoch, wie in 1. Kor 12-14, vom Kontext

[74] U. Brockhaus, Charisma und Amt. Die paulinische Charismenlehre auf dem Hintergrund der frühchristlichen Gemeindefunktionen, Wuppertal 1987, S. 128f

[75] a.a.O., S. 130

[76] a.a.O., S. 140

her mit diesem Worte verbinden; der Begriff *charisma* gibt also nur vom Kontext her und nicht aus sich selbst heraus die Berechtigung zu seiner Übersetzung mit »Geistesgaben«. Auf diesem Hintergrund sollen nun einige Beobachtungen zu 1. Kor 12-14 zusammengetragen werden.

Die Charismen, die Paulus in 1. Kor 12,4ff (ebenso in Röm 12,3ff) erwähnt, sind Gaben und Kräfte des neuen Äons, die nicht auf den Bereich der Ekstase und des Mirakels beschränkt sind, sondern die den Alltag der Gemeinde und der Welt betreffen. Sie sind, Mussner[77] zufolge, »Ort des Dynamischen in der Kirche, mit dem das Pneuma das rein Institutionelle und ›Bestehende‹ in ihr immer wieder aufbricht«. In ihnen manifestiert sich der Heilige Geist, d.h. der Geist selber steht als handelndes Subjekt hinter ihnen. Es ist derselbe eine Geist, der mit den Charismen einem jeden das Seine zuteilt, »wie er will« (1. Kor 12,11). In 1. Kor 12,4-6 leitet Paulus seine Überlegungen zu den Charismen ein: »Es sind verschiedene Gaben (*charismata*); aber es ist ein Geist. Und es sind verschiedene Dienste (*diakoniai*); aber es ist ein Herr. Und es sind verschiedene Kräfte (*energêmata*); aber es ist ein Gott, der da wirkt alles in allen.« Die drei verschiedenen griechischen Begriffe, die in diesen Versen verwendet werden, heben drei verschiedene Aspekte der Gaben hervor. *Charismata* versteht E. Käsemann[78] von der *charis* (= Gnade) her und sieht von daher die Gaben als »Individuation der Gnade« im Glaubenden. In den Gaben, die Gott den Christinnen und Christen schenkt, entfaltet sich Gottes Gnade in Gemeinde und Welt. Zugleich unterstreicht Paulus mit diesem Begriff den Geschenkcharakter und die Unverfügbarkeit der göttlichen Gaben. *Diakoniai* weist auf die Funktion der Gaben hin: Durch sie dient Gott den Menschen individuell und gemeinschaftlich. F. Lang versteht den Dienstcharakter der Gaben von V. 7 her und meint: »Einem jeden wird die Offenbarung des Geistes ›zum Nutzen‹ gegeben, d.h. nicht zu seinem privaten Genuss, sondern zum Dienst an allen und zur Auferbauung der Gemeinde (Kap. 14).«[79] Danach wären Gaben nur für andere und nicht für den, der die Gabe empfängt, gegeben. Das ist nur zum Teil richtig; Paulus wird im Kap. 14, das F. Lang erwähnt, am Beispiel der Gnadengabe des Sprachengebets zeigen, dass sie auch dann eine legitime Funktion hat, wenn sie nicht den anderen, sondern den Glaubenden persönlich zur Erbauung dient. Damit wird nicht die Dienstfunktion der Gaben in Frage gestellt, sondern die

[77] »Pneuma«, in: LThK Bd. 8, Freiburg i.B. 1963, S. 523
[78] »Geist und Geistesgaben IV. Im NT«, in: RGG Bd. 2, Tübingen 1986, S. 1275f
[79] Die Briefe an die Korinther, NTD Bd 17, Göttingen 1986, S. 168

Einengung ihrer Ausrichtung auf andere. Der dritte griechische Begriff (*energêmata*) legt schließlich den Akzent darauf, dass in den Gaben Gottes die Kraft Gottes selber auf den Plan tritt und wirksam wird. Jede Gabe trägt in unterschiedlicher Weise zur »Offenbarung des Geistes« (12,7) bei; in ihnen und durch sie vollzieht sich diese Offenbarung.

In 1. Kor 12,8-10 gibt Paulus eine Aufzählung von verschiedenen Geistesgaben. Dass es dem Apostel in diesen Versen nicht um eine vollständige Aufzählung der Gaben geht, macht ein Vergleich mit 12,28ff und Röm 12,3-8 deutlich. Während Röm 12 die diakonischen Gaben breiter ausführt, fehlen diese in den Versen 8-10. Diese Verse führen dafür die mit Weisheit und Erkenntnis zusammengehörigen Verkündigungsfunktionen sowie die Wundergaben und zuweilen als außergewöhnlich betrachteten Fähigkeiten an. Die Unterschiede in den Charismenlisten sind ein Hinweis auf den situationsbezogenen Charakter dieser Listen. Sie wollen keine allgemeine Lehre über die Gaben geben, sondern gehen – zumindest in 1. Kor 12 – auf die konkrete Gemeindesituation ein, die in Korinth von einer pneumatischen Hochstimmung geprägt war. V. 8 nennt die Gaben Weisheitsrede und Erkenntnisrede. Eine Abgrenzung zwischen diesen beiden Gaben lässt sich kaum angeben. »Beide Begriffe beschreiben eine geistgewirkte, enthüllende und belehrende Art der Rede ... Vielleicht hebt die Weisheitsrede mehr auf den geistgewirkten Einblick in den Heilsplan Gottes ab, während die Erkenntnisrede stärker auf die richtige Beurteilung der jeweiligen Lage hinzielt, in der es gemäß dem Geist Gottes zu handeln gilt, und entsprechende Anweisungen für die Gemeinde gibt.«[80] Beide Gaben stehen inhaltlich in Beziehung mit der Verkündigung des Evangeliums von Jesus Christus als die offenbarte Kraft und Weisheit Gottes zur Rettung der Welt.

Wenn in V. 9 vom Glauben als einer Gabe des Geistes die Rede ist, dann ist nicht der allgemeine christliche Heilsglaube im Blick, sondern ein solcher Glaube, wie er einzelnen Menschen als besondere charismatische Begabung zuteil wird, nämlich der in 1. Kor 13,2 (oder Mt 17,20) erwähnte wundertätige, Berge versetzende Glaube. Dieser Glaube kann zu den unmittelbar danach genannten Heilungsgaben oder (V. 10) zu Wunderkräften führen.

Es fällt auf, dass von den Heilungsgaben im Plural gesprochen wird; damit könnte Paulus andeuten, dass der Heilige Geist Heilungen auf verschiedene Weise geschehen lässt. Mit den Gaben der Heilungen wirkt Gottes Geist auf die

---

[80] a.a.O., S. 169

(gefährdete) Leiblichkeit des Menschen ein. Bei den Wunderkräften ist wohl vorwiegend an Dämonenaustreibungen (Exorzismen) zu denken. Die Gabe der Prophetie ist die Fähigkeit, aus einer pneumatischen Inspiration heraus ein Gotteswort im Menschenwort in eine konkrete Situation hinein zu sprechen. Dabei kann es sich um ein biblisches Wort oder um eine vom Wortlaut her frei formulierte inspirierte Rede handeln. Der Gabe der Prophetie ist die Gabe der Unterscheidung der Geister zugeordnet. In gleicher Weise wie die prophetische Rede will auch die Gabe der Unterscheidung der Geister aus einer vom christlichen Glauben getragenen (Röm 12,6) pneumatischen Intuition heraus eingebracht werden. Bei der Unterscheidung geht es um eine geistgeleitete Prüfung prophetischer Worte oder bildhafter prophetischer Eindrücke von einem »übernatürlichen ›Witterungsvermögen‹«[81] her. Dahinter steht ein Wissen um die Gefährdung prophetischer Worte und Eindrücke, die als von Gott kommend ausgegeben werden, jedoch menschlichen oder – in der Praxis jedoch sehr selten – dämonischen Ursprungs sein können. »Eine Beurteilung und Prüfung der Geistesmanifestationen ist notwendig, weil es auch falsche Propheten (vgl. Jer 28; Mt 7,15; vgl. Didache 11,8) und dämonische Geisteswirkungen (vgl. 12,2) gibt.«[82] Nach 1. Thess 5,20f soll die Prophetie nicht gedämpft werden, aber die ganze Gemeinde soll prüfen.

Paulus schließt die Aufzählung der Gaben mit der Erwähnung des Sprachengebets und der Auslegung dieses Gebets ab. Dabei handelt es sich um die Äußerung einer Lautfolge, die einer Sprache ähnelt (so bei der Glossolalie) oder eine wirkliche fremde Sprache ist (so bei der Xenolalie). Das im Sprachengebet Geäußerte ist zumeist sowohl für den Hörer als auch für den Sprecher nicht verständlich. »An der Kontrollinstanz des Bewusstseins vorbei werden Dinge gesagt, die eigentlich nicht sagbar sind. Durch Glossolalie können Empfindungen zum Ausdruck gebracht werden (und zwar Gott gegenüber und auch den Mitmenschen gegenüber), die jenseits der normalen sprachlichen Artikulationsmöglichkeiten liegen, die in einer normalen Kommunikation nicht zu thematisieren sind.«[83] Der Tendenz in Korinth, diese Gabe überzubewerten, wirkt er durch ihre Erwähnung erst am Ende dieser Liste entgegen.

Wie die Gaben der Heilungen erscheint auch das Sprachengebet im Plural. Es erscheint in verschiedenen Sprachen und Ausdrucksformen. Dem Sprachen-

[81] W. Rebell, Zum neuen Leben berufen, S. 119
[82] F. Lang, a.a.O., S. 169
[83] W. Rebell, Zum neuen Leben berufen, S. 120

gebet ist die Gabe der Auslegung des Sprachengebets zugeordnet. Diese Gabe ist für eine kommunikative Gemeindepraxis unabdingbar (vgl. dazu 1. Kor 14). Hierbei handelt es sich nicht um eine Übersetzung im strengen Sinn, sondern um eine vom Heiligen Geist geschenkte intuitive Einsicht in die Bedeutung des Sprachengebets.

V. 11 fasst diese Charismenliste zusammen: Die verschiedenen Gaben haben ihren einheitlichen Ursprung im Wirken des Geistes Gottes. Der Heilige Geist stellt bei der Vielfalt der Gaben die Einheit in der Gemeinde her und ermächtigt jedes Gemeindeglied, die ihm anvertrauten Gaben für das Ganze einzubringen. Das entfaltet 12,12-26 mit dem Bild vom Leib mit seinen vielen Gliedern. Die Grundhaltung, die sich in den verschiedenen Charismen ausdrückt, kann man mit W. Rebell[84] als »kontrafaktisch« bezeichnen. In ihnen drückt sich eine Erwartungshaltung Gott gegenüber aus, dass er in der Kraft seines Geistes in konkrete Situationen des täglichen Lebens gestaltend und verändernd hineinwirkt.

Von dieser Erwartungshaltung scheinen auch die korinthischen Gottesdienste geprägt gewesen zu sein. Das lässt sich aus 1. Kor 14 erschließen. Der korinthische Gottesdienst war Ausdruck dessen, was W. Rebell eine »kommunikative Gemeindepraxis«[85] nennt. Im korinthischen Gottesdienst herrschte eine gewisse pneumatische Hochstimmung. Das führte zu einer als Wirkung des Geistes verstandenen lebendigen Vielfalt und Interaktion im gottesdienstlichen Geschehen. Diese Vielfalt machte jedoch das Zusammenwirken der Gaben zum Problem – in Korinth vor allem der Glossolalie im Verhältnis zur Prophetie. In Kap. 14 klärt Paulus dieses Verhältnis.

Für Paulus hat die Gabe der Prophetie einen wesentlichen Anteil an der kommunikativen Gemeindepraxis. Im Gottesdienst ist vor allem nach dieser Gabe zu streben (14,1), obwohl damit das Sprachengebet nicht abgewertet wird (V. 5.18). In einem enthusiastischen Überschwang scheinen mehrere Gemeindeglieder in Korinth das Sprachengebet zugleich praktiziert zu haben (V. 27), wodurch eine chaotische Situation entstand. Paulus gibt der Gemeinde zu verstehen, dass das Sprachengebet sparsamer und disziplinierter eingebracht werden soll. Die Gemeinde solle offen sein für Ungläubige; diese würden durch das unverständliche Sprechen der Zungenredner abgestoßen (V. 23).

84 ders., Erfüllung und Erwartung, S. 84

85 vgl. dazu den Untertitel seines Buches: Zum neuen Leben berufen. Kommunikative Gemeindepraxis im frühen Christentum, München 1990

Gerade im Hinblick auf die Ungläubigen ist die prophetische Rede die angemessenere Kommunikationsform. Sie ist, L. Goppelt[86] zufolge, »die genuinste Äußerung des Geistes in der Gemeindeversammlung«. Eine inhaltliche Füllung dieser Gabe gibt Paulus mit V. 3 an: »Wer prophetisch redet, der redet den Menschen zur Erbauung und zur Ermahnung und zur Tröstung.« Die prophetische Rede umfasst hiernach Zuspruch, Ermahnung und Wegweisung im Auftrag Gottes. Durch ihren Gebrauch entfaltet sich Gottes Heilswille in eine konkrete Situation hinein. So kann und soll sie entscheidende Hilfe bei der Grundorientierung des Lebens aus Glauben sein. »Am besten wird man das hier gemeinte ›Ermahnen‹ auffassen als ›Zusprechen neuer Verhaltensmöglichkeiten‹, also als einen wegweisenden und befreienden Akt, bei dem nicht wie bei unserem Ermahnen das restriktive Moment im Vordergrund steht.«[87] Zudem sieht Paulus in der Prophetie einen Vollzug der Liebe. Der Hinweis auf diese Liebe leitet das Kap. 14 ein: »Strebt nach der Liebe!« Damit sind die Ausführungen über den Gottesdienst in diesem Kap. 14 unter ein eindeutiges Vorzeichen gestellt. Die Liebe soll das Wesen der kommunikativen Gemeindepraxis ausmachen. Während V. 3 von der Prophetie an einzelne Menschen spricht, geben V. 4f und 12 zu erkennen, dass ihr Adressat auch die ganze Gemeinde sein kann. Weil der Prophetie solches Gewicht zukommt, kann sie durch einen unangemessenen Gebrauch gefährdet werden. Wie bereits in Kap. 12 weist Paulus auch in Kap. 14,29 auf die Notwendigkeit hin, dass die Gemeinde über die prophetische Rede urteilt. »Der Prophet hat sich dem Urteil anderer, ihn kontrollierender Gemeindeglieder zu unterwerfen.«[88]

Kap. 14 abschließend, gibt Paulus einige Ratschläge für eine *Ordnung im Gottesdienst*. Sie geben zu erkennen, dass man in der korinthischen Gemeinde mit einem lebendigen Wirken des Geistes Gottes rechnete. Der Gottesdienst ist dort also noch kein fest gefügtes Geschehen. In ihm herrscht eine große Spontaneität vor. Weil alle, die zu Jesus Christus gehören, Anteil am Heiligen Geist haben, können auch grundsätzlich alle, die am Gottesdienst teilnehmen, sich aktiv in ihn einbringen. Einen solchen Gottesdienst kennzeichnet große Lebendigkeit. »... Der Apostel stand vor der heiklen Aufgabe, Ordnung herzustellen, ohne die im Prinzip bejahenswerte Dynamik des gottesdienstlichen Geschehens

[86] Theologie des Neuen Testaments, Göttingen ^{3}1981, S. 449
[87] W. Rebell, Zum neuen Leben berufen, S. 115
[88] a.a.O., S. 117

durch starre Reglementierungen zu ersticken.«[89] Dabei dient ihm der Begriff des »Friedens«. Weil Gott ein »Gott des Friedens« (V. 33) ist, passt zum Gottesdienst keine hektische Betriebsamkeit, die daraus erwächst, dass verschiedene sich in den Vordergrund drängen. Im Frieden Gottes regiert keine Monokultur eines einzelnen Liturgen, sondern das Zusammenspiel verschiedener Gaben. Unter der Leitung des Heiligen Geistes kann im Frieden Gottes »alles ... anständig und gemäß der Ordnung stattfinden« (V. 40). Die Leitlinien, die Paulus hier im Blick auf den korinthischen Gottesdienst gibt, eröffnen eine kommunikative Gemeindepraxis, die auf der einen Seite weder einer überfordernden, gesetzlichen Forderung nach Spontaneität verfällt, noch geistgeleitete Spontaneität hemmt, noch auf der anderen Seite einem gottesdienstlichen Chaos Vorschub leistet.

Mit dem zuletzt Gesagten kommt ein für Paulus wichtiger Zug seiner Pneumatologie in den Blick: die Verbindung von Heiligen Geist und *Ethik*. Zu Recht sieht U. Brockhaus[90] im Wesen der Charismen eine Verbindung zur Ethik gegeben: »Die Charismenlehre bildet ... eine echte Brücke vom Geist als geschenkter Kraft des neuen Lebens zur konkreten Aufgabe für dieses neue Leben.« Paulus versteht den Geist nicht als unkontrollierbare Kraft, die den Empfänger willenlos machen und seiner ethischen Verantwortung entheben würde. Gilt doch im Hinblick auf die Prophetie und die Sprachengabe, dass die Geister der Propheten den Propheten untertan sind (1. Kor 14,32). Die Frage nach der Angemessenheit widerspricht keineswegs dem Wirken des Heiligen Geistes. Hier wird deutlich, dass die Berufung auf den Heiligen Geist nicht vor Fehlverhalten schützt. Als grundlegende ethische Kategorie für eine geistgeleitete Gemeindepraxis bringt Paulus in 1. Kor 13 die Liebe ein. Paulus geht davon aus, dass der Geist das, was er tut, nicht außerhalb eines vernünftigen Rahmens tut. Menschen, die sich für den Geist Gottes öffnen, haben von der Liebe her sowohl Gott und seinen Willen als auch den Nächsten mit seinen Rechten und Bedürfnissen im Blick. Die ethische Dimension ist bei Paulus, wenn es um den Geist Gottes geht, nicht nur in einem »Zuviel« zu erkennen, sondern auch in einem »Zuwenig«: Er denkt den Geist als »auslöschbar« (1. Thess 5,19). Durch diese Tatsache sind die Gläubigen ebenfalls in eine hohe Verantwortung gestellt. Der Geist setzt sich nicht automatisch gegen jeden

---

[89] a.a.O., S. 131
[90] a.a.O., S. 235

Widerstand durch. Das erfordert eine große Sensibilität im Umgang mit dem Heiligen Geist.

Die ethische Dimension tangiert nicht nur den gemeindlichen Gottesdienst, sondern auch den gesamten Lebenswandel der Christen. Hier sieht Paulus das Leben als einen Kampf zwischen zwei Willensrichtungen, nämlich dem Fleisch und dem Geist. »Denn alle, die vom Fleisch bestimmt sind, trachten nach dem, was dem Fleisch entspricht, alle, die vom Geist bestimmt sind, nach dem, was dem Geist entspricht« (Röm 8,5). Fleischlich orientiert ist der Mensch, der aus der Verhaftung an Sünde und Welt heraus lebt. Der geistlich orientierte, weil vom Heiligen Geist bestimmte Mensch lebt im vertrauenden Gehorsam Gott gegenüber. Noch ausführlicher geht Gal 5,13ff auf die gegensätzliche ethische Orientierung im Leben nach dem Fleisch bzw. nach dem Geist ein. »Denn das Fleisch begehrt auf gegen den Geist und der Geist gegen das Fleisch; die sind gegeneinander, sodass ihr nicht tut, was ihr wollt« (V. 17). »Fleisch« ist in diesem Zusammenhang nach E. Schweizer[91] nicht eigentlich eine dem Menschen fremde Macht, sondern sein eigenes Wollen; nur geht Paulus hier von der Erkenntnis aus, dass dieses Wollen übermächtig werden und den Glaubenden bedrohen kann. Den Werken des Fleisches, die in den Versen 19-21 in einem Lasterkatalog aufzählt werden, stellt Paulus die Frucht des Geistes gegenüber: »Die Frucht aber des Geistes ist Liebe, Freude, Friede, Geduld, Freundlichkeit, Güte, Treue, Sanftmut, Keuschheit ...« (V. 22). Der Begriff »Frucht« deutet an, dass die Glaubenden unter der Wirkung des Heiligen Geistes in den angeführten ethischen Haltungen wachsen sollen. Während die Gaben des Geistes in der Gemeinde ungleich verteilt sind, gilt das Geschenk und der Anspruch der Früchte allen Glaubenden in gleicher Weise.

Der Gegensatz zwischen einem Leben nach dem Fleisch und nach dem Geist spricht das an, was Paulus »Heiligung« nennt. »Denn das ist der Wille Gottes, eure Heiligung ...« (1. Thess 4,3). Heiligung ist keine geistlose Bemühung im Sinne der Werkgerechtigkeit, sondern Frucht eines Lebens aus und mit der Kraft des Heiligen Geistes. In der Heiligung geben die Glaubenden dem Wirken des Heiligen Geistes in ihrem Leben mit dem Gehorsam Recht. In diesem Zusammenhang kann Pneuma die Norm eines Lebens bezeichnen. Das geht aus Gal 6,8 hervor: »Wer auf sein Fleisch sät, der wird von dem Fleisch das Verderben ernten; wer aber auf den Geist sät, der wird von dem Geist das ewige Leben

[91] »pneuma etc.«, a.a.O., S. 427

ernten.« Im Hinblick auf die Heiligung und die ethische Verantwortung der Christinnen und Christen gilt, was W. Rebell[92] anmerkt: »Der Glaubende ist – als Geistbegabter – nicht mit dem Geist identisch, sondern erfährt ihn als eine Macht in sich, der er Raum geben muss ... Er muss die Kraft aufbringen, den Geist herrschen zu lassen – um ihn dann als treibende, beflügelnde Macht zu erfahren.« Von den Glaubenden ist hier immer neu ein Willensentschluss gefragt. Der Indikativ und der Imperativ des Geistes liegen ineinander; sie machen die Dynamik des geistlichen Lebens aus. So ist der Heilige Geist in der Heiligung eine den Menschen in sittlicher und charakterlicher Hinsicht bestimmende, personumgestaltende Kraft, die den Menschen transparent für Christus macht.

Am Ende über die Skizze zum Geistverständnis bei Paulus ist noch ein Blick auf die Pastoralbriefe (1. und 2. Timotheus und Titus) und den Epheserbrief zu werfen. Es fällt auf, dass er in den Pastoralbriefen *pneuma* sehr selten vorkommt. Und da, wo er erscheint, ist er nicht mehr das umfassende Lebensprinzip, das das Leben der Glaubenden individuell und gemeinschaftlich bestimmt. Für diese »verkürzte Pneumatologie« lassen sich mit W. Rebell[93] zwei Gründe angeben: 1. Die Gemeinden der Pastoralbriefe haben eine Geschichte des Christentums hinter sich, in der sie sich strukturierten und konsolidierten. »Ämter haben sich herausgebildet. Spontane Geist-Äußerungen sind nicht mehr gewünscht, sie würden den geregelten Betrieb nur stören, sie würden die Amtsinhaber in Frage stellen. 2. Die Gemeinden sind von einer gnostischen Irrlehre bedroht ...« Bei dieser Irrlehre wähnten sich die Eingeweihten im Besitz höherer Erkenntnis (das griechische Wort für »Erkenntnis« ist »Gnosis«), was auf nichts anderes als auf die Vorstellung eines göttlichen Kerns im Menschen und auf Selbsterlösung hinauslief. So wurde der Glaube an Gottes geschichtliche Heilstat in Jesus Christus preisgegeben. Diese gnostische Gefahr spricht z.B. 1. Tim 6,20f an: »O Timotheus! Bewahre, was dir anvertraut ist, und meide das ungeistliche lose Geschwätz und das Gezänk der fälschlich so genannten Erkenntnis, zu der sich einige bekannt haben und sind vom Glauben abgeirrt.« Wahrscheinlich berief man sich in gnostischen Kreisen zur Untermauerung der eigenen Lehre auf den Geist. Mit den schillernden Lehren begann im Mund der Gnostiker auch der Geistbegriff zu schillern. Zur Abwehr der kursierenden

92 W. Rebell, Erfüllung und Erwartung, S. 112
93 a.a.O., S. 178

Irrlehre berief man sich auf »die heilsamen Worte unseres Herrn Jesus Christus« (1. Tim 6,3) und auf die »gesunde Lehre« – also auf die sich herausbildende Tradition. Sie erschien in dieser Situation als eine sicherere Basis als eine zur Beliebigkeit neigende Berufung auf den Geist.

In diese Richtung weist auch 2. Tim 1,13f: »Halte dich an das Vorbild der heilsamen Worte, die du von mir gehört hast, im Glauben und in der Liebe in Christus Jesus. Dieses kostbare Gut, das dir anvertraut ist, bewahre durch den Heiligen Geist, der in uns wohnt.« Diese Stelle bringt den Geist in Verbindung mit einer mehr oder weniger festgeschriebenen Überlieferung und auch mit dem Amt. Diese Pneumatologie ist gegenüber Paulus – nicht unbedingt nur in positiver Richtung – weiterentwickelt. »Timotheus als einer kirchlichen Amtsperson obliegt die Aufgabe, für die Bewahrung des Traditionsguts zu sorgen, und dabei kann er auf den Geist zurückgreifen. Der Geist wird in diesem pneumatologischen Ansatz reklamiert, um Kontinuität zu gewährleisten.«[94] Die Verkoppelung von Geist und Tradition in dieser Weise kann dann verhängnisvoll werden, wenn dadurch die Freiheit des Geistes Gottes, eine verknöchernde Gemeinde zu verlebendigen, behindert wird. Der Vorteil dieser pneumatologischen Konzeption liegt für die Gemeinden der dritten oder vierten Generation in einer Beruhigung ihres Geist-Erlebens. Ihr Nachteil kann darin liegen, dass es zu einer Zähmung des lebendigen Geistes Gottes kommt, die ihm möglicherweise zu enge Grenzen setzt; der Glaube kann seiner Dynamik beraubt werden. Der Geist wird zu einer Größe, die die christliche Existenz möglicherweise nicht mehr von Grund auf gestaltet und normiert.

Das Wissen um die Dynamik des Heiligen Geistes und seine sittlich umwandelnde Kraft ist in den Pastoralbriefen jedoch nicht völlig verschwunden. Deshalb kann es in 2. Tim 1,7 heißen: »Denn Gott hat uns nicht gegeben den Geist der Furcht, sondern der Kraft und der Liebe und der Besonnenheit.« Und Tit 3,5f kann von der »Erneuerung im Heiligen Geist« sprechen und davon, dass Gott seinen Geist »über uns reichlich ausgegossen hat durch Jesus Christus, unseren Heiland«. An diesen Stellen wird die Erneuerung des Menschen mit dem Geist Gottes in Verbindung gesehen.

Im Epheserbrief spielt 6,17 auf den in der Schrift wirkenden Geist an. Allerdings fehlt eine Andeutung des dynamisch-enthusiastischen Elements im Gemeindeleben nicht; 5,18 lädt ein: »Und sauft euch nicht voll Wein, woraus ein

[94] a.a.O., S. 178

unordentliches Wesen folgt, sondern lasst euch vom Geist erfüllen.« Menschen, die den Geist Gottes bereits empfangen haben, wird Mut gemacht, sich immer neu für diesen Geist zu öffnen. »Der Geist ist unbändiges Leben; er kann vom Glaubenden bereits Besitz ergriffen haben und trotzdem noch einmal und immer wieder mit neuer Fülle kommen; er kann auch zunächst nur mit bestimmten Funktionen beim Glaubenden sein, um sich dann später noch ganz neu entdecken zu lassen, etwa als Geist der Weisheit und Offenbarung, der tief in das göttliche Geheimnis einführt.«[95] Den Gemeindegliedern wird gewünscht, »dass der Gott unseres Herrn Jesus Christus, der Vater der Herrlichkeit, euch gebe den Geist der Weisheit und der Offenbarung, ihn zu erkennen« (1,17). Wie bei Paulus ist hier der Geist die Kraft der Offenbarung (ähnlich auch 3,5); der Geist wird hier als umfassender Erkenntnisvermittler göttlicher Wirklichkeit verstanden. »Dabei wirkt ... die urchristliche Anschauung insofern nach, als an besondere Offenbarung gedacht ist, wie sie Aposteln und Propheten zuteil wird oder immer wieder für die Gemeinde erfleht werden kann ...«[96] Der von Gott ausgehende Geist führt so auf der einen Seite in die Erkenntnis des göttlichen Heilsmysteriums; Erkenntnis Gottes ist nicht distanziert-objektiv, sondern geschieht so, dass der Mensch sich im Glauben durch den Geist Gottes in das göttliche Geheimnis hineinziehen lässt. Auf der anderen Seite schenkt der Heilige Geist konkrete Offenbarung des Willens Gottes.

Der Epheserbrief nennt in 4,3 im Hinblick auf das Wirken des Geistes einen für eine wachsende Kirche typischen Zug: »... Seid darauf bedacht, zu wahren die Einigkeit im Geist durch das Band des Friedens ...« Der Heilige Geist geht von dem *einen* Herrn und Gott aus; er wirkt durch Taufe und Glauben in *allen* Glaubenden und schafft aus den Vielen *eine* Kirche.

Die ethische Dimension des Geistes Gottes kommt in 4,30 in den Blick: »Und betrübt nicht den Heiligen Geist Gottes, mit dem ihr versiegelt seid für den Tag der Erlösung.« Dieser Vers deutet auch an, dass der Geist als Siegel verstanden wird (ähnlich 1,13f); er drückt die Gewissheit des Glaubens aus, den Geist definitiv empfangen zu haben, ohne dass damit an eine unverlierbare Substanz gedacht wäre. Dieser Geist ist zugleich ein Geist des Gebets (6,18), der die Beziehung zu Gott im vertrauenden Gespräch immer neu aktualisiert.

---

95 a.a.O., S. 152

96 E. Schweizer, »pneuma etc.«, a.a.O., S. 443

2.4 Der Heilige Geist in den Briefen mit überregionaler Adressatenschaft

Hierbei handelt es sich um den Jakobusbrief, den 1. und 2. Petrusbrief, den Judasbrief und den Hebräerbrief.[97] Die Pneumatologie in diesen Briefen ist relativ schnell zu behandeln, da die Belege für den Geist Gottes hier ziemlich rar sind.

Jak 4,5 stellt die Frage: »Oder meint ihr, die Schrift sage umsonst: Mit Eifer wacht Gott über den Geist, den er in uns hat wohnen lassen ...?« Vermutlich spricht diese Stelle von dem von Gott in den Menschen gelegten Geist, der von ihm rein wieder zurückgefordert wird.

Im 2. Petr findet sich nur ein einziger Beleg für den Geist (1,21): »Denn es ist noch nie eine Weissagung aus menschlichem Willen hervorgebracht worden, sondern getrieben von dem Heiligen Geist haben Menschen im Namen Gottes geredet.« Der Zusammenhang, in dem von ihm gesprochen wird, ist für die in diesem Abschnitt betrachteten Briefe bezeichnend: Er ist nur noch die Kraft der Inspiration der bereits als kanonisch geltenden Schrift. Im Judasbrief wird in zwei Versen vom Geist gesprochen (19f): »Diese (sc. Spötter) sind es, die Spaltungen hervorrufen, niedrig Gesinnte, die den Geist nicht haben. Ihr aber, meine Lieben, erbaut euch auf euren allerheiligsten Glauben und betet im Heiligen Geist ...« Hier ist er Kennzeichen dessen, der Anteil an der geistlichen Erkenntnis des Glaubens hat. Diese äußert sich besonders im Gebet.

Etwas mehr Bezüge auf den Heiligen Geist finden sich im 1. Petr: Sehr allgemein spricht 1,2 von der »Heiligung des Geistes« und bringt diese mit dem Gehorsam und der »Besprengung mit dem Blut Jesu Christi« in Verbindung. 1,11f spricht vom prophetischen Geist, der vom Himmel gekommen ist, und beschränkt ihn auf die alttestamentlichen Propheten und die Apostel. »Aber die Verschiedenheit der Zeit der Schriftpropheten und der Zeit nach Ostern wird ausgeglichen: auch damals war es schon das *pneuma christou*.«[98] 4,14 preist diejenigen selig, die um Jesu Christi willen geschmäht werden, »denn der Geist, der ein Geist der Herrlichkeit und Gottes ist, ruht auf euch«. Der leidenden Gemeinde mit ihren Märtyrern gilt diese Verheißung. Schwieriger zu verstehen sind die beiden Stellen 3,18f und 4,6. Sie nennen die zwei Sphären, in denen

---

[97] Die drei Johannesbriefe werden in 2.5 berücksichtigt.

[98] Schweizer, »pneuma etc.«, a.a.O., S. 445

Gericht und Rettung sich vollzieht, die durch die Substanz des Körpers und des jenseits von ihm wirkenden Geistes charakterisiert sind. Wahrscheinlich ist 3,19 so zu verstehen, dass das Geschehen der Auferstehung in der Fahrt in das Totenreich und der Himmelfahrt entfaltet wird. Die Geister sind in diesem Vers – in Verbindung mit 4,6 – wahrscheinlich auf die Abgeschiedenen zu deuten, denen Christus nach seinem Tod am Kreuz die frohe Botschaft bringt.

Im Hebräerbrief ist der Sprachgebrauch im Hinblick auf den Geist ziemlich komplex. In 1,14 werden Engel als Geister bezeichnet. 10,15 nennt den in der Schrift redenden Geist: »Es zeugt für uns aber auch der Heilige Geist.« Diese Bedeutung von Geist findet sich außerdem in 3,7 und 9,8. Die Geistwirkungen werden nach 2,4; 6,4f vor allem mit Wundertaten in Verbindung gebracht. 2,4 gibt dabei eine Vorstellung zu erkennen, nach der der Gottesgeist geteilt und Einzelnen in verschiedener Weise zugeteilt werden kann. Der Geist schenkt nach 6,4 den Vorgeschmack der neuen Welt. Der »Geist der Gnade« meint in 10,29 den Geist als Zeichen der endzeitlichen Gnade Gottes. Etwas unklar ist die Deutung von 12,9: Hier wird von Christus gesprochen, »der sich selbst als Opfer ohne Fehl durch den ewigen Geist Gott dargebracht hat ...« Von V. 13 her ist wohl an den Gegensatz zur Äußerlichkeit von Reinigungsriten gedacht: »Im alten Bund waren es lauter vergängliche, irdische Dinge in der Sphäre der *sarx* (= Fleisch im Sinne der vergänglichen Existenz); hier aber opfert sich einer, der aus der Sphäre des *pneuma* kommt und das *pneuma* besitzt, und bringt darum eine Erlösung, die über die *sarx* hinaus andauert ...«[99] Das Opfer Jesu geschieht also nach der Art und Weise des Geistes Gottes. Schließlich weist die Rede vom »Vater der Geister« in 12,9 auf einen Dualismus einer irdischen, vergänglichen und einer pneumatischen, ewigen Welt hin. Danach ist Gott nicht bloß der Vater der vergänglichen Existenz des Menschen, sondern auch des innersten Ich, das sich im Gericht vor ihm zu verantworten hat.

2.5 Der Heilige Geist in den Schriften mit johanneischer Verfasserschaft

Der Begriff *pneuma* taucht im vierten Evangelium häufig auf; er wird dort viel häufiger erwähnt als in den ersten drei Evangelien, den so genannten

[99] a.a.O., S. 445

Synoptikern. Im Johannesevangelium, das deutet sich bereits im wortstatistischen Befund an, ist der pneumatologische Ansatz schon ziemlich reich ausgestaltet. Man kann sogar sagen, dass das ganze Evangelium von einem pneumatologischen Ansatz her gestaltet ist. In diesem Sinn meint W. Rebell[100]: »Verstehen (sc. das Evangelium) und sich verändern fallen in eins.« Das vierte Evangelium stellt Jesus als dauernden Geistträger dar. Johannes der Täufer bezeugt bereits bei der Taufe Jesu, dass er den Geist auf Jesus herabkommen und auf ihm bleiben sah (Joh 1,32f). Wie Jesus selber aus der Fülle des Geistes lebte, so ist er seiner Wesensbestimmung nach in der Begegnung mit den Menschen Geisttäufer. In Joh 4,13f sagte Jesus zu der Samariterin: »Wer von diesem Wasser trinkt, den wird wieder dürsten; wer aber von dem Wasser trinken wird, das ich ihm gebe, den wird in Ewigkeit nicht dürsten, sondern das Wasser, das ich ihm geben werde, das wird in ihm eine Quelle des Wassers werden, das in das ewige Leben quillt.« Das lebendige Wasser, das Jesus austeilt und das allen Lebensdurst stillt, ist der Heilige Geist. Jesu Worte sind »Geist und Leben« (Joh 6,63); entsprechend wirkmächtig sind sie in seiner Verkündigung. Aus dem Inneren des Messias fließen »Ströme lebendigen Wassers« (Joh 7,37ff), von dem die Gläubigen trinken.

Einige grundlegende Äußerungen zum Heiligen Geist finden sich in Joh 3, dem Kapitel, in dem von der neuen Geburt die Rede ist. V. 5 spricht von der Geburt aus Wasser und Geist, ohne die niemand in das Reich Gottes hineinkommen kann. Mit diesem Vers spricht der vierte Evangelist das Thema Taufe an. »Die Syntax von V. 5 lässt keine Schlüsse darüber zu, wie Wasser (= Taufe) und Geist bei der Wiedergeburt einander zugeordnet sind ... Der Interpretationsspielraum des Exegeten ist dementsprechend groß, man sollte ihn aber nicht zu spekulativen Überlegungen nutzen. Es genügt zu sagen, dass das Johannesevangelium die Wiedergeburt mit der Taufe in Zusammenhang bringt, aber keineswegs ohne Geist geschehen lässt.«[101] Begreift man diesen Vers im Kontext der Verse 6 und 8, so fällt auf, dass die letzteren Verse nur noch vom Geist sprechen, aber nicht mehr das Wasser (der Taufe) erwähnen. Bei der Neugeburt geht es entscheidend um das Wirken des Heiligen Geistes, ohne dass damit die Taufe mit Wasser abgewertet würde. Nach johanneischer Auffassung wird der Unglaube nicht durch Erklärungen überwunden, sondern nur durch den

[100] W. Rebell, Erfüllung und Erwartung, S. 57
[101] a.a.O., S. 53

Glauben, der durch die Geburt von oben mit nachfolgendem Verstehen geschenkt wird. V. 6 spricht davon, dass es in dieser neuen Geburt um die Scheidung zweier Wirklichkeitsbereiche geht, die mit »Fleisch« und »Geist« angesprochen werden. »›Fleisch‹ ist bei Johannes – anders als bei Paulus – das Leben des Menschen, insofern es sich in natürlichen, innerweltlichen Zusammenhängen bewegt.«[102] »Geist« ist in diesem Vers eine Lebensmöglichkeit, die der Heilige Geist eröffnet. Diese beiden Bereiche stehen einander diametral entgegen; zwischen ihnen gibt es für Johannes keine fließenden Übergänge, sondern nur einen Bruch, Diskontinuität. V. 8 nimmt die Verse 3 und 5 hinsichtlich der Geburt von oben auf. V. 8 gibt etwas vom Wesen des Heiligen Geistes zu erkennen. »Der Wind bläst, wo er will, und du hörst sein Sausen wohl; aber du weißt nicht, woher er kommt und wohin er fährt. So ist es bei jedem, der aus dem Geist geboren ist.« Dieser Vers ist eine der wenigen Stellen im Neuen Testament, an denen die ursprüngliche Bedeutung von *pneuma* zu erkennen ist, nämlich »Wind«. »Der griechische Begriff *pneuma* hat also jene Doppelbedeutung, die auch dem hebräischen Begriff *ruach* eignet, nämlich Wind/Geist ... Durch die Doppelverwendung von *pneuma* in V. 8 in Sinne von Wind einerseits und Geist andererseits werden die Konnotationen (= Bedeutungsaspekte) besonders gut deutlich, die dem neutestamentlichen Geistbegriff eignen: In *pneuma* im Sinne von Geist schwingt eine starke sinnliche Bedeutung mit. ›Geist‹ ist nicht etwas Abstraktes, sondern etwas Dynamisch-Bewegtes. Geist bewirkt etwas, wie der wehende Wind. Im Geist zeigt sich die unverfügbare Schöpfermacht Gottes.«[103] Die Unverfügbarkeit des Geistes Gottes wirft ein Licht auf das Taufverständnis des Johannesevangeliums: Ein rein instrumentaler Gebrauch der Wassertaufe zur Wiedergeburt ist von diesem Vers her nicht möglich. Freilich würde die Intention des Evangelisten verfehlt, würde man dieser Stelle eine Abwertung der Taufe entnehmen wollen. »Aber für die johanneische Gemeinde war offenbar nicht die Taufe als solche der entscheidende Eintritt in den Bereich des Glaubens, sondern die göttliche Geburt durch den Geist. Und die Taufe diente wohl dazu, diesen Akt zu symbolisieren.«[104] Die Wiedergeburtsvorstellung macht in Verbindung mit V. 8 deutlich, dass nicht der Mensch den Geist, sondern umgekehrt der Geist den Menschen hat.

---

[102] a.a.O., S. 51
[103] a.a.O., S. 52
[104] a.a.O., S. 53

Die Fortsetzung (V. 10-21) gibt die Begründung für die neue Geburt aus Wasser und Geist: Es ist das Kommen des Menschensohnes, Jesus Christus, in diese Welt und seine Erhöhung am Kreuz. Damit wird der Heilige Geist aller Spekulation enthoben, weil er an die geschichtliche Heilszeit Gottes in Jesus Christus gebunden wird. Jesus Christus wirkt durch den Geist die neue Geburt, indem er die Glaubenden in einen neuen Seinszusammenhang stellt.

Johannes schreibt sein Evangelium in unübersehbarer Deutlichkeit von der Erfahrung der frühen Kirche her. Nach Ostern tritt der Auferstandene zu seinen Jüngern und bläst sie mit Heiligem Geist an (Joh 20,22). Diese Geistmitteilung ist als Beginn und Bild der Verleihung des Geistes zu verstehen. Hier handelt es sich um nicht weniger als um eine Neuschöpfung: So wie der erste Mensch durch das Einblasen von Gottes Odem entstand (1. Mo 2,7), so handelt hier Jesus am Beginn der neuen Schöpfung. Er teilt seinen Jüngern dasselbe Leben mit, das er hat, und sendet sie in der Kraft des Geistes aus. Zugleich macht diese Erzählung deutlich, dass für den vierten Evangelisten die Erfahrung der Auferstehung Jesu mit der Pneuma-Erfahrung verbunden ist. Die neue, vom Pneuma eröffnete Wirklichkeit verwirklicht sich in der Freiheit von den Sünden; nach 20,22 ermächtigt der Heilige Geist dazu, diese zu erlassen. Für Johannes ist der Geist somit die Macht der Freiheit des Glaubens von der Sünde. Die anschließende Erzählung von der Begegnung Jesu mit Thomas (20,24ff) zeigt, dass der Geist eine Gewissheit im Glauben verleiht, die unabhängig von der Sichtbarkeit Jesu ist; im Geist ist es möglich, zu glauben ohne zu sehen.

Einen eigenen, wichtigen Beitrag zur Frage des Heiligen Geistes im NT bietet Johannes mit seinen Paraklet-Sprüchen. Der Evangelist geht von der Erfahrung aus, dass Jesus in der nachösterlichen Gemeinde immer neu präsent geworden ist. Dies ereignete sich für ihn im Kommen des Parakleten. Dieses Wort (*parakletos*) umgreift ein Deutungsspektrum, das im Deutschen adäquat nur mit mehreren Begriffen wiedergegeben werden kann: Beistand, Hilfe, Tröster, Fürsprecher, Anwalt, Berater, Mittler, Ermahner...[105] Die Abschiedsreden Jesu im Johannesevangelium (Joh 14-17) enthalten fünf Stellen, in denen vom Heiligen Geist als dem Parakleten die Rede ist. 14,16f verheißt einen »anderen Parakleten«, der bei den Jüngern und in ihnen ist bzw. sein wird; 14,26 erwähnt den lehrenden und erinnernden Parakleten; nach 15,26f legt er Zeugnis von Jesus ab

[105] vgl. zu diesem Wort J. Behm, »parakletos«, ThWNT Bd. 5, Stuttgart/Berlin/Köln, 1990, S. 798–812; Congar, a.a.O., S. 65

und 16,13ff zufolge führte er die Jünger in die Fülle der Wahrheit ein. Untersucht man die Beziehung des Parakleten, so lassen sich vier Feststellungen treffen:

Der Paraklet steht in Beziehung zum Vater: Er wird von ihm gegeben (14,16), gesandt (14,26); er geht von ihm aus (15,26).

Er steht aber ebenso in Beziehung zum Sohn: Er wird auf das Gebet Jesu hin gegeben werden (14,26); er wird die Jünger an alles erinnern, was Jesus ihnen gesagt hat (14,26); er wird für Jesus Zeugnis ablegen (15,26) und ihn verherrlichen (16,14); er wird offenbaren, was er von Jesus vernimmt (16,13); Jesus wird ihn senden (15,26; 16,7).

Der Paraklet steht in Beziehung zu den Jüngern: Sie kennen ihn (14,17); er bleibt bei ihnen (14,16); er wird in ihnen sein (14,17) er wird zu ihnen kommen (16,7.13 u.ö.).

Schließlich steht er in einer Beziehung zur Welt: Die Welt sieht ihn nicht und kann ihn nicht empfangen (14,17); er wird die Welt überführen (16,8). Der Paraklet ist der Geist der Wahrheit, der Heilige Geist.

In dieser Aufzählung kommt der Beziehung zu Jesus besonderes Gewicht zu: Eine Fülle von Parallelen lassen sich zwischen den Tätigkeiten Jesu und denen des Parakleten erkennen. Einige seien hier genannt: Wie Jesus (3,16) ist auch der Paraklet vom Vater gegeben (14,16). Wie Jesus mit und bei den Jüngern ist (3,22), so gilt entsprechendes auch für den Parakleten (14,16f). Die Welt kennt Jesus (14,19) wie auch den Parakleten (14,17) nicht. Jesus (Kap. 5; 7 u. a.) und der Paraklet (14,26) sind vom Vater gesandt. Beide lehren (Jesus 7,14f; 8,20; der Paraklet 14,26). Jesus (5,31f) und der Paraklet (15,26) legen Zeugnis ab. Jesus (8,26.28.38) und der Paraklet (16,13) sprechen nicht aus sich, sondern nur das, was sie gehört haben. Jesus (1,17; 18,37) und der Paraklet (16,13) führen in die ganze Wahrheit.

Wenn von der breit bezeugten Gemeinsamkeit zwischen Jesus und dem Parakleten die Rede ist, müssen auch die Unterschiede zwischen beiden wenigstens erwähnt werden. Es sind vor allem zwei: Zum einen gibt es zwischen beiden insofern eine Diskontinuität, als der Paraklet das Wirken Jesu überbietet; erst der Paraklet erschließt den Glaubenden die *ganze* Wahrheit (16,13). Mit W. Rebell[106] lässt sich sagen, dass durch die Erfahrung pneumatischer Kraftfülle »den Glaubenden ihre Zeit gegenüber der Jesus-Zeit durchaus als eine erfülltere

[106] W. Rebell, Erfüllung und Erwartung, S. 73

Zeit vor(-kommt)«. Darin mag sich auch die Erinnerung wach halten, dass die Zeit Jesu vor seinem Fortgehen nicht derartige Geistphänomene aufwies wie die Zeit der Kirche. Zum andern stellt das Johannesevangelium deutlich fest, dass der Paraklet erst dann kommt, wenn Jesus gegangen ist (7,39; 16,7). Während Jesus nur eine Zeit lang mit den Jüngern war (und es am Ende der Zeit wieder sein wird), wird der Paraklet immer bei ihnen sein (14,16).

Die verschiedenen Belege zum Geist und Parakleten zeigen insgesamt überdeutlich, dass der Geist Subjekt von Tätigkeiten ist. Dies und die Tatsache, dass von ihm in Maskulinform die Rede ist, verleiht dem Geist unübersehbar personale Züge. Eine durchgestaltete Trinitätsdogmatik im Sinne der späteren Lehrbildung findet sich im Johannesevangelium freilich nicht. »Der Vater ist der absolute, primäre Ursprung des Geistes wie des Sohnes. Was die Beziehungen des Parakleten zu Christus betrifft, so sind sie so eng, wie sie in der Heilsordnung nur sein können.«[107] Die Funktion des Parakleten besteht vor allem darin, nach dem Weggang Jesu dessen Werk fortzusetzen. Er wirkt in den Menschen den Glauben an Jesus Christus, den Gesandten und Offenbarer des Vaters; er lässt sie Christus als ihren Herrn aufnehmen und seine Worte und Gebote halten. So ist der Geist auf den Glauben bezogen, der seiner Substanz nach unsere Beziehung zu Jesus Christus ausmacht. Der Geist ist beständig auf Jesu Wort und sein Wirken bezogen. Der Paraklet durchdringt das Leben der Jünger und macht sie fähig zum Kampf inmitten einer Welt, die Jesus Christus nicht erkennen will und kann.

Wenden wir uns der pneumatologischen Frage in den Schriften zu, die wie die Evangelien Johannes als Verfasser angeben, so ist zum einen auf den ersten Johannesbrief, zum andern auf die Offenbarung des Johannes einzugehen.

Im *ersten Johannesbrief* ist der Geist das Erkennungszeichen der großen Wende, die mit dem Kommen Jesu in unsere Welt gegeben ist. Das entscheidende Neue ist dabei aber das Bleiben Christi in denen, die glauben. »Daran erkennen wir, dass wir in ihm bleiben und er in uns, dass er uns von seinem Geist gegeben hat« (4,13; ähnlich auch 3,24). Der Geist ist auch hier wie im Johannesevangelium Gabe von außen, die in keiner Weise substanzhaft im Menschen angelegt ist. »... Wie bei Johannes legt der Geist auch hier das Zeugnis ab (5,6-8), und zwar einmal in umfassendem Maße in »Wasser« und »Blut« (V. 6), dann auch im engeren Sinn neben ihnen beiden stehend (V. 7f), also wohl als Kraft der

[107] Congar, a.a.O., S. 69

Wortverkündigung, die in besonderem Maße ›*pneuma*‹-Wirkung ist, neben den Sakramenten.«[108]

In 4,1-6 erscheint ebenfalls die Konzeption vom Zeugnis ablegenden Geist: Diese Verse sind ein Beleg dafür, dass in der hinter dem ersten Johannesbrief stehenden Gemeinde prophetisches Wirken als selbstverständlich vorausgesetzt wird. In dieser Gemeinde wird jedoch auch die Gefährdung dieses Wirkens erlebt. Es gibt »viele falsche Propheten« (V. 1). Der Briefschreiber greift eine aus dem hellenistischen Judentum bekannte Vorstellung von den beiden einander bekämpfenden Geistern auf. Die Gegenmacht, die leugnet, dass Jesus von Gott ist, wird als Antichrist bezeichnet (V. 3). Das Hauptkriterium, an dem der Geist Gottes erkannt werden soll, ist nach V. 2 das Bekenntnis zur Menschwerdung Jesu Christi: »Daran sollt ihr den Geist Gottes erkennen: Ein jeder Geist, der bekennt, dass Jesus Christus in das Fleisch gekommen ist, der ist von Gott . . .«

Der erste Johannesbrief geht davon aus, dass alle Glaubenden durch den Heiligen Geist Anteil an der unmittelbaren Gotteserkenntnis haben. In der Gemeinde sind alle in einen Zustand der Mündigkeit versetzt. Davon spricht 2,20.27: »Doch ihr habt die Salbung von dem, der heilig ist, und habt alle das Wissen . . . Und die Salbung, die ihr von ihm empfangen habt, bleibt in euch, und ihr habt nicht nötig, dass euch jemand lehrt; sondern, wie euch seine Salbung alles lehrt, so ist's wahr und ist keine Lüge, und wie sie euch gelehrt hat, so bleibt in ihm.« Das Wort »Salbung« (oder auch »Salböl«) erscheint nur hier im NT. Der Begriff wird als bekannt vorausgesetzt. Wahrscheinlich ist er auf den Heiligen Geist zu deuten, wird doch schon im Alten Testament die Geistverleihung als Salbung bezeichnet.[109] Wie Joh 14,26 der Paraklet die Glaubenden lehrt, so gilt dies auch an dieser Stelle für den Geist. »Salbung« (bzw. »Salböl«) bezeichnet in den angegebenen beiden Versen den Geist in seiner belehrenden Funktion. Sie geht vom »Heiligen« (Gott oder Jesus?) aus. Wie der Geber des Geistes heilig ist, so gilt – abgeleitet und als Konsequenz – auch Entsprechendes für die Empfänger des Geistes: Auch sie sind zur Heiligkeit berufen. Der Geist verleiht allen Glaubenden ein göttliches Wissen. Er vermittelt »bodenständiges christliches Lehrwissen«[110] und gründet so die Glaubenden in der Wahrheit des Glaubens. Diese Gründung gilt allen Christinnen und Christen; es gibt also unter den Mitgliedern der Gemeinde keinen Exklusivanspruch im Hinblick auf den

108 E. Schweizer, »pneuma etc.«, a.a.O., S. 447

109 Jes 61,1 (aufgenommen in Lk 4,18); vgl. auch 1. Sam 10,1ff

110 W. Rebell, Erfüllung und Erwartung, S. 104

Geist. Den Glaubenden wird vom Briefschreiber kraft des in ihnen wirkenden Geistes eine große Eigenständigkeit zugetraut. Sie sind so autark, dass sie eine Belehrung von außen nicht mehr benötigen (V. 27). Diese Aussage intendiert keine Verabschiedung einer Lehrtätigkeit in der Gemeinde; sie »will lediglich die glaubensmäßige Autarkie der Glaubenden hervorheben, die sie fähig macht, zu beurteilen, was rechte und was falsche Lehre ist, die sie fähig macht, allen Angriffen von Irrlehrern zu trotzen ... Der im Glaubenden wirkende Geist befindet darüber, was wahr ist und was falsch. Das letzte Kriterium für die Wahrheit des Glaubens sind innere Evidenzerlebnisse. Diese Erlebnisse werden gleichgesetzt mit ›Geist‹.«[111] In V. 27 fällt auf, dass die Glaubenden den Geist bleibend erhalten. Entgegen aller Sprunghaftigkeit zeichnet sich der Geist nach dem ersten Johannesbrief durch Beständigkeit aus.

Wenden wir uns zum Schluss der *Offenbarung des Johannes* zu, die ebenfalls dem johanneischen Kreis zuzurechnen ist. Was sich in den apokalyptischen Visionen ereignet, wird in diesem Buch als vom Geist offenbart verstanden. Das gilt bereits von der ersten Vision, in der Johannes seinen Auftrag empfängt (1,10): »Ich wurde vom Geist ergriffen am Tag des Herrn und hörte hinter mir eine große Stimme wie von einer Posaune ...« Dabei kann der Geist den Seher in seinen Visionen an einen anderen Ort versetzen, ihn wegführen in die Wunderregionen, die dem natürlichen Menschen verschlossen bleiben (so 17,3; 21,10). Der Zustand »im Geist« ist unterschieden vom gewöhnlichen Zustand und bezeichnet ein außergewöhnliches Geschehen. Der Geist schenkt Johannes Gesichte, die der normale Mensch nicht hat. In der Offenbarung dominierend ist also die Vorstellung vom »Geist der Prophetie« (19,10). In 11,8 wird von einer »geistlichen« Deutung gesprochen, was nichts anderes als eine prophetische Deutung meint. Das Wirken des Geistes ist in der Offenbarung nicht nur auf die Vergangenheit beschränkt; es gilt auch für die Gegenwart des Sehers. Der Geist kann dabei Verheißungen der Schrift neu formulieren (14,13). Hinter der Göttlichkeit des Geisteswirkens kann der menschliche Sprecher geradezu verschwinden (2,7; 14,13).

Eine Auffälligkeit der Offenbarung ist die Zuordnung des Geistes zur Gemeinde, nicht primär zum Einzelnen. Er spricht durch den Seher immer *zur Gemeinde*. »Dieser Geist aber – und das ist entscheidend – ist kein anderer als der Erhöhte selbst (2,1 = 7.8 = 11 usw.), freilich der Erhöhte als der zur

[111] a.a.O.

Gemeinde Redende. Nur als *pneuma* ist er bei den Seinen.«[112] Während der erhöhte Herr ganz im Himmel ist, vermag der Geist ganz bei seiner Gemeinde zu sein. Deshalb kann in 22,17 »der Geist und die Braut sprechen: ›Komm!‹« Der Ruf der Gemeinde nach ihrem Herrn geschieht in der Kraft des Geistes, so dass ihr Ruf der Ruf des Geistes ist. So ist der Geist in seiner Nähe sowohl zur Gemeinde als auch zum erhöhten Herrn beiden ein Gegenüber; er kann von beiden unterschieden werden. Wie nahe der Geist und die Gemeinde zusammengehören, geht aus der Anschauung von den sieben Geistern hervor. In der Offenbarung stehen sie gleichsam in der Mitte zwischen Gott und Christus. Wie von Christus, so geht auch von diesen Geistern Gnade und Friede aus (1,4). Vor dem Thron Gottes stehen sie wie Engel als Leuchter (4,5). Und 5,6 wird ihr Auftrag angedeutet: Sie sind »gesandt in alle Lande«. Sie sind in der Hand Christi (3,1). »Sie stellen also den Geist Gottes in seiner Fülle und Abgerundetheit, aber ebenso seine Thronengel dar und sind außerdem Parallelgestalten zu den Gemeindeengeln.«[113] Die Engelgestalten sind personifiziertes Wirken des Heiligen Geistes und damit nichts anderes als Gottes Wirken selbst. Sie verbinden die konkrete Zuwendung Gottes zur einzelnen Gemeinde und den Gedanken der Einheit dieser Gemeinden in der Gegenwart des Gottesgeistes.

2.6 Zusammenfassende Überlegungen zum Geist im Neuen Testament

Hier geht es darum, einige Linien zur Pneumatologie aufzuzeigen, indem die Botschaft der Hauptzeugen zu dieser Frage zusammengefasst wird. Dabei soll auf der einen Seite das Verbindende, auf der anderen Seite das Unterscheidende bei den unterschiedlichen pneumatologischen Konzeptionen berücksichtigt werden.

Wie bereits im AT, so wird auch im NT der Geist Gottes als etwas dem Menschen Fremdes begriffen. Diese Fremdheit meint jedoch keine beziehungslose Distanz. Der Geist greift vielmehr immer wieder souverän handelnd im Leben Einzelner, im Leben der Gemeinde und in dieser Welt ein. Deshalb »lehrt« das NT nicht aus einer neutralen Distanz heraus über Fragen der Pneu-

[112] Schweizer, »pneuma etc.«, a.a.O., S. 448
[113] a.a.O., S. 449

matologie. Die neutestamentlichen Zeugen schreiben, was sie zum Heiligen Geist zu sagen haben, aus einer persönlichen Betroffenheit heraus. Und sie schreiben es so, dass die Hörer bzw. Leser eingeladen werden, sich auf seine Wirklichkeit einzulassen und mit ihr zu rechnen. So verschieden die individuellen Akzente bezüglich der Pneumatologie im NT sind, hinter allen pneumatologischen Konzeptionen steht die Gewissheit, dass Gott durch seinen Geist auf unserer Erde wirkt. Aus dem NT kommt einem ein deutlicher Eindruck der Gottunmittelbarkeit entgegen.

Diese Unmittelbarkeit leuchtet im Leben Jesu in eschatologisch einmaliger Weise auf. Für die neutestamentliche Gemeinde ist in Jesus Gott selbst in ihre Welt eingebrochen. In Jesu Person und seinem Wirken manifestiert sich die Gottesherrschaft, in der Gottes Geist selber am Werk ist. Jesus beruft sich zwar nie direkt auf den Geist, aber er handelt aus der Einheit mit ihm und damit aus seiner Gegenwart heraus. Die verschiedenen Wunder und Dämonenaustreibungen sind Zeichen des endzeitlich wirkenden Gottesgeistes. Lukas hat sich bei seiner Darstellung Jesu bemüht, ihn als den Herrn zu zeichnen, der über den Geist verfügt. Alle vier Evangelien gehen davon aus (bei den Synoptikern geschieht das bereits vor Ostern, bei Johannes erst nach Ostern [Joh 20]), dass Jesus seine Jünger zum missionarischen Dienst ausgesandt hat; die Vollmachtsübertragung an sie impliziert eine Geistübertragung. Sie können durch diesen Auftrag Jesu mit der Kraft des Heiligen Geistes auch in ihrem Dienst rechnen.

Nach der Darstellung der Apostelgeschichte ist der Heilige Geist der Initiator der Kirche; Gottes Geist und seine Kirche sind bleibend aufeinander bezogen, noch mehr: Die Kirche ist Geschöpf des Heiligen Geistes; er führt sie durch die Geschichte. Zugleich ist der Geist Initiator und Kraft der Mission, durch die die Kirche wächst. Die Betonung außergewöhnlicher Phänomene in Verbindung mit der Wirksamkeit des Geistes lässt neben der Stärke eines solchen Konzeptes auch seine Schwäche in Erscheinung treten: Zwar wird die Realität des Geistes bis in die Leiblichkeit hinein festgehalten, aber es kann auch eine Fixierung auf sichtbare Phänomene entstehen. Das Wirken der Kraft des Geistes lässt sich jedoch nicht auf solche Phänomene einschränken. Der Geist muss nicht weniger am Werke sein, wenn er unscheinbar wirkt. Außerdem vermisst man in der Apostelgeschichte – darin besteht eine gewisse Nähe zu den johanneischen Schriften – Aussagen über die ethische Dimension des christlichen Glaubens.

Die Gegenwart des Geistes als Gegenwart Jesu Christi im Geist ist sowohl das Interesse des Paulus als auch des Johannes. Nicht seltsame pneumatische Phänomene bilden das Zentrum des Geistwirkens. Im Zentrum des Interesses steht vielmehr das Zeugnis des Geistes von Jesus Christus. Dass für Paulus damit kein Gegensatz zu außergewöhnlichen Phänomenen des Geistes gegeben ist, wurde vor allem im Zusammenhang mit den Charismen deutlich; hat er doch im Zuge seiner Missionstätigkeit selber die Kraft des Heiligen Geistes in Zeichen und Wundern erfahren. In den Charismen teilt Gottes Geist *allen* Glaubenden *je unterschiedliche* Gaben mit, die zu seiner Verherrlichung, zur persönlichen Erbauung (z.B. im Falle des Sprachengebets ohne Auslegung) oder zur Erbauung der Gemeinde dienen. Für den Apostel ist dem Heiligen Geist eine mit der Kirche in Verbindung stehende Dimension eigen. Bei Paulus ist weiter zu lernen, dass im Hinblick auf den Heiligen Geist Herkunft von einem anderen, nämlich Gott, und Immanenz im Menschen zusammengehören. Auf der einen Seite nimmt der Geist geradezu die Stelle des menschlichen Subjekts ein, auf der anderen Seite löst er dieses nicht auf. Der Geist entmenschlicht seine Empfänger nicht, sodass sie zu willenlosen Objekten seines Wirkens würden. Ein Gott und den Menschen gegenüber verantwortliches Handeln im Gottesdienst und außerhalb ist möglich und wird von Paulus angemahnt. Geist und Ethik gehören für den Apostel untrennbar zusammen. Geist und Fleisch stehen für Paulus in den Glaubenden zwar in einem ungleichen, aber deshalb nicht ungefährlichen Kampf, der von den Glaubenden in der Kraft des Geistes im vertrauenden Gehorsam Gottes Willen gegenüber gekämpft werden will. Schließlich lässt Paulus seine Gemeinden nicht über das Ziel der Sendung des Geistes im Unklaren: Es ist die endgültige Verwandlung der Welt mit ihren Menschen vom Kreuz und der Auferstehung Jesu her. Indem Paulus vom Heiligen Geist als dem »Angeld« spricht, nimmt er das Leben der Glaubenden in eine Dynamik hinein, die erst in der eschatologischen Vollendung zu ihrem Ziel kommen wird.

Die Pastoralbriefe (1. und 2. Timotheus und Titus) und der Epheserbrief – und Entsprechendes gilt von einem anderen Traditionshintergrund her auch für die Briefe mit überregionaler Adressatenschaft – bringen den Geist vorwiegend mit der Tradition in Verbindung. Der lebendige Glaube droht hier zum fixierbaren Glaubensgut zu werden. Auch rücken Geist und Amt so nahe zueinander, dass das im Geist Gottes begründete allgemeine Priestertum der Glaubenden zurückgedrängt wird.

Auch Johannes hat, wie bereits erwähnt, ein alles überragendes Interesse, das Wirken des Geistes als Bezeugung und Verherrlichung Jesu Christi darzustellen. Diese Bezeugung muss in keiner Weise spektakulär geschehen; im Hinblick auf die Jünger verzichtet Johannes fast vollständig auf eine Erwähnung außergewöhnlicher Phänomene. Der Geist kommt durch Jesus zu den Menschen. Er wirkt die neue Geburt, den Glauben an Jesus Christus, und schenkt bereits gegenwärtig das wahre Leben aus Gott und die Zugehörigkeit zur Welt Gottes. So wird der Mensch, ähnlich wie bei Paulus, zu einem Teil der neuen Schöpfung. Jesus selber verheißt für die Zeit nach seiner Erhöhung am Kreuz den Parakleten, den Beistand und Tröster. Mit den Paraklet-Sprüchen hat Johannes die Personalität des Heiligen Geistes am stärksten ausgesagt. Der Paraklet erinnert die Jünger an Jesu Worte und aktualisiert diese, er führt sie in alle Wahrheit, er überführt die Welt und er steht den Jüngern im Kampf in dieser Welt bei. Der auferstandene Herr verleiht seinen Jüngern den Geist; er sendet sie damit in die Welt und beauftragt sie zur Sündenvergebung. Bei Johannes kommt, das gilt auch für den johanneischen Kreis, der Bezug des Geistwirkens zur Ethik und zur Gemeinde sehr kurz; die Ethik wird praktisch auf das Liebesgebot konzentriert – beinahe möchte man sagen: reduziert.

Für den johanneischen Kreis gehört es zur Selbstverständlichkeit seiner theologischen Konzeption, dass alle Glaubenden gottunmittelbar sind, sodass sie unmittelbar vom Geist Gottes gelehrt werden. Der Geist selber befähigt sie, den wahren Geist von Irrgeistern zu unterscheiden. Er schenkt ihnen auch Einsicht, dass zum Zentrum des christlichen Glaubens das Kommen Jesu »ins Fleisch« gehört. In der Offenbarung des Johannes lässt der Geist Gottes dem Seher Visionen zuteil werden. Hier ist der Geist zentral der »Geist der Prophetie«. Dabei werden primär Geist und *Gemeinde*, nicht Geist und Individuum, als einander zugeordnet akzentuiert.

Überblicken wir die verschiedenen Zeugnisse zum Heiligen Geist im NT, so lassen sich im Hinblick auf ihn sechs Merkmale angeben:

- Der Heilige Geist ist der Geist Jesu und er lässt uns offen werden für Jesus; ja, er macht Jesus für die Gemeinde lebendig.
- Gottes Geist ist real, aber unverfügbar. Die urchristliche Gemeinde lebte aus seinem Geschenk und rechnete mit ihm; zugleich wusste sie jedoch, dass der Geist weht, wo er will.
- Der Geist schenkt Freiheit, ohne in die Beliebigkeit zu führen. Wo der Geist des Herrn ist, da ist Freiheit von aller Gesetzlichkeit – Freiheit zum verbindlichen Gehorsam des Vertrauens Gott gegenüber.

- Der Heilige Geist macht Menschen gemeinschaftsfähig und schafft Gemeinde. Er macht die Charismen in ihrer Verschiedenheit dienstbar für das große Ganze einer geistlichen Gemeinschaft.
- Der Heilige Geist führt die einzelnen Glaubenden wie die Gemeinschaft der Glaubenden. Er lässt Weisungen bis in ganz praktische Fragen hinein zukommen und hält Menschen für Gottes Wirken beweglich und offen.
- Der Geist lehrt Menschen auf die Zukunft Gottes zu hoffen. Bei aller Einweisung in ein verantwortliches Leben in der Gegenwart hält er doch die Gewissheit und Sehnsucht auf die volle heilvolle Vollendung dieser Welt durch das Gericht Gottes hindurch wach.

Zu einem Überblick über die pneumatologische Frage im NT gehört zumindest eine Erwähnung der *trinitarischen Frage*: Der Geist ist der Geist Gottes und Jesu. Im NT eine Trinitätslehre erwarten zu wollen, wie sie auf den Konzilien späterer Jahrhunderte erarbeitet wurde, wäre anachronistisch. Der Grund für die dabei verhandelten Fragestellungen ist jedoch bereits im NT gelegt: Nach Mt 28,18-20 gibt der auferstandene Christus den Befehl, im Namen des Vaters und des Sohnes und des Heiligen Geistes zu taufen. Auch Paulus deutet ein trinitarisches Denken an, wenn er etwa in 2. Kor 13,13 den abschließenden Gruß an die Gemeinde trinitarisch formuliert oder wenn er in 1. Kor 12,4-6 die Charismen trinitarisch begründet. Die oben erwähnten Paraklet-Sprüche im Johannesevangelium lehren den Geist am ausgeprägtesten als eine Person in dem Sinne zu verstehen, dass er ein eigenes Willenszentrum hat und dass er in der Geschichte wirkt. In diese Richtung weist auch die Formulierung in Apg 16,6, nach der Paulus und seine Reisegefährten vom Heiligen Geist an der Weiterreise in der Provinz Asia gehindert wurden. Die Offenbarung gibt den Geist Gottes als kommunikative Brücke zwischen Gott, dem erhöhten Herrn und der Gemeinde zu verstehen. In dem allem kommt niemals die Gefahr eines Glaubens an drei Götter auf. Der Geist wirkt nicht gegen den Vater und seine Heilstat im Kreuz und in der Auferstehung Jesu. Aber er verbürgt die Gegenwart Gottes und die Gegenwart Jesu Christi in der Geschichte der Kirche und Welt.

In der Einleitung dieser Untersuchung wurden Verständigungsprobleme genannt, die die Beschäftigung mit der Frage nach dem Heiligen Geist belasten. Am Ende ist nun noch einmal auf diese einzugehen:

Die Auseinandersetzung mit dem Problem hellenistischer Überfremdung des Glaubens- und Geistverständnisses beginnt bereits im NT. Paulus und die Paulusschule wehren sich gegen diese Überfremdung. Der Geist wirkt bis in die Leiblichkeit des Menschen hinein. Im Charisma der Heilung z.B. bezieht sich Gottes Geist wesentlich auf diese Leiblichkeit. Und der Geist Gottes wirkt in die Geschichte hinein, indem er diese gestaltet. Gott wurde Mensch in Jesus Christus, dem Geistträger schlechthin, um durch ihn die gefallene Schöpfung zu erretten. Geist wird Leib – das ist eine klare Absage an ein leibfeindliches Geistverständnis.

Das zweite Verständigungsproblem sahen wir in der Unverfügbarkeit. Diese ist zweifellos gegeben. Das NT schließt jede Form der Manipulation des Geistes aus; auch die Bitte um den Geist wäre in diesem Sinne missverstanden. Nebulös ist das Wirken des Geistes Gottes deswegen noch lange nicht. Zum einen hat er sich im Wirken des gekreuzigten und auferstandenen Herrn heilvoll festgelegt. Gott hat uns im Hinblick auf seinen Heilswillen nicht im Unklaren gelassen. Zum andern hat er uns seine Verheißungen gegeben, dass er denen, die glauben und getauft sind, seinen Geist schenkt. Das führt die Glaubenden zu immer neuer Erwartung im Hinblick auf den Geist Gottes und zur Hoffnung auf sein Wirken in dieser Zeit und in Ewigkeit.

Literatur

Y. Congar, Heiliger Geist, Freiburg 1982

W. Rebell, Erfüllung und Erwartung. Erfahrungen mit dem Geist im Urchristentum, München 1991

Ders., Alles ist möglich dem, der glaubt. Glaubensvollmacht im frühen Christentum, München 1989

W. H. Schmidt, Geist/Heiliger Geist/Geistesgaben I. Altes Testament, in: TRE Bd. XII Berlin 1984/93, S. 170–173

E. Schweizer, Heiliger Geist, Stuttgart/Berlin 1978

Schweizer, pneuma etc. E. Das Neue Testament, in: ThWNT Bd. 6, Stuttgart/Berlin/Köln 1990, S. 394–449

M. Welker, Gottes Geist. Theologie des Heiligen Geistes, Neukirchen-Vluyn [2]1993

DRITTER TEIL

Der Heilige Geist in der Geschichte der Kirche

Oskar Föller

1. Die ersten Jahrhunderte

1.1 Die Entstehung der Kirche

Wachstum und Ausbreitung der frühen Kirche stehen nach dem Zeugnis der Apostelgeschichte in engstem Zusammenhang mit dem dynamischen Wirken des Heiligen Geistes. Auch die Briefe des Neuen Testaments spiegeln die Dimension des Geisteswirkens im Leben und in der Verkündigung der Christusboten, im Leben ihrer Hörer und in den entstehenden Gemeinden. Der Heilige Geist bewirkt Umkehr und neue Lebensgestaltung und schenkt Dienstgaben zum Aufbau des Leibes Christi. Dies gilt auch für den weiteren Weg der Gemeinde Jesu in der nachapostolischen Zeit. Der Heilige Geist befähigt zum Bekenntnis und vollmächtigen Handeln und gibt Kraft zum Martyrium.

Die religionsgeschichtlich einzigartige, zunehmend von Laien getragene Ausbreitung des christlichen Glaubens in den ersten drei Jahrhunderten ist nach den fragmentarischen Zeugnissen auch begleitet von wunderhaften Vorgängen (Heilungen, Exorzismen, Machttaten etc.). Diese bekräftigten die Verkündigung. Aber das stärkste missionarische Moment war neben den froh und gewiss machenden Glaubensinhalten (Christus – Gottes Sohn, Erlöser, Kyrios; Auferstehung; ewiges Leben) und der Berufung auf das Alte Testament als heiliges Buch, der geheiligte Lebenswandel und die Liebe der Christen untereinander und zu ihren Zeitgenossen.

Insgesamt scheint in der Frühzeit noch eine bunte Vielfalt im Verständnis des Glaubens, in Verfassung, Gottesdienstgestaltung und Gemeindeleben geherrscht zu haben. Infolge des Rückgangs der frühen Dynamik und Begeisterung strebte die Entwicklung aber festeren Formen zu. Zunächst lagen »geistliche« Funktionen in den Händen der »Geistträger« (charismatisch begabte Apostel, Propheten und Lehrer). Mit dem Schwinden der pneumatischen Unmittelbarkeit traten immer häufiger die Gemeindeämter des *episkopos* (»Aufseher«; »Bischof«) und des *diakonos* (»Diakon«) an deren Stelle, bis hin zur Entwicklung des monarchischen Episkopats. Auch im Gottesdienst setzten sich geordnete Abläufe und Formen durch. Die relative Einheitlichkeit der verstreuten Gemeinden beruhte in der Tätigkeit reisender Evangelisten und Propheten, im gemeinsamen Besitz des Alten Testaments, in gemeinsamen urchristlichen Schriften und mündlicher Überlieferung. Im Zusammenhang mit dem Taufbekenntnis wurden zunehmend auch die Glaubensinhalte vereinheitlicht.

1.2 Geisterfahrung und Geistverständnis

Was die Pneumatologie betrifft, war die Geisterfahrung der ersten Christen keine frei schwebende, allgemein-religiöse Spiritualität, sondern klar rückgebunden an die Person und das Zeugnis von Jesus Christus (Tod und Auferstehung) als Erfüllung der Verheißungen des Alten Testaments. Enthusiastische, prophetisch-visionäre und auch ekstatische Erfahrungen werden hier und da bezeugt, stehen aber nicht im Mittelpunkt. Sie unterstreichen den göttlichen Charakter der Christusoffenbarung. Sie bestärken und vergewissern in der Nachfolge, sind aber nicht allgemein und inhaltlich zentral.

Formal typisch für die Entwicklung der Lehre vom Heiligen Geist in der frühen Kirche ist, dass diese zunächst kaum lehrmäßig entfaltet wird. Der Heilige Geist war primär erfahrene Lebenswirklichkeit der Christen und erst sekundär Gegenstand des Nachdenkens, der Lehre.

Aussagen über den Geist werden meist beiläufig gemacht, als Aspekt anderer Themen. Zusammenhänge, in denen vom Heiligen Geist die Rede ist, sind:

1) Er *vermittelt Gottes Gegenwart* und verhilft zur *Erkenntnis der Wahrheit*;
2) Raum dieser Gegenwart ist die *Kirche*, das endzeitliche Gottesvolk, auch dessen Ordnungen sind vom Geist bestimmt;
3) das neue Leben des einzelnen *Christen* ist durch ihn begründet und von ihm geprägt.

Von Anfang an kreist das Nachdenken über den Heiligen Geist vor allem um die Grundfrage, wie der Mensch ewige Wahrheit erkennen kann. Die Antwort darauf ist: durch göttliche *Inspiration*. Dabei fließen jüdische und hellenistische Vorstellungen zusammen und erhalten in der Beziehung auf Jesus Christus eine neue Gestalt. Inspiration begegnet: (a) in der Prophetie, (b) in der Autorität heiliger Schriften und (c) in der mysterienhaften oder geistigen Erleuchtung des Verstandes. In diesen Überlegungen sucht man den Aspekt objektiver Offenbarung im göttlichen Wort und den der subjektiven Aneignung zu fassen.

Ihren Höhepunkt fand die Entwicklung der Pneumatologie der Alten Kirche in der Dogmatisierung der *Gottheit* des Heiligen Geistes. Seit dem Konzil von Konstantinopel 381 fand diese breite Aufnahme und wurde Teil des allgemeinchristlichen trinitarischen Bekenntnisses. Bis dahin war es aber ein längerer Weg.

1.3 Charismen und Kirche

Was die Gnadengaben angeht, behauptet Justin um 150 n.Chr., dass Prophetie und die Charismen in der Kirche fortdauern.[114] Dass dies während ihrer ganzen Geschichte bis ans Ende der Fall sein würde, ist die Überzeugung von Miltiades, einem Gegner des Montanismus.[115] Eusebius (ca. 260–340 n.Chr.) schreibt über das evangelistisch-missionarische Wirken der nachapostolischen Generation: »Damals wirkten noch in ihnen zahlreiche Wunderkräfte des göttlichen Geistes, so dass ganze Scharen gemeinsam schon bei der ersten Predigt bereitwillig den Glauben annahmen.«[116]

Quadratus berief sich in seiner Apologie des christlichen Glaubens an Kaiser Hadrian (ca. 125/126 n.Chr.) auf Geheilte und von den Toten Auferweckte. Von diesen schreibt er: »Immer waren sie zu sehen, nicht nur solange der Erlöser hienieden weilte, sondern noch geraume Zeit, nachdem er von der Erde gegangen. Sogar in unseren Zeiten leben noch einige von ihnen«.[117] Das Fragment des

[114] Dialog mit Tryphon 82; 39,2-5; 88,1
[115] zit. bei Eusebius, KG V, 17,4
[116] Eusebius, KG III, 37,1-3
[117] zit. bei Eusebius, KG IV, 3,2

Quadratus ist ein Hinweis auf außerordentliche Wunder auch in der nachapostolischen Zeit. Zugleich ist daraus zu entnehmen, dass die auffallenden Dinge im 2. Jh. abnahmen.

Irenäus (Schüler Polykarps; Repräsentant der rechtgläubigen Kirche des 2. Jh.s) wehrte sich gegen diejenigen, die aufgrund der montanistischen Fehlentwicklung in der Kirche die Geistesgaben unterdrücken wollten. Unter keinen Umständen dürfe man »das Geschenk des Geistes außer Geltung setzen«.[118] Ausdrücklich bejaht er »die prophetischen Gnadengaben« von 1. Kor 14. Ohne »Gnadenregen« könnten wir keine Frucht bringen. Er deutet das Gleichnis vom barmherzigen Samariter allegorisierend dahin gehend, dass Jesus der Samariter ist und der Wirt der Heilige Geist, dem Jesus die Menschen anvertraut.[119] In seiner Widerlegung der Häresien schreibt Irenäus: Die Christen des 2. Jh.s »treiben wirklich und wahrhaftig Teufel aus ... Andere wiederum erkennen die Zukunft und besitzen die Gaben des prophetischen Schauens und Redens, wieder andere heilen die Kranken durch Handauflegung und machen sie gesund. Selbst Tote sind ... bereits erweckt worden, um noch mehrere Jahre unter uns zu weilen.«[120] – »Viele Brüder der Kirche [besitzen] prophetische Gaben, sprechen durch den Geist in vielen Sprachen, offenbaren das Verborgene zum Nutzen der Menschen und verkünden die Geheimnisse Gottes.«[121]

Geist und (wahre) Kirche sind für Irenäus nicht voneinander zu trennen. So kann er im Blick auf die kirchliche Verkündigung sagen, diese habe für sich »das Zeugnis der Propheten und Apostel und aller Jünger, wie am Anfang der Zeiten, so in der Mitte und am Ende, die ganze Heilsordnung hindurch ... ›In der Kirche nämlich‹, heißt es, ›hat Gott eingesetzt Apostel, Propheten, Lehrer und die gesamte übrige Wirksamkeit des Geistes‹ (1. Kor 12,28), an der keinen Anteil haben, die sich von der Kirche fern halten und durch ihre schlechte Lehre und ihr ganz schlechtes Leben sich selber des Lebens berauben. Wo die Kirche, da ist auch der Geist Gottes; und wo der Geist Gottes, dort ist die Kirche und alle Gnade; der Geist aber ist Wahrheit.«[122]

[118] Adv. haer. III, 11,9
[119] ebd. III, 17,2f
[120] zit. bei Eusebius, KG V, 7,4 – Adv. haer. II, 32,4
[121] KG V, 7,6 – Adv. haer. V, 61
[122] Adv. haer. III, 24,1

1.4 Prophetische Unmittelbarkeit und Amtsautorität

Die frühe Kirche wusste sich in Fortsetzung der pfingstlichen Geistausgießung und Weiterführung der Apostelgeschichte vom Heiligen Geist erfüllt, geleitet und mit seinen Gaben ausgerüstet. Von den neutestamentlichen Charismen wird vor allem die Prophetie immer wieder erwähnt. Besonders im syro-palästinischen und kleinasiatischen Raum fand das prophetisch-unmittelbare Moment starke Resonanz. Das belegen etwa die Didache oder Ignatius von Antiochia.

Aus der *Didache* (oder »Apostellehre«; vor 150 n.Chr.) wird deutlich, dass es eine verbreitete Wandertätigkeit von Aposteln/Propheten gab. Beide werden noch als selbstverständliche Einheit zusammen genannt und vom prophetischen Dienst wird mit Hochachtung gesprochen.

Der Prophet verkündigt als Geistträger par excellence inspirierte autoritative Wahrheit. Gegenüber Missbrauch und zur Entlarvung falscher Propheten werden Kriterien genannt. Der falsche Prophet missbraucht die Gastfreundschaft und fällt zur Last. Vor allem aber fehlt ihm »die Wesensart des Herrn«. Er tut selbst nicht, was er lehrt, ist genusssüchtig, habgierig und verlangt Geld.[123]

Neben den Wanderpropheten als den »Geehrten« der Gemeinde ist auch von den örtlichen Diakonen und Bischöfen die Rede, die »ebenfalls den Dienst der Propheten und Lehrer ausüben«.[124] Diese den Wanderpropheten gleichgestellten lokalen Autoritäten gewannen zunehmend an Bedeutung.

Neben den Propheten beanspruchen in der frühen Zeit auch bischöfliche Pneumatiker für ihre Weisungen die Autorität des Geistes. So spricht etwa Ignatius von Antiochia (um 110/117 n.Chr.) davon, dass er seine Botschaft unter dem Wirken des Geistes verkündigt habe.[125] – Polykarp von Smyrna (Martyrium 155 oder 160 n.Chr.) wird als »apostolischer und prophetischer Lehrer« bezeichnet.[126] Von Meliton von Sardes (gest. um 190 n.Chr.) wird bei Eusebius berichtet, »er lebe ganz im Heiligen Geist«.[127]

Man sah demnach die Rolle der Bischöfe nicht im Gegensatz zum charismatischen Leben der Gemeinde. Der Bischof wurde als Mann des Geistes ver-

---

123 Did XI, 8.10.9.12
124 XV,1
125 Ign Röm 7,2; Philad 7,1f
126 Mart. Polycarpi XVI, 2
127 KG V, 24, 2,5

standen, der mit Charismen, insbesondere dem Charisma der Erkenntnis und der Lehre ausgestattet ist. Dies sind nach Irenäus wirklich geistliche Männer: »Die also das Pfand des Geistes haben … und sich dem Geist unterwerfen …, die nennt der Apostel mit Recht geistlich, weil der Geist Gottes in ihnen wohnt.«[128]

An anderer Stelle sagt er, man müsse den Presbytern gehorchen, da sie Männer sind, »die mit der Nachfolge des Episkopats das sichere Charisma der Wahrheit … empfangen haben.«[129] Solche Aussagen wurden dann zunehmend grundsätzlich auf das kirchliche Amt als Institution übertragen.

Für Rom bezeugt um 140 n.Chr. das Schrifttum des *Hirten des Hermas* die Lebendigkeit geisterfüllter Prophetie in einer eigentümlichen Verbindung von frühchristlicher Geisterfahrung, jüdischer Engellehre (zwei Wege, zwei Geister: Engel der Gerechtigkeit – Engel der Bosheit) und hellenistischer Mantik (Wahrsagerei). Bei Hermas ist der prophetische Geist auf die ganze Gemeinde bezogen. Aus seinen Weisungen schöpft sie Lebenskraft und Orientierung.[130]

In diesem Abschnitt findet sich auch die längste frühchristliche Äußerung zur Frage der Unterscheidung von wahrer und falscher Prophetie. Der falsche Prophet (*mantis*) verdirbt das Denken und Urteilsvermögen seiner Anhänger, die als wankelmütig, leicht beeinflussbar und von falschen Motiven gesteuert charakterisiert werden. Der falsche Prophet gibt Banalitäten von sich, manchmal aber »vom Geist des Diabolos erfüllt« auch Richtiges, da dieser so versucht, »Gerechte zu brechen«. – Dass es falsche Propheten gibt, führt Hermas aber nicht zu einer grundsätzlichen Ablehnung von Prophetie überhaupt. Im Glauben kann die Gemeinde unter Gebet den falschen Propheten erkennen und ihm widerstehen. In der Versammlung gerechter Männer, die »Glauben an den göttlichen Geist haben«, wird unter gemeinsamen Gebet andererseits auch der wahre Prophet erweckt. Es »erfüllt (ihn) … der Engel des prophetischen Geistes, der bei ihm wohnt«, damit er im Heiligen Geist zur Gemeinde redet, was Gott will. An folgenden Kennzeichen ist der wahre Prophet zu erkennen: Er ist sanft, ruhig, demütig, enthält sich aller Bosheit, jagt nicht nach Vergänglichem, macht sich selbst ärmer (geringer) als alle anderen Menschen und lässt sich nicht wie ein Orakelgeber befragen. Der falsche Prophet dagegen erhöht sich selbst, will als »Geistträger« immer den ersten Platz einnehmen, ist keck, unverschämt, geschwätzig, lebt in Luxus und anderen trügerischen Dingen. Vor

[128] Adv. haer. V, 8,2; IV, 33
[129] Adv. haer. IV, 26,2
[130] Hirt des Hermas, mand 11

allem aber lässt er sich für seine prophetische Tätigkeit bezahlen. Bekommt er kein Geld, prophezeit er nicht.

Die seit längerem spürbare Krise des Propheten- und Pneumatikertums gipfelt seit der Mitte des 2. Jh.s in der Protest- und Reformbewegung des *Montanismus*. In Phrygien/Kleinasien war um 160 n.Chr. unter dem erst kurz zuvor zum Christentum übergetretenen Montanus und seinen beiden Prophetinnen Priscilla und Maximilla eine dynamische enthusiastisch-ekstatische Bewegung entstanden. Getragen von einem hohem Sendungsbewusstsein, breitete sie sich im ganzen Mittelmeerraum aus und bildete eigene Gemeinden. Um 207 schloss sich in Karthago Tertullian dem Montanismus an. Die kirchlichen Auseinandersetzungen dauerten noch bis ins 5. Jh. fort.

Die Montanisten erhoben den Anspruch, die höchste Stufe der Offenbarung und mit dieser den Höhepunkt und Abschluss des christlichen Glaubens zu bringen. Auffallend war der ekstatische Prophetismus mit der Ankündigung des baldigen Weltendes verbunden mit schroffer Askese (strenges Fasten, Höherschätzung der Ehelosigkeit, Drang zum Martyrium). Während frühere Propheten nur von mehr oder weniger lokaler Bedeutung waren und ihre Aussagen sich im kirchlichen Rahmen bewegten, war der Montanismus in seinem Begründungszusammenhang und seinem umfassenden Anspruch ein Novum. Die »neue« Prophetie verstand sich als die von Christus verheißene endzeitliche abschließende Geistausgießung (Maximilla: »Nach mir wird es keinen Propheten mehr geben, sondern nur die Vollendung.«) und forderte unter Berufung auf einzigartige Inspiriertheit von jedermann Gehorsam.

Widerspruch erhob sich vor allem gegen das massive ekstatische Moment, gegen die ungewohnte Form der Prophetie. Der Mensch schläft gewissermaßen ein, verliert sein Bewusstsein und eine fremde Macht nimmt ihn in Besitz. In tranceartigem, passivem Zustand des Werkzeugs ereignet sich die Inspiration. Montanus gebraucht hierfür das Bild von Plektron und Lyra: »(Der Geist spricht aus Montanus also:) Siehe der Mensch ist wie eine Leier, und ich fliege herzu wie der Schlegel; der Mensch schläft, und ich wache. Siehe, der Herr ist es, der die Herzen der Menschen erregt [in Ekstase versetzt] und gibt den Menschen ein neues Herz.«[131] Gegen diese Prophetie in Ekstase richtet sich die Hauptkritik. Prophetie und Ekstase wurden nicht grundsätzlich abgelehnt, wohl aber die hier gegebenen Erscheinungen. Ein Reden im bewusstlosen Rausch konnte nach

[131] Epiphanius, Arzneikasten 48, 4, 1

dem Urteil der kirchlichen Verantwortlichen unmöglich vom Geist Gottes bewirkt sein, es musste dämonische Besessenheit zum Ursprung haben. Die Anhänger sah man durch einen falschen Geist verführt und geblendet, da sie die Warnungen des Herrn vor falschen Propheten nicht ernst genommen hatten.

In der Auseinandersetzung mit dem Montanismus wurden für das Selbstverständnis und die Zukunft der Kirche weit reichende Grundpositionen festgelegt:

1) Man wies den Anspruch des Montanismus zurück, eine weiterführende heilsgeschichtliche Stufe zu sein bzw. unmittelbare, für alle verbindliche Geistoffenbarung zu besitzen.
2) Der werdende »Kanon« verbindlicher Schriften gewann als bewahrende Norm und heilige Grenze eine scharf ausschließende Bedeutung.
3) Ebenso bekam das objektive Amt in der kirchlichen Leitung den Vorrang vor der charismatischen Sonderbegabung, die Institution vor dem Charisma.
4) Die Abwehr der freiheitlichen Geistbewegung führte zu ersten Ansätzen einer künftigen Kirchendisziplin.
5) Nach der Verurteilung des Montanismus gerieten in der Kirche grundsätzlich alle massiveren Formen des Enthusiasmus und der Ekstase in den Verdacht, Kennzeichen dämonischer Besessenheit zu sein. Enthusiastische Eingebungen, Entrückungen und Visionen wurden an den Rand der Kirche und in die Ketzerei abgedrängt. Eine neue Heimstatt und geordnete Entwicklungsmöglichkeiten verschaffte ihnen erst wieder das Mönchtum.

Die fortschreitende Hellenisierung des Christentums und damit auch die Hervorhebung des geistigen, vernünftigen Charakters des christlichen Glaubens drängte die archaischen (ekstatischen) Züge der Geisterfahrung und das prophetisch-unmittelbare Element weiter zurück. Rationale, lehrhafte Elemente gewannen die Oberhand. Die Gestalt des Propheten wurde von den Gestalten der Lehre, Katecheten, Predigern und heiligen Philosophen, abgelöst.

Die schon früher reflektierte Bindung des Heiligen Geistes an die Kirche wurde im Zusammenhang der Auseinandersetzung mit Gnosis und Montanismus grundsätzlich fixiert. Die Kirche hat als Ganze den Heiligen Geist, der im kirchlichen Amtsträger kraft des Amtes bzw. kraft apostolischer Sukzession präsent ist. Zunehmend gewinnen die Bischöfe, Bischofsversammlungen und Synoden an Gewicht. Den ekklesiologischen Bezug der Pneumatologie stellen Hippolyt von Rom (um 220) und Novatian (um 250) heraus, wobei Hippolyt den klerikalen Aspekt verstärkt. Er spricht dem Bischof die Fülle des Geistbesitzes zu. Aus diesem teilt er als Mittler in Taufe, Sündenvergebung, Exorzismus und

Verwaltung an die Gemeinde aus. Von daher war es eine logische Fortführung, wenn eine Generation später Cyprian von Karthago folgert: Außerhalb der durch die Bischöfe repräsentierten Kirche wirkt der Geist Christi nicht und darum gibt es auch kein Heil außerhalb derselben.

1.5 Inspiration und Kanon

Parallel zur Entwicklung von charismatischer Unmittelbarkeit in Richtung kirchenamtlicher Anbindung des Geistes verläuft auch die Entwicklung zu einem abgeschlossenen, verbindlichen Kanon der neutestamentlichen Schriften. Man übernahm »die Schrift«/»die heiligen Schriften« (= der alttestamentliche Kanon) und die Überzeugung, dass das Alte Testament und später das Neue Testament bzw. dessen Verfasser unmittelbar inspiriert waren. Eigentlicher Autor war nach jüdischem und dann christlichem Verständnis der göttliche Geist, der sich so an das Wort gebunden hat (vgl. 2. Tim 3,16: alle Schrift ist *theopneustos,* »gottgehaucht«/*inspiratus*; 2. Petr 1,21: »Vom Heiligen Geist getrieben, haben Menschen im Auftrag Gottes geredet«).

Clemens, einer der »apostolischen Väter«, schreibt an die Gemeinde in Korinth (95/96): »Ihr habt hineingeschaut in die Heiligen Schriften, die wahrhaftig sind und durch den Heiligen Geist (gegeben). Ihr wisst, dass nichts Unrechtes und Gefälschtes in ihnen geschrieben ist.«[132]

Im Barnabasbrief (ca. 130/135) werden die zahlreichen alttestamentlichen Zitate eingeleitet mit Formeln wie »es spricht der Herr im Propheten«, »der Geist des Herrn prophezeit«, »Mose sprach durch den Geist«.[133]

Justin der Märtyrer (gest. ca. 165) führt aus, dass die Wahrheit durch den Heiligen Geist auserwählten Menschen mitgeteilt wurde und von denen erkannt werden kann, die in der Kraft des Geistes die Schrift auslegen.[134] Gott ist für den menschlichen Verstand nur durch den zu Gott gehörenden Heiligen Geist zugänglich.

In voller Klarheit wurde der Inspirationsgedanke auf die neutestamentlichen Schriften dann bei Theophilus von Antiochia (um 170) und Irenäus (um 180/90) bezogen. Theophilus betonte, dass die menschlichen Schreiber »Instrumente«,

---

[132] I Clem 45,2
[133] Barn 6,14; 9,1.2; 12,2
[134] Apol. I, 31,1

»Gefäße« und »Organe« des Heiligen Geistes waren. Vom Heiligen Geist erleuchtet, von Gott inspiriert, mit Weisheit begabt, heilig und gerecht gemacht, wurden sie vor Irrtum und Widersprüchen bewahrt.[135] – Irenäus, der in seinem Hauptwerk gegen die Gnosis 1 200 mal die Bibel zitiert, geht davon aus, dass »die Schrift vollkommen [ist], weil sie vom Wort Gottes und seinem Geist gesprochen (*dictae*) ist«.[136]

Origenes (ca. 185–254) setzte voraus, dass die ganze Bibel in den einzelnen Worten inspiriert und der gemeinte einheitliche Sinn erst mit Hilfe des Geistes methodisch zu erschließen sei. Was den Inspirationsvorgang der biblischen Schreiber angeht, wies er jeden Vergleich mit den in Ekstase verfassten heidnischen Orakeln zurück.[137]

Es war logisch, von der Deutung der pfingstlichen Geisterfahrung als endzeitliches Erfüllungsgeschehen den Inspirationsgedanken vom Alten Testament nun auf die apostolische Christusverkündigung und Lehre anzuwenden sowie auf die daraus entstehenden Schriften. Da sie Wirkung des Heiligen Geistes und authentisches Zeugnis von Christus sind, haben die Worte und Schriften der Apostel normative Bedeutung. Mündliches Zeugnis und schriftliche Gestalt liefen zunächst parallel. Nach dem Tod der Apostel gewannen die von diesen oder unter ihrem Einfluss verfassten Schriften eminent an Bedeutung und Gewicht.

Das Aufkommen häretischer und spekulativer gnostischer Geheimlehren, die Herausgabe einer verkürzten Sammlung heiliger Schriften durch Marcion um 140 (Lukasevangelium, von vermeintlich judaistischen Verfälschungen gereinigt; zehn Paulusbriefe, ebenfalls redigiert) und der Montanismus mit seinen Neuoffenbarungen nötigten die Kirche, einen verbindlichen »Kanon« (Richtmaß) autorisierter Schriften zusammenzustellen, an dem alle Tradition gemessen werden sollte. Die Alternative war nicht wie später bei den Reformatoren Schrift oder Tradition, sondern apostolische Primärtradition oder Sekundärtradition.

In seinem Grundbestand von 21 Schriften war der neutestamentliche Kanon um 200 allgemein anerkannt. Die Kanonisierung des heutigen Umfangs von 27 Schriften (inklusive einiger regional länger umstrittener Schriften) wurde in der 2. Hälfte des 4. Jh.s abgeschlossen. Hauptkriterien der Zusammenstellung

---

[135] Ad Autol. 2, 9.10
[136] Adv. haer. II, 28,2
[137] De princ. 4.1.6f; 4.2.2; Comm. Rom. 2,6; Contra Celsum 7,3

waren neben der apostolischen Verfasserschaft (oder Apostelschüler) die inhaltlichen Aussagen entsprechend der Glaubensregel (*regula fidei*).

In der Glaubensregel trat der Schrift ein Moment der Tradition gegenüber. Das wurde aber nicht als Grundsatzfrage empfunden, da man die Übereinstimmung der Schrift mit der kirchlichen Verkündigung und Überlieferung voraussetzte und deren Zuverlässigkeit durch die Sukzession der Bischöfe gewährleistet sah. Allgemein erwartete man die Hilfe des Heiligen Geistes zum Verständnis der Schrift.

Die Anerkennung des abgeschlossenen neutestamentlichen Schriftkanons trat in Spannung zu weiteren Geistesoffenbarungen. Tertullian, der mit den Montanisten den Kanon anerkannte, löste dies so, dass er das Wirken des »Parakleten« als schriftgemäße Klärung und Vollendung der biblischen Offenbarung interpretierte.

Origenes bündelte mit nachhaltiger Wirkung die Aussagen der altkirchlichen Pneumatologie. Seine allegorische Schriftauslegung beinhaltet sowohl ein *Ineinander* als auch eine *Differenz* von Schrift und Geist. Hinter dem vordergründigen Buchstaben sieht er eine pneumatische Tiefendimension ewiger Wahrheiten. Dieselbe Doppelschichtigkeit zeigt auch sein Kirchenbegriff, in dem er der Sakramentalisierung und Klerikalisierung wehrt. Wahre Erkenntnis erlangen nur die Pneumatiker. Geistbesitz zeigt sich in pneumatischer Erkenntnis und geistgewirkter Lebensveränderung, die in fortschreitender Entweltlichung auf Vollkommenheit aus ist. Damit legte er die Fundamente für Askese und Mystik, wie auch für die spiritualisierende, kritische Ekklesiologie und die synergistische (das Tun des Menschen einbeziehende) Soteriologie der Ostkirche (»Vergeistigung«).

1.6 Die Dogmatisierung der Gottheit des Heiligen Geistes

Erst allmählich wurde im Zusammenhang der Kontroversen um die Göttlichkeit Christi auch die Pneumatologie mitdiskutiert. Im Glaubensbekenntnis der Kirchenversammlung von Nicäa 325, bei der die Irrlehre des Arius (keine Wesensgleichheit Christi mit Gott; Christus ist Geschöpf) verurteilt wurde, präzisierte man den Glauben an den Heiligen Geist nicht näher. Im Anschluss an die Ausführungen über die Person Christi (mit der klassischen Formulierung »Gott von Gott, Licht vom Lichte, wahrer Gott vom wahren Gott, gezeugt, nicht geschaffen, wesenseins mit dem Vater«) heißt es im Blick auf den Glauben an den Heiligen Geist lediglich: »[Wir glauben ...] und an den Heiligen Geist.«

Arius verstand wie Christus auch den Geist als Geschöpf. Im Gegensatz zu ihm betonte Marcell von Ankyra ganz stark die Gottheit des Geistes, was in weiten Kreisen aber ebenfalls auf Widerspruch stieß. Wie bei der Christologie setzte auch beim Verständnis des Geistes ein intensives Ringen ein. Wurden auf der einen Seite die christologischen Formulierungen nun auf den Heiligen Geist angewandt, lehnten andere dies ab.

Im Ringen um das rechte Verständnis des Heiligen Geistes kommt wiederum Athanasius, dem Gegenpart von Arius, entscheidende Bedeutung zu. Er setzte sich u. a. mit den sog. *Pneumatomachen* (»Geistbekämpfer«) auseinander, die wie er die Gottheit Christi bekannten, eine Anwendung der »Wesensgleichheit« auf den Geist aber bestritten.

Athanasius fundierte seine Pneumatologie exegetisch. Dogmatisch integrierte er die Lehre vom Heiligen Geist in die Christologie und die Soteriologie. Er kommt von der Offenbarung in Christus her und betont die Einheit der Trinität. Der Heilige Geist, der dem Christen in Bibelworten und geistlicher Erfahrung begegnet, ist der Geist Christi. Der Vater wirkt Schöpfung und Heilswerk durch den Logos im Geist. In der Erlösung erneuert Gott durch den Heiligen Geist die verlorene Ebenbildlichkeit des Menschen als Teilhabe am Sohn. In allem denkt Athanasius konsequent trinitarisch. Sohn und Geist sind im Wesen und in allen göttlichen Eigenschaften dem Vater verbunden.

Athanasius setzte gegen Arianer und Pneumatomachen als Sicht der Orthodoxie eine Erweiterung des Nicaenums durch, in der alle verurteilt werden, »die den Heiligen Geist ein Geschöpf nennen und ihn vom Wesen Christi trennen«. Dies fand mehr und mehr Aufnahme und Anwendung. So formuliert etwa Epiphanius (angesehener Bischof von Zypern, gest. 403) um 374 in seinem Glaubensbekenntnis: »... [Wir glauben] auch an den Heiligen Geist, der gesprochen hat im Gesetz und gepredigt hat in den Propheten und herabgestiegen ist zum Jordan, der in den Aposteln geredet hat und in den Gläubigen wohnt. In dem Sinn glauben wir an ihn, dass er ist der Heilige Geist, der Geist Gottes, der vollkommene Geist, der Tröstergeist, unerschaffen, ausgehend vom Vater und empfangend vom Sohn; an ihn glauben wir.« – Nach der abgrenzenden Seite heißt es ähnlich den Formulierungen im Credo von Nicäa 325: »Jene aber, welche behaupten, dass es eine Zeit gegeben habe, wo der Sohn oder der Heilige Geist nicht war, oder dass sie aus Nichts geworden seien oder aus einer anderen

Natur oder Wesenheit sowie jene, die sagen, der Sohn Gottes oder der Heilige Geist seien veränderlich oder wandelbar, diese belegt die katholische und apostolische Kirche, eure und unsre Mutter, mit dem Bann.«

Einen Abschluss der Lehrentwicklung brachte das Konzil von Konstantinopel 381 insofern, als die Lehre vom Heiligen Geist auch dogmatisch in den christlichen Gottesbegriff aufgenommen wurde. Im Bekenntnis dieses Konzils, dem so genannten Nicaeno-Konstantinopolitanum, heißt es im dritten Artikel u.a.: »Ich glaube an den Heiligen Geist, den Herrn und Lebensspender, der vom Vater ausgeht. Er wird mit dem Vater und dem Sohne zugleich angebetet und verherrlicht. Er hat gesprochen durch die Propheten.«

Die Zugehörigkeit des Geistes zu Gott kommt im Herr-Sein, im Ausgang vom Vater und in seiner Verehrung zum Ausdruck; seine Funktion im Blick auf das Heil und die Offenbarung in der Bezeichnung als Lebensspender und in seinem Reden durch die Propheten. Mit diesen und den weiteren Ausführungen des dritten Artikels wird die Bekenntnisentwicklung fixiert und festgehalten: Alle Erkenntnis der Wahrheit, die neue Existenz des Christen, das Sein der Kirche und die Hoffnung auf das ewige Leben gründen im Heiligen Geist, der dritten Person der einen Gottheit.

In der Westkirche wurde in späterer Zeit, zunächst in Spanien, im Blick auf den Ausgang des Heiligen Geistes in Erweiterung der Aussage »vom Vater« die Ergänzung *Filioque* (»und vom Sohn«) eingefügt. Zur Zeit der Karolinger wurde dies im ganzen Frankenreich die im Gottesdienst gebräuchliche Credo-Version. Hieran entzündete sich ein bis in die Gegenwart wirkender grundsätzlicher Streit zwischen der Ostkirche und dem Westen.

1.7 Priscillianismus und Messalianismus – Enthusiastische Bewegungen im 4. Jahrhundert

Die Geistfrage stellte sich in der Kirche nicht nur gedanklich-rational, sondern wie zu allen Zeiten auch im Ringen mit Vorgängen an der Basis, mit Frömmigkeitsvollzügen, die aus dem üblichen Rahmen fielen. So stoßen wir neben dem Hauptstrom der dogmengeschichtlichen und kirchlichen Entwicklung auf enthusiastische Erscheinungen im *Priscillianismus* (Spanien) und *Messalianismus* (Syrien). Beide Bewegungen beschäftigten Synoden, die sie verurteilten und ihre überzogenen dualistischen Ansichten und Praktiken zurückwiesen.

Priscillian, ein wohlhabender, gebildeter Laie (385 mit sechs Anhängern nach Folterung und Geständnis hingerichtet) sammelte mit mitreißenden Predigten Freunde einer asketisch-spiritualistischen Frömmigkeit in Konventikeln. Er hielt am Fortbestand der Charismen fest und vertrat die Meinung, der Geist sei weder an die heiligen Schriften, noch an das Amt, noch an Kirchenräume oder den Gottesdienst gebunden; vielmehr werde er aufgrund entschlossener Weltverneinung verliehen.

Die *Messalianer* (auch »Euchiten« [›die intensiv Betenden‹] oder »Choreuten« [›die Tanzenden‹]) suchten durch Gebetsübungen handgreifliche Wirkungen des Geistes zu erfahren. Sie verstanden sich als eigentliche Geistesmenschen und ihre Bewegung als die wahre Kirche in der Kirche. Auch Frauen konnten bei ihnen als Lehrer tätig sein. Auf der Grundlage einer radikaldualistischen Theologie und Anthropologie strebten sie nach einem vollkommeneren Christentum. Die menschliche Natur ist nach ihrem Verständnis durch den Fall Adams so verdorben, dass in jedem Menschen von Geburt an ein Dämon wohnt. Gegen dieses im Menschen wohnende reale Böse helfe nur anhaltendes, intensives Beten unterstützt durch asketische Übungen sowie der sichtbare Empfang des Heiligen Geistes. Weder Sakramente noch die normale Askese könnten den Dämon vertreiben. Die Taufe nähme zwar vergangene Tatsünden weg, könne aber die Wurzel der Sünde nicht austilgen. Selbst der Leib Christi musste nach ihrer Sicht durch den Logos von Dämonen gereinigt werden.

Die Messalianer behaupteten, das durch Gebet erreichte Ausfahren der Dämonen *sichtbar* wahrzunehmen (z.B. aus dem Mund in Gestalt von Rauch, schwarzen Schlangen oder Schweinen). Genauso *wahrnehmbar* ginge auch der Heilige Geist in den Menschen ein. Dies geschähe in Gestalt eines nicht verbrennenden Feuers oder sie wird verglichen mit dem ehelichen Verkehr, als Vermählung der Seele mit dem himmlischen Bräutigam. Die Wahrnehmbarkeit wurde als unbedingt notwendig erachtet, da man nur so sicher sein konnte, dass der Heilige Geist auch wirklich Wohnung genommen hatte. Folge des Geistempfangs, bei dem man Handauflegung praktizierte, war die Befähigung, prophetisch-visionär sowohl zukünftige Dinge als auch die Geheimnisse der Trinität zu schauen. Durch plötzliches Trampeln meinten die Messalianer, in ihren Versammlungen Dämonen niederzutreten, oder sie machten – in der Überzeugung, damit die Dämonen zu treffen – mit den Fingern die Bewegung des Pfeileschießens.

2. Das Geistverständnis in der westlichen und östlichen Kirche – Die weitere Entwicklung (Filioque-Streit)

Mit den Synodalentscheidungen von Konstantinopel 381 waren die allgemeinchristlichen Grundlagen des Geistverständnisses festgelegt. Im Verlauf der weiteren Entwicklung kam es im Osten und Westen zu unterschiedlichen Akzentsetzungen und entsprechenden Ausprägungen der Frömmigkeit.

Für den Osten wurde *Basilius der Große* (gest. 379) maßgebend. Dem Geist gemäß lebt der Christ nur in der Gemeinschaft der Kirche, die Basilius aber kritisch zur reichskirchlichen Wirklichkeit am urchristlichen Modell orientiert. Er betont die erneuernd-verändernde Kraft des Geistes und die Wichtigkeit der Charismen. Durch die entschiedene Rückbesinnung auf den Heiligen Geist wird er zum Kirchenreformer. Vom Geist, von innen her, will er die Institution mit dem amtskirchlich-sakramentalen Automatismus verändern. Ist der Geist Gott selber, dann ist er der Verfügung durch die Kirche entzogen. In seinen trinitätstheologischen Überlegungen argumentiert Basilius von der religiösen Erfahrung her. Die Wirkungen des Geistes entsprechen denen von Christus und Gott-Vater. Die Gleichheit der Wirkungen beweist die Einheit des Wesens der Gottheit. Konkret stellt sich die wesensmäßige Einheit von Vater, Sohn und Geist als »Gleich-Verehrungswürdigkeit« in der Anbetung dar. Die doxologische Ausrichtung des Bekenntnisses ist eine bleibende Besonderheit der Ostkirche.

Für die Westkirche wurde – auch in der Abgrenzung vom Osten – *Augustinus* (354–430) bestimmend. Er thematisiert die Pneumatologie nicht für sich, sondern im Rahmen der Trinitätslehre, der Soteriologie und der Ekklesiologie. Sein Konzept wurde im 5. und 6. Jh. allgemein anerkannt. Insgesamt wird die Pneumatologie in der abendländischen Theologie zu einer Funktion der Christologie.

Eine leitende Frage war für Augustinus, wie der Mensch einen Willen bekommt, der Gott entspricht. Diese Bewegung auf Gott hin (Liebe) ist das Werk des Heiligen Geistes. Die zunächst soteriologisch und ekklesiologisch gefasste Beschreibung des Geistes als »Liebe« und »Gemeinschaft« (*caritas* und *communio*) überträgt Augustinus dann auf den innertrinitarischen Gottesbegriff (*De*

Trinitate). Der Heilige Geist ist nach seinem Verständnis die von Vater und Sohn ausgehende Liebesbewegung, die beide miteinander verbindet und von ihnen her in das Herz des Christen eindringt. In der Beschreibung des Heiligen Geistes als »Band der Liebe« (*vinculum caritatis*) tritt die Personhaftigkeit des Geistes zurück. Der Heilige Geist wird innertrinitarisch-immanent gedeutet, als göttliche Liebe bzw. als Wille, mit dem das Denken Gottes zu sich selbst zurückkehrt. Augustinus geht in seinem Trinitätskonzept nicht vom Vater als der »Quelle« der anderen Personen der Gottheit aus, sondern von der Idee der »Einfachheit Gottes« (*simplicitas Dei*), die bereits wesensmäßig Trinität ist. Der Ansatz bei der Einheit der Trinität führt logisch zum *Filioque* (»doppelter« Ausgang des Geistes: »vom Vater *und vom Sohn*«). Zwar gestand Augustin zu, dass der Geist *principaliter* (»dem Ursprung nach«) vom Vater ausging, weil es der Vater war, der den Sohn bevollmächtigte, den Heiligen Geist zu erzeugen. Aber aus der Betonung der Einheit und Unteilbarkeit Gottes und dem Grundsatz, dass alles, was von einer Person der Trinität gesagt werden kann, auch von den anderen Personen gesagt werden muss, folgt der doppelte Ausgang.

Beides – die Beschreibung des Geistes als innertrinitarisches »Band der Liebe« und die Anbindung des Geistes an Christus in Gestalt des Filioque – hat weit tragende Folgen für die Entwicklung der Pneumatologie und Frömmigkeit im Westen. Das Subjektsein des Geistes, seine Eigenständigkeit und sein besonderes Wirken treten zurück. Er wird mehr als Kraft bzw. Relation begriffen und sein Heilswirken wird demjenigen Christi untergeordnet. Dogmatisch wird das darin greifbar, dass die Pneumatologie im Westen nicht eigenständig, sondern als Aspekt der Soteriologie und Ekklesiologie behandelt wird.

Während man im Osten Sohn und Geist als »die beiden Arme« des Vaters sah (gleich zugeordnet und doch je besonders zum Ursprung), ist Augustins Trinitätskonzept durch die Vorordnung der Einheit ein fast perfektes Dreieck. Die Relationen der drei Personen bedingen sich in völliger gegenseitiger Abhängigkeit. Augustinus betont die Einheit Gottes, aber die Dreiheit wird abstrakt und verliert den Bezug zur realen Inkarnation und Geistausgießung.

Im Osten dagegen hielt man im Anschluss an *Gregor von Nyssa* (gest. nach 394) daran fest, dass der Vater zu den anderen beiden Personen im Verhältnis der Ursache steht und dass sich daraus die Unterscheidungen in der Trinität ergeben: Der Vater allein war die Quelle (*pêgê*), der Anfang (*archê*) der Gottheit mit dem Charakter des Ungezeugtseins (*agennesia*). Von ihm leite sich der Sohn her durch Zeugung (*gennêsis*), der Heilige Geist durch Ausgehen (*ekpôreusis*).

Die fundamentalen theologischen Differenzen der sich auch kulturell auseinanderentwickelnden Ost- und Westkirche konzentrieren sich im Filioque-Streit. Die schon voraugustinische Formulierung vom Ausgang des Geistes *a patre filioque* wurde durch den Einfluss Augustins im Westen immer stärker aufgenommen, ohne dass man zunächst den Credo-Text veränderte. Im 5. und 6. Jh. findet sich die Lehre in Spanien in einigen regionalen Bekenntnissen. Ins Nicaeno-Konstantinopolitanum wurde der Zusatz zuerst auf der 4. Synode von Braga aufgenommen. Von Spanien gelangte dieser Brauch nach Gallien, wo die neue Form des Glaubensbekenntnisses durch die Synode von Gentilly 767 bezeugt wird. Unter dem maßgeblichen Einfluss Karls d. Gr. wurde das Glaubensbekenntnis in der königlichen Kapelle von Aachen und in den fränkischen Herrschaftsgebieten seit 798 mit dem Filioque gesungen. Als 808 fränkische Mönche in der Weihnachtsmesse im Sabakloster in Jerusalem das Credo mit dem Zusatz »und vom Sohn« sangen, kam es zum Streit mit östlichen Mönchen, der dann auch zwischenkirchlich grundsätzlich ausgetragen wurde.

Einflussreicher Hauptvertreter der ostkirchlichen Kritik wurde der Patriarch *Photius* (ca. 820–897). Für ihn beinhaltet das Filioque die Annahme, dass der Sohn dem Wesen des Vaters näher steht als der Geist, also eine Abwertung der Pneumatologie und die Tendenz zum Pneumatomachentum. Die Ostkirche bejahte zwar, dass der Geist innerhalb der Heilsgeschichte auch vom Sohn gesandt wird, aber sie lehnte ab, dass dieser »ökonomische« Sachverhalt auch für die *immanent-ewige* Trinität angewandt wurde. Gemäß dem griechischen Axiom, dass das in der Bibel geheimnisvoll angedeutete Sein Gottes der menschlichen Erkenntnis letztlich unzugänglich bleibt, unterscheidet bzw. trennt sie zwischen Gottes Wesen und seiner Offenbarung im Heilswerk.

Durch seine Polemik in der Kontroverse um den Ausgang des Heiligen Geistes hat Photius die Theologie des Ostens nachhaltig beeinflusst. In einer Reihe von Schriften hat er das lateinische Filioque als falsch verurteilt und diesem scharf die östliche Lehre vom Ausgang des Geistes »vom Vater allein« (*ek monou tou patros*) entgegengesetzt.

Durch seine Angriffe gegen den Westen machte er die schon lange vorhandenen liturgischen und theologischen Auseinanderentwicklungen bewusst und so wurden sie zu geschichtlich wirksamen Faktoren. In seinen Ausführungen über die Filioquefrage schuf er begrifflich und dogmatisch die Hauptargumente für die spätere Trennung der beiden Kirchen. Im Unterschied zum Westen betonte er die persönlichen Besonderheiten der einzelnen Personen der Trinität, wobei allein der Vater »ohne Anfang« (*anarchos*) ist und von ihm die beiden anderen Personen als alleiniger Ursache ausgehen. Der Geist stehe genauso in direktem Bezug zur Ursache wie der Sohn.

Als verhängnisvoll erwies sich die Verquickung dieser theologischen Frage mit politischen Motiven und Machtmitteln. Rom reagierte fast nur politisch, sodass die tieferen theologischen Anliegen des Ostens und Westens von den äußeren Streitereien überdeckt wurden. Die genauen Umstände und der Zeitpunkt der schlussendlichen Einfügung des Filioque in das Credo in der Westkirche sind nicht gewiss. Wahrscheinlich geschah dies 1014 durch Papst Benedikt VIII. (1012–1024) auf Drängen Heinrichs II. – Im Jahr 1054 kam es dann zur Kirchenspaltung.

Die grundsätzliche dogmatische Differenz lag bzw. liegt in der unterschiedlichen Zuordnung von Christologie und Pneumatologie und damit in unterschiedlichen Sichten der Vermittlung von Gott und Welt sowie von Offenbarung und Geschichte. Bis heute bestehen hier Spannungen zwischen östlichem und westlichem Christentum. Wirft der Westen dem Osten vor, die Leugnung des Filioque befördere a) einen *pneumatokratischen Mystizismus*, b) zu Lasten der Offenbarungstheologie eine *spekulative Theologie* und c) einen *Verlust des Weltbezugs*, lauten die Vorwürfe des Ostens: a) auf *Geistvergessenheit* der abendländischen Theologie, b) auf Verschiebung zum *Anthropozentrismus* und c) *Säkularismus* als notwendiger Konsequenz des westlichen Ansatzes. An die Stelle der pneumatologischen Gott-Mensch-Vermittlung würden d) in unangemessener Weise *abgeleitete Mittlerinstanzen* treten (Kirche, Sakramente, Heilige, Papst).

Die Weiterentwicklung der abendländischen Theologie des Mittelalters zeigt eine stärkere Betonung der Christologie und ein Zurücktreten der Pneumatologie. Der Heilige Geist präzisiert und verstärkt das, was auch von Christus gesagt wird, sodass dieser auch die Funktion des Geistes übernehmen kann. Im Osten dagegen ist die Rede vom Heiligen Geist eine theologische Notwendigkeit, ohne die es keine vollständige Erkenntnis der Wahrheit und Aneignung des Heils gibt.

Die Zunahme der zwischenkirchlichen Begegnungen seit dem letzten Jahrhundert und dann vor allem im Zusammenhang der ökumenischen Bewegung haben die mit dem Filioque verbundenen Fragen neu ins Gespräch gebracht. Die orthodoxen Kirchen haben mit ihren Betonungen die theologische Diskussion um die Pneumatologie angeregt. Viele ihrer Anliegen wurden als berechtigt anerkannt und teilweise aufgenommen. Bekanntester Befürworter des Filioque und des westlichen Trinitätskonzeptes in Abgrenzung vom östlichen Ansatz im 20. Jh. war auf evangelischer Seite Karl Barth.

Auf die mittelalterliche vor allem scholastisch-westliche Lehrentwicklung kann hier nicht eingegangen werden. Sie führt die oben skizzierten Schwerpunkte weiter. – Im Unterschied zur ostkirchlichen Mystik, tritt in der westlichen Mystik die Pneumatologie auffällig zurück. Sie ist vor allem Christus-, nicht Geistmystik.

3. Reformation

Die Reformatoren, die insgesamt keine neue Lehre aufbringen wollen, halten sich im Blick auf die Trinitätslehre an die dogmatischen Festlegungen der Alten Kirche. So sind etwa im »Augsburgischen Bekenntnis« (1530) den Ausführungen über den evangelischen Glauben die allgemein-christlichen trinitarischen Grundbekenntnisse vorangestellt; beim Heiligen Geist in westlicher Tradition inklusive »Filioque«.

Neu ist, dass in der reformatorischen Theologie die Christologie und die Heilsfrage, Schrift und Predigt ins Zentrum rücken. Von dort wird dann auch die Pneumatologie neu gefasst.

In der Geistfrage bzw. der Frage der Vermittlung des Heils, die sie vor allem bewegte, mussten Luther und Calvin an zwei Fronten kämpfen: auf der einen Seite gegen die katholische Position, mit der Absolutsetzung der Kirche und der Hierarchie als heilsvermittelnde Instanz – auf der anderen mit den von ihnen so genannten »Schwärmern« oder »Schwarmgeistern«, die sich auf unmittelbare Geisteswirkungen und -offenbarungen beriefen. Beide Ansätze als Zugänge zum Heil wurden zurückgewiesen. Stattdessen vertraten Luther und Calvin – mit leicht unterschiedlichen Akzenten – eine mittlere Linie, in der das äußere Wort der Heiligen Schrift als entscheidendes Heilsmittel und leitendes Prinzip mit einem inneren Wirken des Heiligen Geistes zusammenfällt. Unabhängig von den äußeren Gnadenmitteln (Wort und Sakrament) ist kein Wirken des Heiligen Geistes zu erwarten.

3.1 Martin Luther

Der Heilige Geist nimmt in Luthers Denken eine zentrale Stellung ein. Luther hat aber keine systematische Lehre vom Heiligen Geist geschrieben. Aussagen zu dessen Person und Wirken finden sich vorwiegend in praxisbezogenen Zusammenhängen, im Katechismus, in Chorälen (Luther hat eine Reihe von Pfingstliedern, aber kein Passionslied gedichtet), in Pfingstpredigten und im seelsorgerlichen Trost.

Dem Heiligen Geist kommt ganz fundamental die Aufgabe zu, Glauben zu wirken, d. h. den Abstand zwischen dem Fleisch gewordenen, geschichtlichen Christus und uns zu überbrücken und uns das vollbrachte Erlösungswerk nahe zu bringen und zuzueignen: »Weder du noch ich könnten jemals etwas von Christus wissen noch an ihn glauben und ihn zum Herrn kriegen, wo es nicht durch die Predigt des Evangeliums von dem Heiligen Geist uns angetragen und in den Busen geschenkt würde. Das Werk ist geschehen und ausgerichtet, denn Christus hat uns den Schatz durch sein Leiden, Sterben und Auferstehen usw. erworben und gewonnen. Aber wenn das Werk verborgen bliebe, dass niemand es wüsste, so wäre es umsonst und verloren. Dass nun solcher Schatz nicht begraben bliebe, sondern angelegt und genossen würde, hat Gott das Wort ausgehen und verkündigen lassen, darin den Heiligen Geist gegeben, uns solchen Schatz und Erlösung nahe zu bringen und zuzueignen. Darum ist das Heiligen [des »heiligen« Geistes] nichts anderes als zu dem HERRN Christus bringen, solches Gut zu empfangen, dazu wir von uns selbst nicht kommen könnten . . .«[138]

Die Rolle des Heiligen Geistes ist ganz auf das Evangelium und auf den Glauben an Jesus Christus bezogen. Indem der Mensch auf das Wort (von der vollbrachten Erlösung) hört und glaubt, wird er in die Gemeinschaft der durch den Geist »Geheiligten«, in den Leib Christi, die Kirche aufgenommen. Der Glaube ist durch den Heiligen Geist ganz Gottes Werk und Gabe, reines Geschenk, »Gnade«. Nur so ist Heilsgewissheit möglich. Das Wirken des Heiligen Geistes ist die Zueignung der Rechtfertigung.

Auch im »Kleinen Katechismus« wird als fundamentales Wirken des Geistes betont, dass er zum Glauben führt und im Kontext der Gemeinde auch im Heil erhält: »Ich glaube, dass ich nicht aus eigener Vernunft noch Kraft an Jesum

[138] Großer Katechismus, zum 3. Glaubensartikel

Christum, meinen Herrn, glauben oder zu ihm kommen kann; sondern der Heilige Geist hat mich durch das Evangelium berufen, mit seinen Gaben erleuchtet, im rechten Glauben geheiligt und erhalten; gleichwie er die ganze Christenheit auf Erden beruft, sammelt, erleuchtet, heiligt und bei Jesu Christo erhält im rechten, einigen Glauben; in welcher Christenheit er mir und allen Gläubigen täglich alle Sünden reichlich vergibt und am jüngsten Tag mich und alle Toten auferwecken wird und mir samt allen Gläubigen ein ewiges Leben geben wird. Das ist gewisslich wahr.«[139]

Der Heilige Geist wirkt für Luther nicht direkt, in Gestalt einer charismatischen, mystischen, spekulativen oder sakramentalen Verbindung mit dem Menschengeist. Er bleibt Gegenüber und wirkt indirekt durch das Wort der Schrift, die Predigt und die Sakramente als seine Instrumente. Die Behauptung unmittelbarer Geistwirkung ist für Luther angemaßte, irreführende »Schwärmerei«.

Luther bezeichnet sowohl die Zwickauer Propheten wie die Wiedertäufer als auch die katholischen »Sakramentarier« als »Enthusiasten«. In den Schmalkaldener Artikeln (1537) betont er gegen sie: »Und in diesen Stücken, die das mündliche, äußerliche Wort betreffen, ist fest darauf zu bleiben, dass Gott niemand seinen Geist oder Gnade gibt, ohne durch oder mit dem vorhergehenden äußerlichen Wort. Damit wir uns bewahren vor den Enthusiasten, das ist: Geistern, die sich rühmen, ohne und vor dem Wort den Geist zu haben; und danach die Schrift oder das mündliche Wort [Predigt] richten, deuten und dehnen nach ihrem Gefallen. Wie der Müntzer tat, und noch viele heutigen Tags tun, die zwischen Geist und Buchstaben scharfe Richter sein wollen, und wissen nicht, was sie sagen oder setzen. Denn das Papsttum ist auch eitel Enthusiasmus, darin der Papst rühmt, alle Rechte sind im Schrein seines Herzens, und was er mit seiner Kirche urteilt und heißt, das soll Geist und Recht sein, wenns gleich über und wider die Schrift oder das mündliche Wort [Predigt] ist ... Darum sollen und müssen wir darauf beharren, dass Gott nicht mit uns Menschen handeln will, als durch sein äußerlich Wort und Sakrament. Alles aber, was ohne solches Wort und Sakrament vom Geist gerühmt wird, das ist der Teufel.«[140]

Das »Augsburger Bekenntnis« fasst die evangelische Lehre zusammen. Gegen die Spiritualisten wird das Rechtfertigungsgeschehen (= Geisteswirkung)

---

139 Kleiner Katechismus, zum 3. Glaubensartikel
140 Schmalkaldener Artikel, VIII

als Wortgeschehen begriffen und das Predigtamt bekommt zentrale Bedeutung: »Solchen Glauben zu erlangen, hat Gott das Predigtamt eingesetzt, Evangelium und Sacrament gegeben, dadurch er, als durch Mittel, den Heiligen Geist gibt, welcher den Glauben, wo und wann er will, in denen, so das Evangelium hören, wirket; welches da lehret, dass wir durch Christus Verdienst, nicht durch unser Verdienst einen gnädigen Gott haben, so wir solches gläuben. – Und werden verdammt die Wiedertäufer und andere, so lehren, dass wir ohn das leibliche Wort des Evangelii den Heiligen Geist durch eigene Bereitung, Gedanken oder Werk erlangen.«[141]

Bei Karlstadt und den anderen Geistleuten sieht Luther die göttliche Ordnung mit der Folge des Rückfalls in neue Gesetzlichkeit und Werkerei genau auf den Kopf gestellt. Weil sie damit das »allein aus Gnade« verlassen, den Kern der reformatorischen Erkenntnis, kann Luther nicht anders als äußerst scharf gegen sie reagieren.

Schlüsselbegriff zur Umschreibung des Geisteswirkens ist für Luther das »Heiligen«. Dies umfasst sowohl das grundlegende Zu-Christus-Bringen, die Rechtfertigung als auch die Erneuerung des Lebens. Diese erwächst aus der täglichen Vergebung der Schuld, aus dem immer neuen »Hineinkriechen in die Taufe«.

Was heutige Fragestellungen angeht, entwickelt Luther keine Theologie der Charismen oder des Gemeindeaufbaus anhand von 1. Kor 12-14. Eine intensive Bemühung um den Katalog der Geistesgaben sucht man bei Luther vergebens. Durch die starke Betonung der Heilsfrage bzw. von Wort und Predigtamt ist die Wir-Gemeinschaft der Kirche mit ihrem charismatischen Dienen aneinander nicht eigenständig entfaltet. Einzelaspekte greift Luther in Predigten zu Röm 12 und 1. Kor 12-14 auf.

Gegenüber der römisch-katholischen Unterscheidung von Klerikern und Laien betont Luther die Allgemeinheit und Gleichheit der Gottesgemeinschaft aller Christen. Aufgrund von Glaube und Taufe ist jeder Christ auch zum »Priester« geweiht, besteht eine prinzipielle Vollmachtsgleichheit zwischen Amtsträgern und Nichtamtsträgern. In der Praxis ist dies aber vom Ordnungsgedanken her eingeschränkt. Gerade gegen die umherziehenden täuferischen Wanderprediger stellt Luther die ordentliche Berufung ins geistliche Amt heraus. Dieses ist in der ihm vertrauten monarchischen Form für ihn der Normal-

[141] CA 5

typus. In der Folge entwickelte sich, vom Beauftragungs- und Repräsentanzgedanken wohl gemildert, ein pfarramtliches Ausübungsmonopol für öffentliche geistliche Vollzüge. Das allgemeine Priestertum, Recht und Praxis »charismatischer« Beteiligung von Nichtamtsträgern, blieb auf die Notsituation und den außerchristlichen Raum beschränkt.

Was die speziellen Charismen von 1. Kor 12 angeht, sieht Luther diese fast auf gleicher Ebene mit den Befähigungen und Leitungsgaben im weltlichen Regiment. Von diesen unterscheiden sie sich lediglich darin, dass sie auf die Verkündigung des Evangeliums und damit auf das Heilswerk bezogen sind. Weder die geistlichen noch die weltlichen Gaben sind in der Lage ihren Träger aus dem eschatologischen Gericht zu reißen.

Grundlegend ist für Luther die Unterscheidung der allein selig machenden, umfassenden *Charis* Gottes von den partiellen *Charismata*, die immer fragmentarisch sind. Diese Unterscheidung von *Charis* und *Charisma*, von Totalaspekt und Partialaspekt findet sich auch im Blick auf den Glauben. Luther unterscheidet »rettenden Glauben« von »wunderwirkendem Glauben«. Er findet in der Bibel Beispiele von Personen, die die Fähigkeit hatten, Wunder zu tun ohne den rettenden Glauben zu haben. Gaben des Geistes finden sich nach Luther auch bei den Heiden.

Was außerordentliche charismatische Erscheinungen angeht, stößt man bei Luther ständig auf die Grundfigur der Betonung des Fundamentalen und Heilsnotwendigen und den Verweis auf die »ordentlichen« Wege Gottes, ohne dass er die Möglichkeit des Außerordentlichen grundsätzlich ausschließt. Das Fundamentale ist unentbehrlich zum Heil und sicher, während der Bereich des Außerordentlichen der Zweideutigkeit unterliegt und Irrtum und Irreführung möglich ist.

Ein klares Nein spricht Luther gegen die Fülle der Traum- und Spezialoffenbarungen der mittelalterlichen Frömmigkeit. Im Verlauf seiner reformatorischen Entwicklung wendet sich Luther auch entschieden von mystischen Offenbarungserlebnissen ab. Mit äußerster Schärfe wendet er sich gegen die Totenerscheinungen und die daraus hervorgegangene Fegefeuerlehre und die Praxis der Seelenmessen. – Auch wenn nicht alle Träume zu verachten seien, hat Luther trotzdem keine Lust zu solchen und mahnt zur Prüfung. Überhaupt sollte man dazu zuerst gründlich die Schrift studieren. Weil echte Träume schwer von satanischen Verführungen zu unterscheiden seien, habe er wie Augustinus mit Gott einen Pakt geschlossen und ihn mehrfach gebeten, ihm keine Träume,

Visionen oder Engelbotschaften zu senden. Jesus Christus, sein Wort und Sakrament seien ihm genug.

Was Zeichen und Wunder angeht, finden sich bei Luther je nach Zusammenhang unterschiedliche Akzentuierungen: von der Aussage, dass sie nicht mehr nötig sind, da wir jetzt gewissere Zeichen haben; von Warnungen vor einem Achten auf Wunder in Verbindung mit falscher Lehre bis zur sehr weit gehenden Aussage, dass jeder Christ, wo es nötig ist, auch in der Gegenwart Wunder tun kann. Dies gilt besonders in der Missionssituation und in der Bedrängnis des Evangeliums. »Ein Christenmensch hat gleiche Gewalt wie Christus, ist ein Kuchen mit ihm und hat gemeinsames Leben mit ihm ... Wo ein Christenmensch ist, da ist darum auch jetzt noch die Gewalt solche Zeichen zu tun, wenn es nötig ist. Es soll sich aber niemand unterstehen, sie auszuüben, wenn es nicht nötig oder erforderlich ist ... Weil aber das Evangelium nun ausgebreitet ist, ist nicht mehr vonnöten, Zeichen zu tun wie zu der Apostel Zeiten. Wenns aber die Not erforderte und sie das Evangelium ängsten und drängen wollten, dann müssen wir wahrlich auch dran und Zeichen tun, eh wir das Evangelium schmähen und unterdrücken lassen. Aber ich hoff, das werde nicht vonnöten sein und nicht dahin kommen, dass ich hier mit neuen Zungen reden muss ...«[142]

Prophetie versteht Luther als vollmächtige, evangeliumsgemäße Schriftauslegung und Predigt; Zungenrede als Lesen oder Gesang biblischer Texte ohne erklärende Auslegung oder er bezieht es auf den Gebrauch des Lateinischen als Fremdsprache bei der Messe und der Verkündigung.

Weithin vernachlässigt und erst in neuerer Zeit wieder aufgegriffen wurden die praktischen Anweisungen Luthers zum Heilungsgebet im privaten Rahmen und in der Gemeinde nach Jak 5,14ff.

3.2 Johannes Calvin

Johannes Calvin nimmt die reformatorische Neuentdeckung des Heiligen Geistes zentral und konsequent in seine Theologie auf. So sieht er alles Handeln Gottes gegenüber der Welt als vom Heiligen Geist vermittelt. Dieses Handeln

[142] Predigt zu Mk 16,14ff

denkt er in drei abgestuften konzentrischen Kreisen: a) am *Kosmos*; b) an der *Menschheit*; c) an der *Christenheit*.

Gemeinsam mit Luther betont er die Rückbindung des Geistes an Christus und die enge Verbindung von Wort und Geist, mit anti-enthusiastischer Wirkung. Dem Heiligen Geist kommt wie bei Luther im Geschehen von Rechtfertigung und Heiligung zentrale Bedeutung zu. Anders als Luther ist Calvin bestrebt, dem Heiligen Geist gegenüber den Heilsmitteln der Schrift und der Sakramente eine größere Eigenständigkeit zu geben. Mit der Lehre vom »inneren Zeugnis des Heiligen Geistes« (*testimonium spiritum sanctum internum*) betont Calvin die Unverfügbarkeit des Geisteswirkens.[143] Die breite Aufnahme des Geisteswirkens im Kosmos ist eine weitere Besonderheit bei ihm.

Analog zu Luthers Differenzierung von Gnade und Gabe (*gratia* und *donum*) unterscheidet Calvin Kindschaftsgeist und Charismengeist, zwischen eschatologischer Heils-Gabe und zeitlichen Gnaden-Gaben. Stärker als Luther versteht Calvin die Kirche als den geistdurchwalteten Leib Christi. Der Heilige Geist durchströmt vom Haupt her den Leib und ist Prinzip seiner Einheit und seines Gegliedertseins. Die Differenzierung äußert sich sowohl in der großen Vielfalt der Gaben als auch im unterschiedlichen Maß der Mitteilung. Die einzelnen Glieder sind aufeinander verwiesen und brauchen sich gegenseitig, wie sie zugleich vom Haupt abhängig sind, das den Geist und die Gaben in vollem Maß besitzt.

Für Calvin steht die charismatische Gliederung des Leibes in engstem Zusammenhang mit der Ordnung der *Ämter*. Diese sind nicht ohne charismatische Begabung denkbar, was er aber durchaus nicht mit enthusiastisch-außerordentlichen Vorgängen verbindet. Indem der Heilige Geist Gaben zur Leitung und Auferbauung der Kirche gibt, regiert er selbst die Kirche. Die Gemeinde, die den Geist hat, erkennt den geistbegabten Charismatiker als Amtsträger an und unterstellt sich diesen als dem Heiligen Geist. Ordinatorische *Handauflegung* ist für Calvin ein bestätigendes Zeichen und nicht die Übertragung von Geistesgaben, was als magische Kraftübertragung missverstanden werden könnte.

Die Fülle der Geistesgaben war nach Calvins Sicht nur für die erste Zeit gegeben, zum Schmuck des Anfangs des Reiches Christi und um dem Evangelium zu Ansehen zu verhelfen. Nach seinen Äußerungen im Kommentar zu Apg 10,44 scheint es so, als ob die Charismen überhaupt aufgehört hätten und der

---

[143] Institutio I,7,4.5

Kirche nur der Kindschafts- bzw. Wiedergeburtsgeist geblieben wäre. Hier geht es besonders um die auffälligen wunderhaften Gaben (Heilung, Prophetie, Glossolalie, Exorzismus, u.a.). Nirgendwo listet Calvin aber einen Katalog der zeitlich befristeten Charismen auf, sodass man in den Folgerungen sorgsam sein muss, wie W. Krusche mahnt: »Calvin hat es offenbar nicht gewagt, bestimmte Geistesgaben als nur noch historisch interessant hinzustellen. Und man wird hier unter keinen Umständen entschlossenere Aussagen machen dürfen: weder ist zu lehren, dass zu allen Zeiten die gleichen Geistesgaben in der Kirche da sein müssten, noch ist zu behaupten, dass bestimmte Geistesgaben (z.B. die Glossolalie!) für alle Zeiten erloschen seien und nie mehr in der Kirche in Erscheinung treten dürften . . .«[144]

Im Blick auf besondere Geistesleitungen ist Calvin ähnlich restriktiv wie Luther. Auch er verweist in dieser Frage auf Schrift, Dekalog, Beruf, Umstände und Schicksal. Der Christ bewährt sich durch Gehorsam gegenüber dem in der Heiligen Schrift offenbarten Gotteswillen. Calvin wendet sich gegen »Geistschwärmer«, die vertreten, man solle sich ganz dem Geist überlassen, er würde schon nichts Verkehrtes eingeben, und die zugleich unsittlich leben.[145]

Noch grundsätzlicher als Luther versteht Calvin Prophetie als geistgewirkte, vollmächtige Schriftauslegung. Da die Offenbarung in Christus zu Ende gekommen ist, bedarf es jetzt nur noch der rechten Auslegung derselben. Prophetie ist für ihn das richtige Verstehen der Schrift und die besondere Fähigkeit zur Auslegung. Diese geschieht durch die ordinierten Diener des Wortes. Das prophetische Amt sieht er durchweg in dem des »Doktors«, des theologischen Lehrers und Schriftauslegers. Das Apostelamt sieht er im Amt des Pastors, des Hirten der Gemeinde aufgegangen. Im Unterschied zu Zwingli rechnet Calvin die Prophetie nicht zu den bleibenden Ämtern.

3.3 Spiritualisten und Täufer

Die Geistfrage spielt im vielgestaltigen »linken Flügel« der Reformation in unterschiedlicher Gestalt eine wichtige Rolle – mystisch, spiritualistisch und eschatologisch-apokalyptisch bis sozialrevolutionär mit entsprechender Fröm-

[144] Das Wirken des Heiligen Geistes nach Calvin, Göttingen 1957, S. 329ff
[145] Institutio III, 3,14

migkeit. Kennzeichnend ist der Protest gegen die verfasste Kirche, gegen die Bindung der Heilsvermittlung an die Schrift, an Sakrament und kirchliches Amt und stattdessen die Berufung auf unmittelbare Offenbarung bzw. Erfahrung des göttlichen Geistes. Die unterschiedlichen Vertreter eint das Geistprinzip im Gegensatz zum reformatorischen Schriftprinzip und zum katholischen Traditionsprinzip. In der inhaltlichen Füllung und den Anliegen gehen die Sichten weit auseinander. Im Einzelfall von der völligen Vernachlässigung und Relativierung der heiligen Schrift bis zu einer engen Verklammerung von Schrift und Geist, von neuen, die Schrift überbietenden Offenbarungen bis zur Bindung des Heils an die Person des Propheten, von bloßer Aufforderung zur Verinnerlichung bis zum mystischen Stufenweg als Weg zum Heil, von ethischem Rigorismus bis zum Libertinismus.[146]

Thomas Müntzer (1488–1525), wegen seiner zunehmenden Radikalität und Wendung zur Gewalt einer der bekanntesten Vertreter, wandte sich gegen einen unlebendigen, unerlebten, geist- und wesenlosen nach rückwärts orientierten Buchstabenglauben, wie er ihn bei den Reformatoren zunehmend festzustellen meinte. Die Vertreter des lutherischen Schrift-Christentums würden zwar die Bibel hoch schätzen, erfassten aber ohne den Geist das lebendige Wort nicht, die geistliche Botschaft. Der Geist ist für Müntzer Grund, Kraft und Ziel des Glaubens, nicht der Buchstabe. Insofern die Bibel Zeugnisse von Glauben und Geistbesitz erleuchteter Menschen enthält, ist sie aber nicht bedeutungslos. Der Weg zum wahren Glauben und zum Leben im Geist ist der Weg des Leidens, des eigenen Absterbens. Die Betonung des bloßen Vertrauens auf das stellvertretende Sühneleiden Christi als Weg zum Heil lief für Müntzer auf einen »honigsüßen Christum« und auf ein leichtfertiges, unwürdiges Christentum hinaus.

Andreas Bodenstein, genannt *Karlstadt* (ca. 1477–1541), wandte sich von Luther ab und mystisch-spiritualistischen Gedanken zu. Mit seinen spiritualisierenden Traktaten zog er sich im Abendmahlsstreit den Zorn Luthers zu. Teilweise Zustimmung erhielt er von Zwingli und den Schweizern. Immer mehr betonte er in seinem Schriftverständnis den Geist vor dem Buchstaben. Schließlich brach er mit der Universität und aller menschlichen Gelehrsamkeit und empfahl den Weg der Mystik als Weg zum Heil. Durch Gelassenheit

---

[146] vgl. G. A. Benrath: »Die Lehre außerhalb der Konfessionskirchen«, in: HDThG, Bd. 2, Göttingen 1980, S. 560ff

(Verzicht auf alles irdische Gut, Selbstpreisgabe, Entwerden) kann sich der Mensch bereiten für die innere Vermählung mit Gott. Die Bedeutung des Kreuzestodes und die Bibel treten in diesem Geschehen zurück. »Ein recht gelassner Mensch muss die heilige Schrift hinter sich lassen und nicht um Buchstaben wissen, sondern eingehn in die Macht des Herrn«. Schriftaussagen bestätigen lediglich, was Gott dem Menschen auch unmittelbar offenbaren kann. Diese Betonung des inneren, unmittelbar-geistlichen Charakters der Gottesbeziehung führte notwendig zu einer Relativierung des geistlichen Amtes und der heilsvermittelnden Bedeutung von Taufe und Abendmahl. Die innere Vergegenwärtigung des Kreuzestodes sei beim Abendmahl das Entscheidende.

Eine einfache, schriftnahe Ausprägung fand der Spiritualismus bei dem humanistisch gebildeten *Hans Denck* (um 1500–1527). Als er von einigen Grundsätzen der Reformation abrückte und deren mangelndes Ethos kritisierte, wurde er seines Amtes enthoben und stieß für einige Zeit zu den Täufern. Das Reden und Wirken des Heiligen Geistes im Innern des Menschen stellte Denck über den Wert der Heiligen Schrift und die Predigt: »Gott ist in dir! Das Reich Gottes ist in euch« (Lk 17,21). Nach ihm kann ein Auserwählter auch ohne Predigt und ohne die Schrift selig werden. Der Heilige Geist allein vermag deren widersprüchliche Aussagen in einem höheren Sinn aufzulösen. Bei der Taufe käme es einzig auf den geistlichen Vorgang der Heiligung an, beim Abendmahl auf die Gesinnung der Liebe und die Vereinigung mit Gott.

Am klarsten kam die spiritualistische Opposition gegen die Kirchen der Reformation bei *Sebastian Franck* (1499–1529) aus Donauwörth zum Ausdruck. Nach seiner Abkehr vom Luthertum brach er mit Kirche, Dogma und jeder Art von äußerer Heilsvermittlung. Buchstabenglaube und Dogmatismus hätten die Christenheit in lauter Sekten und Parteiungen zerrissen. Wurzel allen Übels sei die abgöttische Hochschätzung des äußeren Bibelworts. Gegen »Ketzerei« und alle »Sekten« (= Kirchen; Lutheraner und Täufer eingeschlossen), denen Gott feind sei, stellt Franck seinen Spiritualismus und religiösen Individualismus. In der Konsequenz gelangte er zur grundsätzlichen Toleranz gegenüber Andersdenkenden und zu einer universalen Religion des Geistes, die auch gottesfürchtige, »geistgelehrte« Muslime umfasst.

Ganz anders dagegen verbleibt *Kaspar Schwenckfeld von Ossig* (1489–1561) im Rahmen der biblischen Offenbarung. Sein gemäßigter, christosophischer Spiritualismus und das Anliegen einer apostolischen Gemeindereform hat stark nachgewirkt, u. a. im Pietismus. Obwohl von Luther herkommend, kritisierte er zunehmend die Betonung der äußeren Mittel zum Heil und stellte dagegen, dass der Glaube »eine Gab des hl. Geists und ein frey geschenck Gottes« sei. Während die Reformation wie die Katholiken das Heil an irdische, »elementische« Dinge binde, käme stattdessen alles auf »das innerlich werck Gottes«, auf »die innerliche Vereinigung des heiligen Geists der Herzen, Seel und Gewissen in Christo und seiner Erkentnis« an. Nicht ein auf die Vergangenheit gerichteter, bloß historischer, kopfmäßiger, fleischlicher Glaube führe zum Heil; sondern der innerlich hier und jetzt wahrgenommene Glauben im Geist. Entscheidend sei die »wesentliche« Gerechtigkeit (im Unterschied zur bloß zugesprochenen); die Wiedergeburt und der »neue Mensch«. Alle äußeren Dinge seien für sich wertlos, ja sogar schädlich für die, die nicht wissen, dass sie auf das wahre, innere Heil weisen. Die Taufe ist für ihn äußeres Zeichen, das auf die Wiedergeburt hinweist. Weil zu diesem Verständnis das Bewusstsein des Erwachsenen nötig ist, lehnt Schwenckfeld die Kindertaufe ab. Dass er auch die Erwachsenentaufe nicht für heilsnotwendig erachtete, brachte ihn in Distanz zu den Täufern. Beim Abendmahl ging es ihm entsprechend seinem dualistischen Ansatz entscheidend um das innere Genießen Christi, das auch ohne äußere Zeichen möglich ist. Ab 1525 übte Schwenckfeld den »Stillstand« und enthielt sich bis an sein Lebensende des Abendmahls. Trotz der individualistisch-innerlichen Ausrichtung hat Schwenckfeld gemeinschaftsbildend gewirkt.

Von den mehr als Einzelgestalten wirkenden eigentlichen Spiritualisten ist das *Täufertum* zu unterscheiden, wenngleich auch hier in den Anfängen ähnliche spiritualistische Motive und z. T. apokalyptische, prophetisch-visionäre Momente wirksam sind. Hauptanliegen der Täufer ist die Verwirklichung einer Gemeinde der wahrhaft Gläubigen und Geheiligten nach apostolischem Vorbild. Zu deren Gestalt gehört vor allem die Mündigentaufe, ein Leben strenger Sittlichkeit nach der Heiligen Schrift und die Praxis von Gemeindezucht. Kennzeichnend ist weiter der starke Dualismus von Gemeinde und »Welt«. Die Täufer lehnen obrigkeitliche Einflussnahme auf den Glauben und jegliches Staatskirchentum ab. Im Konfliktfall berief man sich auf die Heilige Schrift bzw. auf die selbst erlebte Offenbarung oder Geistesleitung. Konfrontationspunkte waren neben anderem die Verweigerung des Eids, die Ablehnung von obrigkeitlichen Ämtern und strikte Kriegsdienstverweigerung. Auffällig ist das geduldige Ertragen von Unrecht und Gewalt wegen ihrer Überzeugungen. Seit dem Reichstag von Speyer (1529) stand auf »Wiedertäuferei« reichsrechtlich die Todesstrafe.

In Misskredit wurden die Täufer durch einzelne enthusiastische Entgleisungen und massiv-apokalyptische Phantasien gebracht. In Fortsetzung von Gedanken Thomas Müntzers errechnete etwa *Hans Hut* (gest. 1527) auf Pfingsten 1528 die gottgewollte Revolution mit anschließender Erneuerung der Christenheit. Von höchster Naherwartung getrieben entfaltete er eine kurze aber einflussreiche missionarische Tätigkeit im Süden und Südosten Deutschlands. Für die Zeit der Vollendung forderte er die Gütergemeinschaft.

Auch in der scharf polemischen Verkündigung des Kürschners *Melchior Hoffmann* aus Schwäbisch-Hall (gest. 1543) finden sich spiritualistische Prinzipien verbunden mit apokalyptischer Naherwartung. Mit seiner biblischen Aussagen entnommenen Verheißung des nahen Weltendes und seinen aufwühlenden Predigten bewegte Hoffmann das Täufertum in Nordwestdeutschland. Er selbst ließ sich in Straßburg nieder, von wo aus er mit der Hilfe einer von Gott dazu berufenen weltlichen Obrigkeit den Anbruch des irdischen Reiches Gottes einzuleiten gedachte. Bestätigt und aktualisiert sah Hoffmann seine Apokalyptik durch die Gesichte und Offenbarungen des Straßburger Prophetenpaars Ursula und Lienhard Jost sowie von Barbara Rebstock. Die den Erwählten verheißene Geistausgießung schien vorweggenommen. Seit 1533 in Haft, hielt er bis an sein Lebensende an seiner Hoffnung fest.

Ohne sein aktives Zutun setzten Hoffmanns Anhänger im Nordwesten, u. a. der von ihm getaufte Jan Matthys aus Haarlem, die Erwartung der nahen Zeitenwende in den verheerenden Taten des Täuferreichs von Münster (1534/35) um. Der Gedanke des stillen Duldens schlug in die Überzeugung um, Gott gebiete den Seinen die Vernichtung der Gottlosen durch das Schwert. Mit dem Fall von Münster und der grausamen Bestrafung der Schwärmer begann für das ganze Täufertum eine lange Leidensgeschichte. Das apokalyptische, visionär-prophetische Fanatikertum war kompromittiert.

Für die weitere Entwicklung war *Menno Simons* (1496–1561) entscheidend, der die gemäßigten Täufer zu Gemeinden organisierte und das revolutionär-enthusiastische Moment überwand. Kleinere chiliastisch-prophetisch erregte Kreise von Täufern bestanden noch weiter. Führer dieses radikaleren Täufertums war *David Joris* (gest. 1556).

3.4 Die Quäker

Starke Wirkungen gingen vom spiritualistischen Ansatz und dem Wirken von *George Fox* (1624–1690) in England aus. Besonders bei ihm und den frühen *Quäkern* finden sich außerordentliche enthusiastische Phänomene. Auf der Suche nach Wahrheit und Gewissheit kam er zur Erkenntnis, dass es nötig sei, »auf den Herrn zu warten«, um die Wirklichkeit Gottes im »schweigenden Gebet« (*silent prayer*) durch eine »Erweisung von Geist und Kraft« zu erfahren. Nach schweren inneren Kämpfen und massiv-ekstatischen Erlebnissen (14-tägiger tranceartiger Sonderzustand, in dem er nach eigenen Angaben die Gabe der Unterscheidung erhielt) erlangte er die Gewissheit, dass die »Saat Gottes« in ihn ausgesät, das ewige Lichte des Sohnes Gottes als »Inneres Licht« (*inward light*) in ihm entzündet und der Heilige Geist in sein Herz ausgegossen worden sei. Fox kam zur Erkenntnis, dass – unabhängig von Kirchen und geistlichen Ämtern – alle Menschen, die sich diesem Wirken von oben öffneten, in gleicher Weise in die Geist- und Lichtwelt Christi versetzt werden könnten – in das »Paradies«, in die »Welt Adams vor dem Fall«.

Die Quäkerbewegung war die Fortsetzung der Bewegung der *Seekers* (»Gottsucher«), die ähnlich der Konzeption Joachim von Fiores mit einer »dritten« Heilszeit rechneten und auf eine reine Kirche des Geistes und das Auftreten apostolischer Männer warteten.

Ohne direkte Abhängigkeit von spiritualistischen Vorläufern z.B. der Reformationszeit hatte Fox den Heiligen Geist als Grundprinzip des Christentums begriffen. Echtes Christentum war für ihn unmittelbare Geisterfahrung, Widerfahrnis einer inneren Erleuchtung. Den Anspruch der Kirche, als Institution Heil zu vermitteln, verwarf er als Anmaßung und Abfall vom ursprünglichen apostolischen Wesen des christlichen Glaubens. Er vertrat das unbedingte Recht jedes einzelnen Menschen auf eine unmittelbare Beziehung zu Gott. In schonungsloser Polemik brandmarkte er das in seinen Augen kraftlose veräußerlichte Kirchentum und die beamtete Priesterschaft. Sich selbst sah er prophetisch beauftragt, die Christenheit vom Buchstaben zum Geist zu bekehren; von den »Turmhäusern« zur wahren Kirche, vom äußeren Gottesdienst zum Leben im Geist und aus seiner Kraft, zur lebendigen Erfahrung der Liebe Gottes. Er glaubte, sein Auftrag sei die Wiederherstellung der Urkirche. Erst nach Jahrzehnten nahm er seine Polemik gegen die Kirchentümer zurück.

Bei Fox und seinen Anhängern zeigte sich das Erfasstsein vom Geist vielfach durch ein Zittern des ganzen Körpers, was der Bewegung den Spottnamen »Quäker« (»Zitterer«) einbrachte. Fox liebte diese Bezeichnung nicht, verteidigte aber die Erscheinungen als solche. Den Spöttern hielt er entgegen, sie würden die Apostel und Propheten nicht kennen, bei denen solches immer wieder vorgekommen sei. Robert Barclay, der Theologe der Quäker, verteidigte die Erscheinungen unter Berufung auf Hes 12,18. Hesekiel sei nichts anderes als ein Quäker gewesen. In späterer Zeit traten die massiven Vorgänge zurück.

Weitere aus der Frühzeit berichtete außerordentliche Dinge sind Herzensschau, Hellsichtigkeit und visionäre Erscheinungen. Mehrfach sah Fox seine Festnahme voraus, ebenso Cromwells Tod und die umstürzenden Ereignisse der *Glorious Revolution*. Von Fox und den frühen Quäkern werden vielfache Heilungswunder überliefert; so listet das verloren gegangene *Book of Miracles* 150 Heilungen von Fox auf. In seinem Journal erzählt er selbst etwa ein Dutzend außergewöhnliche Fälle von Heilung; wobei er bescheiden blieb, dies sich nicht selbst zuschrieb, sondern Gott die Ehre gab. Zurückhaltend machte er nicht viel Aufsehens davon. Oft wartete er nicht einmal das Eintreten der Heilung ab, sondern entfernte sich. Fox und seine Freunde verwahrten sich gegen die Meinung, Heilungen seien erforderlich, um die Echtheit der Botschaft zu erweisen; aber sie dankten Gott jedesmal, wenn solche eintraten. Diese Geschehnisse stärkten sie im Glauben an Gottes Macht und Gegenwärtigkeit.

Bei den Quäkern hat es auch vergebliche Versuche von Heilungen und Totenauferweckungen gegeben, was von den Gegnern reichlich ausgeschlachtet wurde. In eine schwere Krise geriet die Quäkerbewegung durch die Verirrungen von *James Nayler*, einem der ersten Anhänger und Schüler von Fox. Er geriet unter den Einfluss der radikal-enthusiastischen und libertinistischen *Ranters* (»Rasende«), hatte Visionen und sah sich schließlich als den wiederkommenden Messias. 1656 ritt er – analog zum Einzug Jesu nach Jerusalem – von seiner Anhängerschaft bejubelt auf einem Esel als König Jesus und Gottes Sohn in Bristol ein. Daraufhin verhaftet, wurde er vom Parlament wegen Gotteslästerung verurteilt. Er überlebte die strenge Bestrafung (Auspeitschung, Pranger, Brandmarkung, Durchbohrung der Zunge) und wirkte bis zu seinem Tod weiter als Prediger der »Freunde«. 1659 schrieb er im Rückblick auf seine Verirrung: »Wenn dir Stimmen, Visionen und Offenbarungen erscheinen, halte dich nicht daran, sondern harre aus im Licht und fühle den Leib Christi, und dort wirst du Glauben und Macht der Unterscheidung aller Erscheinungen und Geister empfangen, um die guten festzuhalten und ihnen zu folgen und den falschen zu widerstehen«.

Im Unterschied zum Schriftverständnis der Puritaner, Presbyterianer und Baptisten seiner Zeit behauptete Fox die Möglichkeit unmittelbarer Offenbarung Gottes in der Gegenwart. Seine Gegner bestritten dies und betonten die Abgeschlossenheit der Offenbarung in Gestalt der Heiligen Schrift. Fox lehnte die Festlegung auf eine bestimmte Zeit, auf gewisse Menschen und ein einzelnes Buch ab. Trotzdem bemühte er sich, wo er konnte, die Übereinstimmung seiner Erfahrungen mit dem biblischen Zeugnis festzuhalten. Unter der Bedingung der Vorordnung des Geistes Gottes in der Offenbarung (auch in der Gegenwart) gestand er der Bibel, als erstem Zeugnis hiervon, den ersten Platz zu. Grundsätzlich sah er aber keinen Unterschied zwischen der Mitteilung Gottes in einer unmittelbaren Erleuchtung oder mittelbar durch die Predigt eines vollmächtigen Verkündigers oder durch die Heilige Schrift.

Folgerungen der Botschaft vom »Inneren Licht« waren für Fox: a) die *Gleichheit aller Menschen*, b) die *Ablehnung von Standesunterschieden*, c) *unbedingte Wahrhaftigkeit*, d) *Ablehnung des Eides*, e) *Ehrlichkeit*, f) *Schlichtheit*, g) *Abstinenz*, h) *Gewissensfreiheit*, i) *Friedfertigkeit und Gewaltlosigkeit*. Bedeutende Wirkungen entfalteten die Quäker im Aufbau des Bildungswesens, in der Gefängnisreform und im Kampf gegen die Sklaverei.

4. Pietismus und Erweckungsbewegungen

4.1 Pietismus

Der Pietismus knüpfte an die Lehrstücke der lutherischen und reformierten Orthodoxie an, die den Erfahrungsaspekt der Heilsvermittlung und Heilswirkung umschreiben: *Erleuchtung, Wiedergeburt* und *Heiligung*. Energisch drang man auf »Früchte des Geistes«, auf Bekehrung und Heiligung, auf persönliche Erfahrung des Heils. Insgesamt verblieb der »kirchliche« Pietismus im orthodoxen Lehrsystem, nahm aber subjektive, spiritualistische Elemente und Anliegen auf. So unterscheidet sich etwa *Philipp Jakob Spener* (1635–1705) von der Orthodoxie u.a. darin, dass er neben dem durch das Wort vermittelten Wirken des Geistes ein außerordentliches Wirken im menschlichen Herzen lehrt: »Was dem Wort Gottes von Erleuchtung, Bekehrung, Wiedergebärung ... zugeschrieben wird, sind lauter Wirkungen des Heiligen Geistes und zwar vielmehr seine als des Wortes ... der Heilige Geist hat sich gleichwohl nicht also an das Wort gebunden, dass er nicht auch außer demselben wirkete; also wirket er den Glauben in den Kindern, sonderlich die ohne Taufe sterben ... Er fängt auch wohl zuweilen das Werk der Bekehrung, was die erste Bereitung des Herzens anlangt, ohne Wort an ..., da zwar die eigentliche Erleuchtung und Bekehrung durch das Wort geschiehet; vor demselben sind aber bereits einige Wirkungen ohne das Wort geschehen.«[147]

In neuerer Zeit wird in der Forschung als zentraler Aspekt des spenerschen Reformprogramms der Grundgedanke der Erneuerung der Kirche durch die erfahrbare Lebenskraft des Heiligen Geistes betont.[148] Vom wortstatistischen Befund her lässt sich zeigen, dass der Heilige Geist in der »Pia desideria«, der Programmschrift des Pietismus, eine entscheidende Rolle spielt. Auch der erste Angriff der Orthodoxie gegen die »Pia desideria« betraf die Lehre vom Heiligen Geist. Spener hat sich von den Vorwürfen, die Pietisten seien Quäker und Enthusiasten, nicht beirren lassen. Allen Widerständen, Angriffen und Warnungen, es sei gefährlich, so viel vom Heiligen Geist zu reden, zum Trotz, hat er dies immer wieder getan.

In seinem Reformprogramm sah Spener eine geistliche Erneuerung der Kirche nach zwei Seiten geboten: (1) als *Erneuerung des Pfarrerstandes* und (2) als *Erneuerung der Gemeinde*. Der evangelischen Kirche mangle es nicht am Wort, an reiner Lehre, an Predigt und Gottesdienst, sondern am Geist und am Glauben. Die Kirche kranke an Geistesmangel, Geistesarmut, ja an Geistlosigkeit. Dem wollte er abhelfen und praktische Wege der Erneuerung weisen: in Gestalt intensiverer Beschäftigung mit dem Wort Gottes, in der Umsetzung des allgemeinen Priestertums, in einem Christentum der Tat, im Ernstnehmen des Liebesgebots in Religionsstreitigkeiten und in einer Reform des Theologiestudiums. Er belebte den Katechismusunterricht, führte die Konfirmation ein und begann ab 1670 mit der Abhaltung der *collegia pietatis*, regelmäßigen Erbauungsstunden für diejenigen, die mit Ernst Christen sein wollten.

---

[147] zit. bei Hermann Bauch, Die Lehre vom Wirken des Heiligen Geistes im Frühpietismus, Hamburg-Bergstedt 1974, S. 53

[148] so etwa von Johannes Wallmann

Im Unterschied zur apokalyptisch-pessimistischen Eschatologie der Orthodoxie hegte Spener eine »Hoffnung besserer Zeiten« für die Kirche. Für diese rechnete er mit einer größeren Ausgießung und einem reicheren Wirken des Heiligen Geistes noch vor der Wiederkunft des Herrn. Er erwartete aber kein Geistzeitalter im Sinn einer neuen, höheren Stufe wie Joachim von Fiore. Pfingsten war für Spener ein einmaliges, nicht überbietbares Grundereignis, in dem der Heilige Geist in seiner ganzen Fülle gegeben wurde; allerdings im Sinn eines immer neuen und aktuellen Weiterwirkens. Spener vertritt die traditionelle lutherische Sicht, wenn er sagt, dass die »Gabe des Heiligen Geistes ein fortwährendes Gut ist, damit unser getreuer Heiland noch immer seine Heiligen beschenket / und durch seine Wirckungen ihr Heil schaffet«.[149]

Geistesarmut und Geistlosigkeit der Kirche haben ihren Grund nicht darin, dass Gott die Gabe nicht geben will, sondern darin, dass der Mensch der wesentlich durch das Wort vermittelten Wirkung des Geistes keinen Raum gibt und diese hindert. Diese Hindernisse sollen ausgeräumt werden. Weil der Geist nach reformatorischer Überzeugung Glauben und Erneuerung durch das Wort wirkt, ist Speners Anliegen folgerichtig, das Wort Gottes reichlicher unter die Menschen zu bringen. Dabei durchbricht er auch das »angemaste Monopolium des geistlichen Standes«, die einseitige Bindung der Wortverkündigung an das Amt. Sein Einsatz für das allgemeine Priestertum richtete sich aber nicht, wie bei den Spiritualisten und radikalen Pietisten, gegen das Amt als solches. Er versuchte insgesamt, unter der Pfarrerschaft und den Laien die grundlegend geistliche Dimension von Christsein und Kirche wieder zu erschließen. Spener hat die kirchlichen Strukturen belassen, aber er hat in der Kirche den Handlungsspielraum für den Heiligen Geist geweitet.

Spener versagte sich zeitlebens einem prinzipiellen Spiritualismus, aber er nahm dessen berechtigte Anliegen auf. Bei der Behandlung der Geisteswirkungen legte Spener den Akzent auf die lebensverändernde, erneuernde Kraft des Geistes, nicht auf außerordentliche Phänomene. Es ging ihm um Wiedergeburt, wahre Bekehrung, Gewissheit des Heils und in der Folge um das konkrete Tun des Willens Gottes im Alltag.

Die Geisterfahrung Speners ist kein spektakuläres Ereignis, das anderen ins Auge fällt; es spielt sich vor allem innerlich ab. Spener spricht von den »guten

---

149 zit. bei J. Wallmann, Geistliche Erneuerung der Kirche nach Ph. J. Spener, in: JGP 12/ 1986, S. 19

Bewegungen des Heiligen Geistes«, die sich in der Seele des Menschen regen. Das Wirken des Geistes widerfährt so, dass jemand bei einer Predigt oder infolge eines Gesprächs im *collegium pietatis* oder durch die Begegnung mit einem anderen Christen sich im Innersten getroffen fühlt und eine »Rührung« bzw. einen Trieb verspürt, der Welt abzusagen und nun Gottes Willen zu leben.

Im Unterschied zur Orthodoxie bejahte Spener mit anderen Weggenossen die Möglichkeit unmittelbarer außerordentlicher Offenbarungen, auch wenn er sie auf »Ausnahmefälle bei Wundermännern« einschränkte. Spener und andere Pietisten beriefen sich dabei auf Luther, der dies in seinen Ausführungen über Josefs Träume (1. Mo 37) nicht prinzipiell ausschloss. Der restriktive Gesamtduktus bei Luther wird aber zur Stützung des eigenen positiven Interesses an Träumen und Gesichten eingesetzt.

Im frühen Pietismus sind außergewöhnliche ekstatische Erscheinungen kaum vorhanden und nicht wesentlich. Man erhoffte ein neues allgemeineres Geisteswirken, aber das pietistische Reformprogramm erstrebte die Erneuerung von Kirche und Frömmigkeit nicht durch enthusiastische Geisterfahrungen oder die Restauration des Kanons der neutestamentlichen Charismen. Die Kapitel 12–14 des 1. Korintherbriefs spielten keine zentrale Rolle. Es ging um Bekehrung, Wiedergeburt, Gemeinschaft, Heiligung und um das Reich Gottes.

In einer Zeit, in der der Artikel vom Heiligen Geist wenig Bedeutung hatte, gewichtete man diesen auf der Grundlage der reformatorischen engen Verbindung von Wort und Geist neu. Die Bitte um den Geist war angesichts des geistlichen Tiefstands der Zeit Ausdruck der Sehnsucht nach persönlicher Erneuerung und Belebung der Christenheit. Man wusste sich elementar abhängig vom Wirken des Heiligen Geistes zur Erleuchtung des Verstandes, zur rechten Auslegung der Schrift, zur Leitung, Stärkung und Ermutigung sowie zur Ausrüstung mit Kraft für die gestellten Aufgaben in Kirche und Gesellschaft.

Aufs Ganze gesehen vertrat man auch im Pietismus die traditionelle Position, dass die Wundergaben den Aposteln bzw. der frühen Kirche gegeben waren, bis die Kirche gegründet war. Danach seien die *extraordinaria/immediata* (außerordentlichen, unmittelbaren Dinge) zurückgetreten und die *ordinaria/mediata* (ordentlichen Mittel) hätten ihren Platz eingenommen. Man trat für die Möglichkeit außergewöhnlicher Offenbarungen und Eingriffe Gottes in der Gegenwart ein, war aber insgesamt zurückhaltend beim Auftreten solcher Erscheinungen. Eine besondere Geistausgießung und ein allgemeines, vermehrtes Vorkommen von besonderen Gaben erwartete man in dem nah geglaubten, aber zukünftigen Tausendjährigen Reich. Die Joel-Stelle 3,1ff deutete man zukünftig. Die Position einer prinzipiellen Einschränkung der außerordentlichen Wundergaben auf die Apostelzeit wird nicht total vertreten. Man argumentiert weniger geschlossen dogmatisch oder exegetisch als auf Grund der Erfahrung des Rückgangs. Eine Erneuerung in der Gegenwart hielt man nicht prinzipiell für ausgeschlossen, vertrat aber keine Programmatik des Charismatischen. Extraordinäre Dinge hielt man für möglich, sah sie aber eher als Ausnahme. Insgesamt betonte man das Heils- und Heiligungswirken des Geistes.

August Hermann Francke (1663–1727) ging wie Spener von den Grundentscheidungen der Reformation aus. Stärker als dieser griff er auf Luther selbst zurück. In seiner Bekehrungstheologie (»Bußkampf«) knüpfte er deutlicher an die orthodoxe Betonung von Gesetz und Evangelium an. Auch wenn sich spiritualistische Einfärbungen im Schriftverständnis zeigen, war die enge reformatorische Bezogenheit von Wort und Geist in Halle unbestritten. Als bei einzelnen Gestalten der zweiten pietistischen Generation (seit 1690) visionär-ekstatische Phänomene auftraten, war Francke auffällig interessiert, erwartete doch auch er ein neues kräftigeres Wirken des Geistes. Er weigerte sich, die Erscheinungen vorschnell zu verdammen und trat gegen die orthodoxen Bekämpfer für die prinzipielle Möglichkeit und Legtimität außerordentlicher Offenbarungen ein; natürlich im Rahmen des Schriftzeugnisses. – Als 1713 die cevennischen »neuen Propheten« auf einer ihrer Missionsreisen aus dem englischen Exil auch nach Halle kamen, suchte Francke den auffälligen Erscheinungen auf den Grund zu gehen. Die subjektive Aufrichtigkeit der Cevenner stand für ihn nicht zur Debatte, aber der Augenschein der konvulsivischen Vorgänge führten ihn zur Ablehnung des Ganzen. Da die Inspirationssache die Gemeinde und die Studenten stark bewegte, sah sich Francke zur Stellungnahme und zum Einschreiten genötigt. In Predigten und Vorlesungen warnte er vor solchen nichtigen und ungöttlichen Erscheinungen. Es gelte allein beim untrüglichen Wort Gottes zu bleiben und auf wahre Früchte der Buße und des Glaubens zu achten. Beabsichtigte Gewaltmaßnahmen der Obrigkeit lehnte Francke ab. Er meinte mit christlicher Moderation sei der Sache schneller ein Ende zu bereiten. Die neuen Inspirierten seien keine bösartigen Betrüger, sondern Verirrte, die an einer gefährlichen Einbildung litten.

Angestoßen durch die Cevenner kam es in der Folge in Isenburg-Büdingen und im Wittgensteinischen zu radikalpietistischen Gemeindebildungen. Die auffälligen enthusiastischen Erscheinungen bei den »Inspirierten« und der hohe prophetische Anspruch in der Frühphase beschäftigten die anderen Pietisten wie die kirchlichen und staatlichen Obrigkeiten. *Eberhard Ludwig Gruber* (1665–1728) und *Johann Friedrich Rock* (1678–1749), zwei württembergische Separatisten, wurden die Führer der Bewegung. In den Versammlungen wartete man auf unmittelbare Inspiration der sog. »Werkzeuge« (insgesamt acht Personen), die sich massiv körperlich, mit ekstatisch-konvulsivischen Begleiterscheinungen anbahnte und vollzog. Auch auf Missionsreisen wurden die Werkzeuge auf diese Weise vom Geist erfasst. Die empfangenen Inspirationen galten als unmittelbares göttliches Wort und wurden wie bei den Cevennern mitgeschrieben und dann auch veröffentlicht, sodass sie zum Wort der Schrift hinzutraten. Prinzipiell achtete man sie gleichwertig, weil geistinspiriert. Während die Gabe der »Aussprache« 1719 bei den anderen Werkzeugen erlosch, besaß Rock diese bis an sein Lebensende. Mit seinem Tod 1749 trat die Situation ein, dass es keine aktuelle Prophetie mehr gab, sodass die Mitglieder darauf zurückgriffen, die schriftlichen Zeugnisse und Prophezeiungen der früheren Führer immer wieder neu vorzulesen.

Kennzeichen des einflussreichen württembergischen Pietismus ist die ausgeprägte bibelbezogene Frömmigkeit. *Johann Albrecht Bengel* (1687–1752) war durch und durch Bibeltheologe. Entscheidendes Medium der Gottesbegegnung war für ihn, wie für die lutherische Orthodoxie, die Bibel. Diese erschließt sich als alles bestimmende Größe aber nicht nur von der Heilserkenntnis in Christus her, sondern auch in ihrer heilsgeschichtlichen Chronologie. Gegenüber außerordentlichen Dingen war er äußerst zurückhaltend, ohne sie prinzipiell zu verwerfen. Wo Menschen auf subjektive Eindrücke und Sonderphänomene aus sind und die objektiven Dinge verachten, sieht er die große Gefahr, dass ihr ganzer Glaube ins Schwimmen gerät. »Wer etwas Höheres und Tieferes sucht, als die Schrift in ihrer Hauptsumme uns vorlegt, der kommt ab vom Kreutz-Wort, von dem einfältigen Glauben.«[150]

Was den Heiligen Geist angeht, sieht Bengel dessen Wirken wie Luther in engster Bindung an Christus. Ebenso betont er die enge Verbindung von Wort und Geist. Bengel kennt »geschwinde Stiche der Ewigkeit«, wie er ein unmittelbares Angerührtwerden beschreibt, aber aufs Ganze gesehen wirkt der Heilige Geist vermittelt durch das Wort. Das erste Werk des Geistes ist die Kirche. Bengel setzt nicht individualistisch oder subjektivistisch an, sondern bei den

[150] zit. bei J. Chr. Fr. Burk, Dr. J. A. Bengels Leben und Wirken, Stuttgart 1831, S. 240

objektiven Größen Kirche und Wort. Als Schrifttheologe wendet Bengel in seinen Ausführungen zu den Charismen ganz schlicht die paulinischen Kategorien an, wobei er in der Linie der traditionellen Auslegung die Wundergaben der Gründungszeit der Kirche zuordnet. Trotzdem kann es auch heute noch Wunder, Heilungen und Außerordentliches geben, besonders in »Grenzzeiten«. Im zukünftigen Tausendjährigen Reich wird der Geist in Fülle wirksam sein. Prophetie ist Entschlüsselung der Geheimnisse des wunderbaren Schriftganzen und die Deutung der Zeitsituation. Bengel bejaht eine »gesunde Mystik«, worunter er das gesammelte Hören auf Gott im Schriftwort versteht. Falsche, unechte Mystik beruht »auf privaten unmittelbaren Offenbarungen, mit welchen man sich groß macht«. Vom prinzipiellen Spiritualismus und der Lehre vom inneren Licht distanziert Bengel sich scharf, weil durch die daraus folgende Einebnung und Vergleichgültigung der Lehre die Mitte des Glaubens verschwimmt. Bengel pries die Herbheit und Nüchternheit des Glaubens als Schutz vor Irreführungen.

Zweite prägende Gestalt des württembergischen Pietismus war Bengels Schüler *Friedrich Christoph Oetinger* (1702–1782). Oetinger suchte eine ganzheitliche Philosophie und Theologie vom Leben her zu erschließen. Er verstand die Welt als lebendigen Organismus voller geheimnisvoller Kräfte und sah Gottes Heilshandeln bis hinein in die kosmische Leiblichkeit wirken. Auf der Suche nach der Wahrheit Gottes und nach einer apostolischen Gemeinde kehrte er bei unterschiedlichsten Persönlichkeiten und Bewegungen ein. Von Jugend auf war ihm der radikale Pietismus vertraut. Besonders im Blick auf die »Inspirierten« schwankte er lange in seinem Urteil, ehe er sich innerlich von ihnen löste, ohne sie zu verdammen. In Auseinandersetzung mit den verschiedenen Gruppen und Erscheinungen entwickelte er seinen Erkenntnisansatz und seine Prüfkriterien. Um Einseitigkeiten und Fehlentwicklungen zu vermeiden, müssten im harmonischen Dreiklang immer zusammengehen: (1) die *Schöpfungsweisheit*, (2) *Sinn und Geist der Schrift*, (3) die *Fügungen und Führungen Gottes*. In dieser Harmonie werden Natur und Gnade berücksichtigt; es gibt ein ausgewogenes Ineinander und Miteinander von Mittelbarkeit und Unmittelbarkeit des Handelns Gottes. Hinter Oetingers Ansatz steht eine trinitarische Denkweise, durch die Einseitigkeiten abgewehrt und korrigiert werden. Solche Einseitigkeiten findet er etwa im Naturalismus der Deisten (1. Art.), im Christomonismus Zinzendorfs (2. Art.) oder im Spiritualismus der Inspirierten (3. Art.).

Visionen und Verzückungen sind für Oetinger auch in der Gegenwart möglich. Er selbst habe die Gabe, Gesichte zu sehen, aber nicht. Oetinger wusste wie alle großen Pietisten um natürliche, psychologische Zusammenhänge und Gefährdungen in diesem Feld. Was Geistesgaben angeht, sieht er deren Niedergang und rechnet zugleich mit der Möglichkeit der Wiedererweckung. Er hält an der bleibenden Kraft des Wunderglaubens fest und rechnet mit dem Eingreifen Gottes beim Gebet um Heilung. Bei der Prophetie unterscheidet er verschiedene Grade: als Vorhersage zukünftiger Dinge im erhabeneren oder als eindrückliches Reden und Schildern im niederen Sinn. Bei Paulus gehe es aber beim Weissagen und Prophezeien noch um mehr als um ein Begeistert-Sein von »außerordentlichen Lichts-Bewegungen«, nämlich darum, den verborgenen Sinn der Schrift zu entfalten und darzulegen. In diesem Sinn komme auch Bengel ein prophetisches Zeugenamt zu. Oetinger blieb bei aller Offenheit für außerordentliche Erscheinungen insgesamt im Rahmen des Schriftzeugnisses. Kenntnis der rechten Lehre ist für ihn eine wesentliche Voraussetzung zur Prüfung der Geister.

Gerhard Tersteegen (1697–1769), niederrheinischer Pietist und Mystiker, beschreibt die wahrhaft christliche Grundhaltung als das »Sich-Lassen« des Menschen, das Ja-Sagen zum Kreuz, die Selbstverleugnung und den stillen Wandel in der Gegenwart Gottes. Der Heilige Geist wirkt Heiligung, Durchkreuzung der alten Natur, Weltverleugnung, Selbstverleugnung und Gelassenheit. Er befestigt und bewahrt im Glauben, gestaltet den Menschen um und erneuert ihn. Geistesgaben stehen in Zusammenhang mit der Himmelfahrt und Herrschaft Christi. Tersteegen weiß um besondere Gnadengaben und außerordentliche Erfahrungen, aber er weiß zugleich um die Gefährdungen und um den untergeordneten Stellenwert im Vergleich zur »wahren Gottseligkeit« als dem Kern des Christseins. »Gesichte, Offenbarungen, Einsprachen, Weissagungen und manche andere außerordentlichen Dinge können einem Mystiker auch ungesucht begegnen, gehören aber so gar nicht zum Wesentlichen der Mystik...«[151] – Wer außerordentliche Gaben besitzt, hat keinen Grund, sich etwas einzubilden. Wer solche nicht hat, soll sich hüten, aus Eigenliebe danach zu streben. Hauptgefährdung von Gabenträgern sind Stolz, Überheblichkeit, voreilige falsche Sicherheit und Selbstzufriedenheit. Von sich selbst sagt er: »Ich erwarte nicht Gesichter, Wundergaben, hohe Lichter; Kreuz und reine Liebe

[151] kurzer Bericht von der Mystik, in: Weg der Wahrheit, S. 273

haben, acht ich mehr als alle Gaben.« – »Gib Gott für alle Gaben Preis, doch geh zum Geber durch die Gaben! Die beste Gabe, die ich weiß, ist ein gebeugtes Herze haben.«[152] Gaben sind kein Beweis größerer Heiligkeit. Ihre Gefährdung besteht in ihrer Partizipation am Sinnlichen; trotzdem sind sie nicht prinzipiell zu verwerfen. Tersteegen lehnt eine Beschränkung außerordentlicher Gaben auf die Zeit der Apostel ab; man dürfe Gottes Wirken nicht einschränken. Solche Dinge sollten weder ungeprüft angenommen noch ungeprüft verworfen werden. Er warnt vor dem Streben nach Außerordentlichem und verweist auf den reinen Glauben als dem sicheren unbetrüglichen Weg zum Heil. Prüfungskriterien für außerordentliche Dinge sind: Früchte des Geistes, Demut, Auferbauung, Übereinstimmung mit der Schrift und das Eintreffen von Vorausgesagtem. Auffallende körperliche Erscheinungen, die verschiedene Ursachen haben können (göttlich, dämonisch, menschlich), sollte man versuchen, auf sanfte Weise zur Mäßigung zu bringen.

Bei *Nikolaus Ludwig Graf von Zinzendorf* (1700–1760) und in der Herrnhuter Bewegung findet sich am stärksten das, was man heute gabenorientierten Gemeindeaufbau nennt. Im Rahmen des Pietismus kam man mit der Laienmitarbeit, der Vielgestaltigkeit der Ämter und Dienste und den freien Gottesdienstelementen dem korinthischen Modell am nächsten. Die charismatische Dienstgemeinschaft der Gemeinde wurde hier am konsequentesten verwirklicht.

Zinzendorf empfand einen lebenslangen Auftrag an Außenseitern und Irrenden. Er sah sich berufen, ihnen von Illusionen und Eigenheiten zu den zentralen Anliegen der Schrift und zum Rechtfertigungsevangelium zurückzuhelfen. Von daher hat er auch zu den Inspiriertengemeinden Kontakt aufgenommen, wobei er eine Reihe von Gemeinsamkeiten feststellte. Die Annäherung und Verbrüderung war jedoch nur von kurzer Dauer. Zu unterschiedlich waren die Persönlichkeiten der Führer und der prinzipiell spiritualistische Ansatz bei Rock. Die Hauptdifferenz betraf zunächst weniger die Inspiration als den Separatismus. Die Bedenken Zinzendorfs wurden angesichts der massiven körperlichen Begleiterscheinungen immer stärker. Er war zwar bereit, Rocks Inspirationsgabe als Charisma gelten zu lassen, lehnte aber den Anspruch göttlicher Unmittelbarkeit ab. Die Ablehnung und Abschaffung der Sakramente bei den Inspirierten machten Zinzendorf das Ganze überhaupt verdächtig und er brachte die

[152] Blumengärtlein, S. 119, 605

Möglichkeit dämonischer Verführung ins Spiel. Das Zerwürfnis und die endgültige Distanzierung voneinander waren nicht mehr aufzuhalten.

Die Geburtsstunde der Brüdergemeine in der Abendmahlsfeier am 13. August 1727 sieht Zinzendorf als Geistgeschehen: »Vorher war eine gute Ordnung und menschliche Meinung, am 13ten Aug. aber ein Tag der Ausgießung des Heiligen Geistes über die Gemeine, die man billig als deren Pfingsttag achte.«[153] Im Mittelpunkt standen nicht extraordinäre ekstatische Phänomene, sondern das Erlösungswerk Christi, »das Lamm« in seinem Leiden, seine Erhöhung und Anbetung. Buße und Versöhnung, die Liebe zueinander und die dankbare Hingabe des eigenen Lebens zum Dienst, waren zentral. Auch im Weiteren wusste man sich entscheidend abhängig vom Heiligen Geist und seinem immer neuen Wirken. Zinzendorf betont die Notwendigkeit einer bleibenden Einmütigkeit und Offenheit der gesamten Gemeine für Gottes Wirken. Kennzeichen solcher *Erweckungen oder neuen Geisterfüllungen* ist das Zusammenwachsen der Einzelglieder, die gemeinsame Inspiration und Befähigung zu großen Taten. In der Folge geht Gottes Sache mit Leichtigkeit voran.

In Herrnhut gab es immer wieder Erfahrungen besonderer Gottesnähe, aber keine außerordentlichen Offenbarungen. In großer Natürlichkeit erwartete man in Krankheitssituationen das Eingreifen Gottes. Wie selbstverständlich erwähnt Zinzendorf, dass er von der ihn bei seinen Reisen sehr hinderlichen Seekrankheit frei wurde, nachdem er mit dem Heiland darüber gesprochen hatte. Es gab immer wieder *Glaubensheilungen*, ohne dass man daraus viel Aufsehens machte.

Im Hintergrund der Herrnhuter Gemeindeordnung mit dem Anliegen der Gesamttätigkeit aller Glieder stand mehr Röm 12,7f als 1. Kor 12-14. Zinzendorfs Ideal blieb das ungeschulte, geistgewirkte Dienen zum Nutzen aller. Immer dann, wenn neue Anfänge entstehen sollen, beruft sich Gott nach seiner Überzeugung außerordentliche Apostel, Streiter und Führer. In Weiterführung der Gemeindeordnung der böhmisch-mährischen Brüderkirche praktizierte man in Herrnhut ein sich ergänzendes und korrigierendes Nebeneinander von geordnetem Amt und charismatischer Unmittelbarkeit. Unter dem »Amt des Weissagens« verstand man in Herrnhut geistgeleitete, individuell-angemessene Seelsorge und Seelenführung. An anderer Stelle spricht man bei intuitiv richtiger Seelsorge von »Unterscheidung der Geister«. Als »Prophetie und Weissa-

---

[153] zit. bei Hahn/Reichel (Hg.), Zinzendorf und die Herrnhuter Brüder, Hamburg 1977, S. 104ff

gung« bezeichnet man die vollmächtige, ans Herz dringende Predigt. Der prophetische Geist ist nicht Dauerbesitz und soll nicht imitiert werden. Gott ist souverän darin, ihn zu geben, wann und wie er will. Die Gemeine soll darum bitten, dass ihr Wort nicht umsonst verhallt. Als Grund der Zurücknahme der außerordentlichen Gaben durch Gott in der Kirchengeschichte sieht man deren Missbrauch. Andererseits sah man sich mit allen für die eigene Zeit nötigen Gaben ausgerüstet. Auch für die Zukunft würde Gott seiner Gemeinde jeweils geben, was nötig ist. Am stärksten rechnete man bei *Gebrauch des Loses* mit einem unmittelbaren Eingreifen und Führen Gottes.

Dem Heiligen Geist kommt in Herrnhut im Blick auf das Frömmigkeitsverhalten große Bedeutung zu, aber bestimmend wird die Christozentrik und speziell die herrnhutische Ausprägung der Kreuzestheologie. Eine besondere Akzentuierung der Pneumatologie ist die Lehre vom »Mutteramt« des Heiligen Geistes. Bei allem Erleben, Erfahren und Fühlen bleibt die Rückbindung an die Schrift und der Glaubensgesichtspunkt erhalten. Insgesamt dachte man mit den oben genannten Akzentuierungen trinitarisch. Es gibt keinen Pneumatozentrismus. In den Liturgien heißt es im Blick auf den Heiligen Geist z.B.: »1. Ei, bittet Gott den Hl. Geist, der uns auf den Versöhner weist, Daß er uns verleihe die edlen Gaben, Die man aus Christi Verdienst kann haben. Erbarm dich. Herr! – Du heilger Meister, mit treuem Sinn führst uns alle zum Heiland hin . . . 4. Und wenn ein Engel vom Himmel käm, Und seine Beredsamkeit mit sich nähm, Wollt uns übers Kreuze führen, Wollten wir nicht mit ihm disputieren, wir bannten ihn.«[154]

4.2 Erweckungsbewegungen

Am Beginn der *methodistischen Bewegung* steht nach der Bekehrung und dem ersten evangelistischen Wirken der Führer eine überwältigende gemeinschaftliche Gottesbegegnung. Diese wurde als Zurüstung durch Gottes Geist erfahren und erfüllte die Beteiligten mit der Gewissheit, dass Gott Großes vorhatte. Nach Herrnhuter Art hatte man in der Neujahrsnacht 1738/39 in der Fetter Lane Society ein Liebesmahl gefeiert und brachte die ganze Nacht im Gebet zu. *John Wesley* (1703–1791) berichtet: »Ungefähr 3 Uhr morgens, als wir anhielten im

[154] Corpus Confessionum, 10. Abt., Berlin/ Leipzig 1936, S. 249

Gebet, kam die Kraft Gottes mächtiglich über uns, sodass manche aufschrieen vor übergroßer Freude und manche auf den Boden fielen. Sobald wir uns ein wenig von dem ehrfurchtsvollen Staunen vor der Gegenwart der Majestät erholt hatten, riefen wir mit einer Stimme aus: Wir loben dich, Gott, wir erkennen dich als den Herrn.«[155] – Das folgende Jahr führte die beiden Wesleys und *George Whitefield* (1714–1770) in die Weite. Ihre Aufsehen und Widerspruch erregende Verkündigung im Freien erfasste in England und Nordamerika Tausende. Inhalt war die Predigt von Sünde und Gericht sowie vom Sühnetod Jesu und der Rechtfertigung aus Gnade allein. Das Besondere war die freie, volkstümliche Rede mit dem eindringlichen Aufruf zu Umkehr und der Einladung zum Glauben hier und jetzt. Unter teilweise dramatischen Umständen erkannten sich Menschen als Sünder, taten Buße und brachen zur Gewissheit des Heils durch. Auffällige physische Begleiterscheinungen werden von J. Wesleys Wirken in Bristol 1739 berichtet. »Oft schrien die Leute laut auf, andere fielen in Krämpfe, wieder andere fielen wie tot zu Boden und verharrten stundenlang in diesem Zustand, manche wurden von heftigen körperlichen Erscheinungen gepeinigt, bis mit dem Frieden für die Seele auch der normale körperliche Zustand wieder eintrat. Auch solche, die aus reiner Neugierde oder mit böswilligen Absichten gekommen waren, wurden nicht selten von derartigen Anfällen heimgesucht, ein sonst gesunder Mann sogar beim Lesen einer Predigt in seinem Hause.«[156]

Charles Wesley (1707–1788) hielt diese Vorgänge für dämonische Wirkungen, um das Werk Gottes zu hindern, oder für plumpen Betrug. Whitefield warnte ebenfalls davor. John sah darin eine die Heilspredigt bestätigende Wirkung der Kraft Gottes bzw. das Aufbäumen des Widersachers. Aber auch für ihn waren sie nicht zentral. Er hat sie zwar auch später immer wieder erwartet; im Zentrum der methodistischen Verkündigung standen aber die Heilsdinge, Buße, Bekehrung, Rechtfertigung, Glaube und Heiligung.

Gleiches gilt für die außerordentlichen Begleiterscheinungen der Verkündigung von *Jonathan Edwards* (1703–1758) und George Whitefield in der »*Großen Erweckung*« in Nordamerika. Wie alle Erweckungsbewegungen sahen sich auch die Methodisten mit dem Vorwurf des Enthusiasmus konfrontiert, den John Wesley zurückwies. Bei aller Offenheit für außergewöhnliche Wirkungen (körperliche Reaktionen, Heilung, exorzistische Befreiung, Geistesleitung),

---

[155] zit. bei John L. Nuelsen, Kurzgefasste Geschichte des Methodismus, Bremen 1929, S. 71
[156] Nuelsen, a.a.O., S. 80

vertrat man keinen prinzipiellen Spiritualismus und ließ sich nicht von Träumen, Visionen, Gesichten und unmittelbaren Offenbarungen leiten. Man verblieb im Schriftrahmen, lehrte christozentrisch und grenzte sich von den camisardischen Exilpropheten[157] sowie schwärmerischen Entwicklungen in den eigenen Reihen ab. Neu ist die starke Einbeziehung der Laien in das Gemeindeleben und die Verkündigung. Wesley war nicht primär an der Wiederherstellung der Geistesgaben des apostolischen und patristischen Zeitalters interessiert. Neben dem Drängen auf Bekehrung/Wiedergeburt und Heilsgewissheit ging es ihm vor allem um die Wiedererlangung des heiligen Lebens der frühen Christenheit. *Heiligung* ist neben der Erfahrung der Rechtfertigung das zweite große Thema Wesleys. Er lehrte auch diese als punktuelles Krisiserleben, das wie eine weitere Stufe auf die Rechtfertigung folgt. Die Erfahrung der Heiligung befähigt zu einem Leben nach Gottes Willen. Zeitweise verband er damit stark perfektionistische Gedanken.

Wie der Methodismus verblieben auch die Erweckungsbewegungen im übrigen Europa und in Deutschland mit dem Ruf zur Bekehrung, zu Glauben und Heiligung im Rahmen der klassischen protestantischen Betonung der Christologie und der Heiligen Schrift als Grund und Richtschnur des Glaubens. Enthusiastische Vorgänge finden sich eher selten. Hier wären etwa die Anhänger des Lars Levi Lästadius in Finnland zu nennen, auch Juliane Freifrau von Krüdener. Einzelne Bekehrungserfahrungen etwa bei Martin Boos und seiner oberösterreichischen Gemeinde enthalten enthusiastische Elemente. Bei der nachträglichen Deutung von Erweckungen stößt man immer wieder auf Hes 37, d.h. man sieht Bekehrung und Erneuerung, das Erfasstwerden der Menschen und den Empfang des Heils als Geistgeschehen.

Charismatische Erfahrungen wurden hier und da gemacht, aber nicht systematisiert oder verallgemeinert. Ganz unspektakulär ereigneten sich etwa in der Möttlinger Buß- und Erweckungsbewegung und später in Bad Boll bei *Johann Christoph Blumhardt d. Ä.* (1805–1880) wunderbare Heilungen. Von seinen Erfahrungen her empfand er die Geistvergessenheit der Kirche besonders stark. Er hoffte auf eine umfassende Geistausgießung, um die er beständig betete. Blumhardt rechnete mit einer besonderen »Heilszeit vor dem Ende«, die durch eine Verstärkung der Geistesgaben eine universale Erneuerung und das Kom-

[157] In Südfrankreich kam es Anfang des 18. Jh.s unter den Hugenotten zu einer prophetischen Bewegung (Camisarden), die in militantem Aufstand gegen katholische Institutionen und Amtsträger gipfelte.

men der Gottesherrschaft beschleunigt. Nirgends entfaltet er eine Charismenlehre. Alles Drängerische und Übertriebene war ihm zuwider. Seine ausgesprochen nüchterne Art und antienthusiastische Haltung zeigt sich u.a. in seiner oft sehr trockenen, zupackenden Seelsorge. – Auf charismatische Begabung stößt man auch bei *Wilhelm Löhe* (1808–1872) in Neuendettelsau. Konfessionell-lutherisch von Amt und Sakrament herkommend, vertrat er im Blick auf Charismen einerseits die traditionelle Position, andererseits ging er von der Möglichkeit der Wiedererweckung aus. Sehr engagiert hat er sich für eine Erneuerung des Heilungsgebets nach Jakobus 5 eingesetzt.

Um intensive Naherwartung und die prophetischen Aussagen der Schrift ging es im Kreis um den Londoner Bankier *Henry Drummond*. Man erwartete eine endzeitliche Geistausßgießung mit der Erneuerung der Charismen und der apostolischen Ämter. Als 1830 berichtet wurde, in Schottland sei die Gabe der Zungenrede wiedergeschenkt worden, machte man sich dorthin auf den Weg. Nach der Rückkehr redet auch die Londoner Gemeinde von *Edward Irving* (1792–1834) in Zungen. In Vorbereitung der Wiederkunft Christi, die man für unmittelbar bevorstehend hielt, beschloss man die urchristlichen Ämter von Aposteln, Propheten, Evangelisten, Hirten und Lehrern wieder einzuführen. Aufgrund von »Prophetie« wurden die ersten Apostel eingesetzt (1832). Die »Katholisch-Apostolische Gemeinde« war gegründet, von der sich später die »Neuapostolische Gemeinde« abspaltete.

5. Pfingstbewegung

Der Methodismus wirkte im amerikanischen Zweig der *Heiligungsbewegung* weiter, wo man sich gegen die calvinistische Anschauung vom ständigen Aufstehen und Fallen im Christenleben wandte und nach »höherem Leben«, nach »vollkommener Liebe« und »ganzer Heiligung« strebte. Aufbauend auf John Wesleys Ganzheiligungslehre verkündete und erlebte man eine »zweite Heilserfahrung« (*second blessing*). Zunehmend wurde diese auch »Geistestaufe«, »Feuertaufe« oder »Pfingsterfahrung« genannt; verstanden als besondere Ausrüstung für ein siegreiches Christenleben und zum vollmächtigen Zeugnis und Dienst. Wichtigste Vertreter waren die Theologen des Oberlin-College

Theodore C. Upham (1799–1872), *Asa Mahan* (1799–1899), *Charles Grandison Finney* (1792–1879) und nach ihnen der Evangelist *Ruben Archer Torrey* (1856–1928). Hier liegt eine der Wurzeln der späteren Pfingstbewegung.

Der Beginn der *»klassischen« Pfingstbewegung* ist 1901 bzw. 1906/07 anzusetzen. Unter *Charles F. Parham*, einem reisenden Evangelisten, kam es zuerst in der Bethel-Bibelschule in Topeka (Kansas) zum Durchbruch ekstatisch-enthusiastischer Phänomene. Unter Berufung auf Apg 2 lehrte er, jede wahre Geistestaufe sei von Zungenreden begleitet. Für die weltweite Ausbreitung wurden dann die Vorgänge in der »Azusa-Street-Mission« in Los Angeles entscheidend. Unter dem von Parham angeregten ehemaligen Negersklaven *William J. Seymour* kam es 1906/07 in enthusiastischen Versammlungen zu den lang ersehnten und angestrebten »Geistestaufen« mit Prophezeiungen, Heilungen und besonders Zungenreden als Initialzeichen. Dreieinhalb Jahre hielt man dreimal täglich enthusiastische Erweckungsversammlungen. Hunderte von Predigern und Scharen von Neugierigen aus dem ganzen Land und aus aller Welt fanden sich ein, um die Geschehnisse in Augenschein zu nehmen und erlebten ebenfalls »Geistestaufen«. Auf diese Weise wurde die Bewegung mit ihren auffälligen Erscheinungen und ihrer Lehre in kürzester Zeit in den USA und weltweit weitergetragen.

Als die ersten Pfingstler wegen ihres schwarzafrikanisch beeinflussten massiven Enthusiasmus und wegen ihres niedrigen Sozialniveaus von den übrigen Denominationen (meist zur weißen Mittelschicht gehörend) abgelehnt wurden, bildeten sie ihre eigenen Gemeinschaften mit der ihnen typischen expressiven Frömmigkeit. War es in früheren Erweckungen zu sporadischen enthusiastischen Aufbrüchen gekommen, die wieder abebbten, wurde in der Pfingstbewegung der Enthusiasmus nun bewusst gepflegt und auf Dauer gehalten. Die »Geistestaufe« wurde als Hochziel des Glaubens, als jedem Christen zugänglich gepriesen und bekam in Verbindung mit der Zungenrede quasi-sakramentale Bedeutung.

Die anfängliche, auf der gemeinsamen enthusiastischen Erfahrung beruhende, wunderbare Einheit der Pfingstgläubigen zerbrach schon bald, als man sich zunehmend auch lehrmäßig über die eigene Position klar werden musste. Es kam zu immer neuen, auch in persönlichen Streitigkeiten bedingten, Spaltungen und Gemeindegründungen. Zählte man 1925 bereits 38 Pfingstdenominationen, sind heute 300 bzw. 600 verschiedene Gruppierungen namhaft zu machen. Trotz der verwirrenden Vielfalt gibt es im großen Strom der Pfingstbewegung gemeinsame Grunderfahrungen und Grundüberzeugungen (Geistestaufe, Zungenrede, Charismata, Prophetie, Visionen, Zeichen und Wunder heute etc.). Walter J. Hollenweger unterscheidet lehrmäßig:

1) Pfingstler, mit einem *zweistufigen Heilsweg* (Bekehrung – Geistestaufe) – sie bilden die größte Gruppe, zu ihnen gehören die Assemblies of God und die meisten europäischen Pfingstkirchen;
2) Gruppen die einen *dreistufigen Heilsweg* (Bekehrung – Heiligung – Geistestaufe) lehren, z. B. die Church of God, Cleveland;
3) Die »*Jesus-only*»-Gruppen (Taufe allein auf den Namen Jesus; Mehrheit der schwarzen Pfingstler);
4) Pfingstler mit *konfessioneller*, z. B. reformierter, lutherischer oder methodistischer Prägung;
5) *Unabhängige afrikanische Pfingstkirchen;*
6) die *Spätregenbewegung;*
7) Bewegungen des »*apostolischen Typus*« (mit institutionellen Ämtern von Propheten und Aposteln).

Entwicklungsgeschichtlich lassen sich im Lauf von drei bis vier Generationen *vier Phasen* feststellen:

1) Zunächst treten die Pfingstkirchen als *ökumenische Erneuerungsbewegung* mit losen und fließenden Organisationsformen auf;
2) in der zweiten Phase konsolidieren sie sich und bilden in Abgrenzung von den übrigen Kirchen lokale *eigene Gemeinden*, mit einer »Evangelikalisierung« von Bekenntnis und Frömmigkeit;
3) die dritte Phase ist durch *regionale und nationale Institutionalisierung* gekennzeichnet (Bau von Kirchengebäuden, Bibelschulen, Einrichtung von Pensionskassen, Katechismen);
4) in der vierten Phase öffnet man sich für die *Ökumene* und die *wissenschaftliche Theologie,* gleichzeitig kommt es zur *Absplitterung von Gruppen*, die zu den ursprünglichen Idealen zurückkehren möchten und wieder bei der ersten Phase ansetzen.

Das Verhältnis der Pfingstbewegung zu den anderen Kirchen stand bis zum Zweiten Weltkrieg vor allem unter dem Zeichen der Separation, der eigenen missionarischen Ausbreitung und des Aufbaus eigener Strukturen. Nach Lernprozessen auf beiden Seiten setzten in der Nachkriegszeit verstärkte Bemühungen um ein besseres gegenseitiges Verstehen ein. Waren in den USA bereits bei der Gründung der »National Association of Evangelicals« (1942) Pfingstkirchen mitbeteiligt und damit das heutige Miteinander in der weltweiten evangelikalen Bewegung angebahnt, kam es auch auf ökumenischer Ebene zu Begegnungen und Gesprächen. Nach wie vor bestehen aber grundlegende Vorbehalte gegen den Ökumenischen Rat der Kirchen wie auch gegen die römisch-katholische Kirche. Kann man die Entwicklung im Verhältnis zu den anderen Kirchen mit den Stichworten »Ablehnung«, »Ambivalenz«, »Öffnung zum Gespräch« umschreiben, sind alle drei Positionen in der Pfingstbewegung bis heute auch unverbunden nebeneinander zu finden. Unübersehbar ist das weltweite Wachstum der Pfingstbewegung seit ihren Anfängen. Sie bildet inzwischen mit über 50 Millionen Menschen die größte Gruppierung der protestantischen Konfessionsfamilie und ist der am schnellsten wachsende Teil der Weltchristenheit.

Nach *Deutschland* fand die Pfingstbewegung von Norwegen her Eingang, wohin *Thomas Ball Barrat* (1862–1940) den Pfingstimpuls von Los Angeles 1906/07 mitbrachte. Über Versammlungen in Hamburg, Kassel und Großalmerode breitete sich die Bewegung aus. Vorbereitet war ihr der Boden in der Gemeinschaftsbewegung, wo man sich teilweise stark dem Gedankengut der Heiligungsbewegung geöffnet hatte. Hinzu kamen hochgespannte Erwartungen auf eine nah bevorstehende Heilszeit, die sich auf Anschauungen J. Chr. Blumhardts stützten, ebenso Sonderlehren über eine »Auswahlgemeinde« und christliche Vollkommenheit. Die Erweckung von Wales hatte die Hoffnung auf »ein neues Pfingsten« verstärkt.

War man in Gemeinschaftskreisen und in der Evangelischen Allianz zunächst aufgeschlossen, lösten tumultartig endende Evangelisationsversammlungen in Kassel (1907), zu denen der Evangelist *Heinrich Dallmeyer* zwei norwegische Zungenrednerinnen eingeladen hatte, heftige Auseinandersetzungen aus. Die Berichte von den Vorgängen (Hinstürzen von Beteiligten, Luftsprünge, Zuckungen, Zittern, Schreien, widerlich lautes Lachen, Hallelujageschrei usw.) führten schließlich zur Ablehnung der ganzen Bewegung. *Elias Schrenk* sprach von einem »Mischgeist«, der in Kassel wirksam geworden sei. Auch *Johannes Seitz* nahm scharf dagegen Stellung. *August Dallmeyer* erklärte bald nach den Ereignissen im Oktober 1907 öffentlich, »dass der treibende Geist der Los-Angeles-Bewegung nicht der Geist Gottes, sondern ein Lügengeist ist«. – *Jonathan Paul* und andere räumten Gefährdungen und Fehlentwicklungen ein, verteidigten aber die Geistestaufe und hielten daran fest, dass das Ganze ein Wirken des Heiligen Geistes sei. Die Gegensätze ließen sich nicht überwinden. Schließlich begannen die Befürworter sich ab 1909 eigenständig zu organisieren und die Zahl der Teilnehmer an eigenen Konferenzen wuchs.

Weit tragend wirkte sich die sog. *»Berliner Erklärung«* vom 15. September 1909 aus, in der etwa 60 leitende Männer aus der Gemeinschaftsbewegung und aus Freikirchen auf einer Allianzsitzung in Berlin eine grundsätzliche Absage aussprachen. In dieser wohl schärfsten Verurteilung, die der Pfingstbewegung aus dem Kreis der Kirchen und Gemeinschaften je widerfuhr, heißt es u.a.: Die Pfingstbewegung »ist nicht von oben, sondern von unten; sie hat viele Erscheinungen mit dem Spiritismus gemein. Es wirken in ihr Dämonen, welche, vom Satan mit List geleitet, Lüge und Wahrheit vermengen, um die Kinder Gottes zu verführen ... – Haltet euch von dieser Bewegung fern! Wer aber von euch unter die Macht dieses Geistes geraten ist, der sage sich los und bitte Gott um Vergebung und Befreiung.«

In den folgenden Jahrzehnten gab es verschiedentlich Gespräche mit dem Anliegen zu Verständigungen zu kommen, was am ehesten mit dem Mülheimer Verband gelang, wo man trennende Lehrpunkte zurückgenommen hatte und auch der Enthusiasmus in ruhigere Bahnen kam. Insgesamt verblieb man aber im Pietismus, in der Gnadauer Bewegung, in großen Teilen der Freikirchen und in der Evangelischen Allianz bis in die neuere Zeit in einer scharfen Frontstellung und prinzipiellen Ablehnung.

In den letzten Jahren ist man bemüht, die pauschale Ablehnung zu differenzieren, zu modifizieren und wahrnehmbaren Veränderungen Rechnung zu tragen. Verstärkte Kontakte an der Basis, positive Erfahrungen in der Zusammenarbeit bei missionarischen Projekten vor Ort, lehrmäßige Annäherungen und Korrekturen in Teilen der Pfingstbewegung haben den Hauptvorstand der Deutschen Evangelischen Allianz (DEA) vor einigen Jahren veranlasst, Gespräche mit dem Bund Freikirchlicher Pfingstgemeinden (BFP) aufzunehmen. Diese mündeten 1996 in einer *Gemeinsamen Erklärung*, in der man grundlegende Übereinstimmung in wichtigen Fragen des Geisteswirkens feststellte. Der BFP erklärte sich bereit, unterschiedliche Lehrmeinungen und spezifische Formen der Frömmigkeit innerhalb der DEA zu respektieren und eigene Betonungen um des gemeinsamen Zeugnisses und Dienstes in der Allianzarbeit zurückzustellen. Dies ist ein wichtiger Vorgang in den gegenseitigen Beziehungen, dessen inhaltliche Moderation allerdings nicht von allen Pfingstrichtungen mitgetragen wird.

Die deutsche Pfingstbewegung ist im gegenwärtigen Weltvergleich zahlenmäßig bescheiden, aber auch hier gibt es Wachstum und verstärkende Impulse aus dem weltweiten Spektrum.

6. Charismatische Bewegung

Die *»Charismatische Bewegung«* wurzelt in einem Neuaufbruch pfingstlerisch-charismatischer Frömmigkeit Anfang der sechziger Jahre in den USA, im so genannten *Neo-Pentekostalismus*. Er wurde angebahnt durch den sozialen Aufstieg eines Teils der Pfingstler in die Mittelschicht und in die Geschäftswelt. War die »klassische« Pfingstbewegung auch ein Protest unterer sozialer Schichten gegen die vorherrschende Gesellschaft und Kultur, grenzte man sich nun nicht mehr nur negativ ab, sondern arrangierte sich mit dem sozio-ökonomischen und sozio-kulturellen Umfeld. Maßgeblich beteiligt an der Vermittlung pfingstlerisch-charismatischer Frömmigkeit über die Grenzen der »klassischen« Pfingstbewegung hinaus waren Heilungsevangelisten wie *Oral Roberts* und die Vereinigung der *Geschäftsleute des vollen Evangeliums*. In Deutschland fand die neu-pfingstlerische »Charismatische Bewegung« Eingang durch *David Wilkerson* (*Teen-Challenge*) und die *Jesus-People*.

Kennzeichen der neu-pfingstlerischen Bewegung war die weitgehende Übernahme von Praxis, Theologie und Terminologie der »klassischen« Pfingstbewegung mit ihren Stufentheorien und der Betonung der Glossolalie. Andererseits versuchte man zugleich, Lehraussagen und Gemeindestrukturen »überkonfessionell« offenzuhalten. Die Anhänger blieben meist Mitglieder ihrer angestammten Kirche, besuchten daneben aber »interkonfessionelle« charismatische Gebetsgruppen, Gottesdienste und Sonderveranstaltungen und suchten die »charismatische« Erfahrung in ihre eigenen Kirchen und Gemeinden zu tragen.

Daraus erwuchs die innerkirchliche *Charismatische Erneuerung*. Kennzeichen des Neo-Pentekostalismus war das konfessionsüberschreitende Moment. Als historisch greifbarer Anfang der innerkirchlichen Charismatischen Erneuerung gelten die Geisttauf- und Glossolalie-Erfahrungen des episkopalen Pfarrers *Dennis J. Bennett* und seiner Gemeinde in Van Nuys/Kalifornien im

Jahr 1959–1960. Über persönliche Kontakte und eine ungewöhnliche Resonanz in den Medien wurden bald auch andere Denominationen erfasst: Lutheraner (1962), Presbyterianer (1962), Baptisten, Methodisten (1967) und Mennoniten. Zur Überraschung vieler sprang die Bewegung 1967 auch auf die röm.-kath. Kirche über, in der sie weite Verbreitung und offizielle Anerkennung fand. In weniger als zehn Jahren nach den Ereignissen von Van Nuys bekannten etwa 2000 Kleriker in den USA von sich, geistgetauft zu sein. Die meisten blieben in ihren Kirchen und wirkten dort als Multiplikatoren, sodass die »charismatische« Erfahrung zu einer weithin akzeptierten und integrierten Frömmigkeitsvariante der großen Denominationen wurde.

Nach Deutschland kam die Charismatische Erneuerung im evangelischen Bereich über die Lutheraner *Larry Christenson* und *Arnold Bittlinger* (1963). Am stärksten wurden die Impulse bei den Baptisten aufgenommen, wo in den siebziger Jahren ein Drittel der Pastorenschaft charismatische Erfahrungen gemacht hatte. – Die römisch-katholische Charismatische Erneuerung begann etwa 1971 durch Kontakte zu charismatischen Katholiken in den USA und über Zentren in Frankreich. Die ersten Jahre der Bewegung im deutschsprachigen Raum wurden wesentlich durch den Paderborner Systematiker *Heribert Mühlen* geprägt. Im Vergleich zur Verbreitung in anderen Ländern ist die innerkirchliche Charismatische Erneuerung in Deutschland zahlenmäßig eher bescheiden.

Waren die ersten Vertreter der angelsächsischen Erneuerung noch stark von pfingstkirchlichen Interpretationsmustern geprägt, suchten die Verantwortlichen auf dem Kontinent immer stärker, die neue Erfahrung in die eigene Tradition, kirchliche Wirklichkeit und Theologie zu integrieren und von dorther zu interpretieren. Am ausgeprägtesten geschah dies auf römisch-katholischer Seite. Von Anfang an waren Ordensleute und Universitätstheologen maßgeblich beteiligt. Man grenzte sich von den Stufentheorien der Pfingstbewegung ab und deutete die »Geisttaufe« im Kontext sakramentaler Theologie als »Freisetzung« des Geistes bzw. »Tauf-« oder »Firm-Erneuerung«. Oder man distanzierte sich von dynamistischen und supranaturalistischen Einseitigkeiten, von einem biblizistischen Fundamentalismus, von drängerischen Praktiken und der Überbetonung bestimmter Charismen. Im Unterschied zu spiritualistisch-independentistischen Tendenzen der »über-«/»interkonfessionellen« neupfingstlerischen Gruppierungen stellte man sich bewusst in den vorgegebenen Rahmen der angestammten Kirche und Konfession. Vom paulinischen Charismenverständnis her interpretierte man »Geist-Erfahrung« und Charismen als Impuls zur geistlichen Erneuerung von Gemeinde und Kirche. So setzte sich auch die Bezeichnung *Charismatic Renewal/Charismatische Erneuerung* durch. In Deutschland nannte man sich *Charismatische-Gemeinde-Erneuerung«* bzw. auf evangelischer Seite, um den Eindruck eines Monopolanspruchs für das Charismatische zu vermeiden: *Geistliche Gemeinde-Erneuerung*. Soziologisch ist in der *Charismatischen Erneuerung* pfingstlerisch-charismatische Frömmigkeit in die obere Mittelklasse transferiert worden, wo sie nun, dem Kontext entsprechend, gemäßigter und geordneter auftritt. Die soziologische Ausweitung bedeutet auch ein Zurücktreten der alten Theologiefeindlichkeit, des ethischen Rigorismus und der Spaltungstendenzen der Pfingstbewegung.

In der weiteren Entwicklung des Neuaufbruchs der 60er Jahre bildete sich neben und nach den genannten Ausprägungen ein weiterer Strom enthusiastisch-charismatischer Frömmigkeit: die »freien« Charismatiker (unabhängige Missionswerke, charismatische Zentren, Gemeinden und Bewegungen um Führergestalten mit theologischen Sonderbetonungen). Die Entwicklung zu independenten Gemeinden ist besonders ausgeprägt in den USA und England; aber auch in Deutschland machen sich die Tendenzen verstärkt bemerkbar. Ein guter Teil der Anhängerschaft rekrutiert sich aus enttäuschten konfessionellen Charismatikern, deren Hoffnungen auf Erneuerung ihrer Kirchen sich nicht wie erwartet erfüllen bzw. ganz aufgegeben werden; aber auch aus ehemaligen Pfingstlern, die sich vom Traditionalismus ihrer Gemeinden abwenden. Im Strom der »freien »Charismatiker« sind vier Akzentuierungen auszumachen, die teilweise auch ineinander übergehen und sich gegenseitig verstärken:

1) Die *»Wort des Glaubens«-Bewegung* (Unterscheidung von *logos* und *rhema*; allgemeines Wort und Geist-/Kraftwort) mit der Betonung des »positiven Bekennens» (*claim it and have it*) bzw. der »Visualisierung« (imaginativ-geistige Vorwegnahme und Herbeiführung einer gewünschten Wirklichkeit) und der Betonung von Gesundheit und Wohlstand (*Health and Wealth*) als im Erlösungswerk Christi eingeschlossen und Recht jedes Gläubigen (*Prosperity-Theology*); Vertreter: K. Copeland, K. Hagin, Y. Cho u. a.; in Deutschland: J. Angelina, S. Müller, W. Margies u. a.
2) Der *»Wiederherstellungs«-Strom* (*Restorationism*), der die Wiedergewinnung neutestamentlicher Gemeindegestalt (fünf Ämter nach Eph 4) und geistlicher Kraft (Charismata) anstrebt, wie z. B. die englische Hauskirchen-Bewegung, in der sich Lehre und Frömmigkeit der Plymouth Brethren, der Catholic Apostolic Church und der Charismatischen Bewegung verbinden.

3) Die *(Königs)-Herrschaft-Bewegung* (*»Dominion«-Movement/»Kingdom«-Theology*), die Gottes Herrschaft in allen Lebensbereichen auch einer säkularen Welt proklamiert und aufrichten möchte.
4) Die *»Power Evangelisations«-Bewegung* (Evangelisation mit Zeichen und Wundern), in der man die Bedeutung von *»Power-Encounters«* betont. Hierunter versteht man Konfrontationen mit dämonischen Mächten und deren Überwindung im Namen Jesu durch »geistlichen Kampf« (*spiritual warfare*), Machttaten, Heilungen und Exorzismus; Vertreter: J. Wimber (†) und C. P. Wagner.

Immer wieder gibt es neue Themen und Trends. So stand für einige Zeit die Erneuerung der Prophetie mit Prophetenschulen und neuen Propheten als viel gefragten Rednern im Vordergrund. Dies wurde abgelöst von den viel diskutierten massiven körperlichen Erscheinungen des sog. »Toronto-Segens« (Zittern, Lachen, Ruhen im Geist usw.), die in alle Welt verbreitet in vielen Gemeinden bis heute angestrebt und praktiziert werden. Eine neue Variante derselben enthusiastischen Erscheinungen, diesmal mit stärkerer Betonung von Bußelementen, ist die »Pensacola«-Bewegung. Daneben sind verstärkt auch wieder Themen von allgemeinchristlicher Bedeutung wie: Evangelisation, Weltmission, Gemeindegründung und Gemeindebau im Gespräch.

Insgesamt scheint der Typus der unabhängigen Charismatiker stärkeren Zulauf zu finden, während der Typus der innerkirchlichen Charismatischen Erneuerung eher langsam wächst bzw. bei uns zu stagnieren scheint. Unübersehbar sind die herausfordernden und massiven Enthusiasmus verstärkenden Wirkungen der freien Charismatiker auf die »klassische« Pfingstbewegung, auf Neo-Pfingstbewegung und Charismatische Erneuerung. Die Tendenzen zur *»Power-Charismatik«,* wie S. Großmann das Drängen auf immer stärkere sichtbare Phänomene und damit verbundene manipulative Elemente nennt, belasten die Bemühungen um Verständigung und ein entspannteres Miteinander im Rahmen der Allianz bzw. den Umgang mit den klassischen Evangelikalen. Immer wenn man vom Schriftzeugnis und von der Mitte des Evangeliums ausgeht und bereit ist, sich von dort korrigieren zu lassen, wird Gemeinschaft möglich. Die Einheit des Leibes Christi zerbricht (abgesehen von oft involvierten menschlich-sündigen Verhaltensweisen) zwangsläufig immer dann, wenn sekundäre Wahrheiten ins Zentrum rücken und Heilsbedeutung bekommen, wenn ausgrenzende (z. B. Stufen-)Lehren vertreten werden oder Sonderphänomene (ganz abgesehen von der Frage des Ursprungs und der Echtheit) einen unangemessenen Stellenwert bekommen. Hier liegen die Problemfelder und Anfragen an die einzelnen Gruppen und Vertreter für die kommende Zeit.

Literatur

Stanley M. Burgess, »The Holy Spirit, Doctrine of: The Ancient Fathers/« »... The Medieval Churches«, in: Dictionary of Pentecostal and Charismatic Movements, Grand Rapids 1988, S. 410–444

ders.: The Spirit and the Church. Antiquity, Peabody/Mass. 1984

ders.: The Holy Spirit. Eastern Christian Traditions, Peabody/Mass. 1989

Yves Congar: Der Heilige Geist, Freiburg 1982

Paul Fleisch: Geschichte der Pfingstbewegung in Deutschland von 1900–1950, Marburg ^{2}1983

Oskar Föller: Pietismus und Enthusiasmus. Streit unter Verwandten, Wuppertal 1998

Wolf-Dieter Hauschild: Art. Geist/Heiliger Geist/Geistesgaben IV: Dogmengeschichtlich, in: TRE Bd. 12, S. 196–217

Reinhard Hempelmann: Licht und Schatten des Erweckungschristentums. Ausprägungen und Herausforderungen pfingstlich-charismatischer Frömmigkeit, Stuttgart 1998

Walter J. Hollenweger: Charismatisch-pfingstliches Christentum, Göttingen 1977

Hans-Dieter Reimer: Wenn der Geist in der Kirche wirken will. Ein Vierteljahrhundert charismatische Bewegung, Stuttgart 1987

Lucida Schmieder: Geisttaufe. Ein Beitrag zur neueren Glaubensgeschichte, Paderborn 1982

Christian Schütz: Einführung in die Pneumatologie, Darmstadt 1985

VIERTER TEIL

Der Heilige Geist und die Praxis unseres Glaubens

Siegfried Großmann

Der nun folgende Praxisteil vermeidet den »Appellcharakter«, der dazu führen würde, ständig zu beklagen, wie wenig vom Heiligen Geist im realen kirchlichen Leben zu spüren sei und was man alles verändern müsste. Ich bin im Folgenden eher von einer »Suchbewegung« ausgegangen und habe versucht, Ansätze zu schildern, die ich hier und da konkret vorgefunden habe. Manches habe ich zusammengefasst, sodass einige der beschriebenen Beispiele und Formen eher »idealtypisch« aufzufassen sind, aber ich habe dabei immer solche Akzente verstärkt, die ich bereits praktisch vorgefunden habe oder aus meiner eigenen Praxis kenne. Wer sich in der »charismatischen Szene« ein wenig auskennt, wird feststellen, dass ich einige der dort geprägten »Typen« als wenig hilfreich ansehe, wie z.B. den »typischen Lobpreis« oder charismatische Gottesdienste, die keine (Selbst)kritik durch die Beurteilung der Beiträge von Seiten der ganzen Gemeinde kennen. Ich lehne auch jede Manipulation ab, die Stimmungen erzeugt, die dann als das Wirken des Heiligen Geistes ausgegeben werden. Neben dieser »Geistversessenheit« möchte ich aber auch die »Geistvergessenheit« der vorfindbaren evangelikalen Prägung überwinden. Denn der Geist Gottes wirkt real und will immer wieder die festgefahrenen Traditionen unseres persönlichen geistlichen Lebens und die unserer Gemeinden durchbrechen. So stellt dieser Praxisteil eine Gratwanderung dar, die einen »Blick auf den Gipfel erlaubt« und dazu Mut machen will, auf diesem Weg weiterzugehen – sicher in kleinen Schritten, aber ohne stehen zu bleiben.

1. Der Heilige Geist und die christliche Grunderfahrung

1.1 Die christliche Grunderfahrung

Die christliche Grunderfahrung oder Wiedergeburt besteht nach Apostelgeschichte 2,38 und 41 aus vier Schritten: Umkehr, Taufe, Geistempfang und Eingliederung in eine reale geistliche Gemeinschaft. Jeder dieser Schritte ist unverzichtbar und wenn ein Teil fehlt oder nur ansatzweise vollzogen ist, kann sich die geistliche Persönlichkeit nicht voll entwickeln. Anders sieht es mit der Reihenfolge aus: Obwohl die Schrittfolge, wie sie die Apostelgeschichte beschreibt, eine innere Logik aufweist, scheinen andere Reihenfolgen dieser Schritte für den Heiligen Geist »akzeptierbar« zu sein. In vielen Traditionen steht die Taufe als Kindertaufe an erster Stelle, bewusste Umkehrerfahrungen werden oft erst nach einer langen kirchlichen Sozialisation »nachgeholt« und über die Notwendigkeit eines konkret erfahrbaren Geistempfangs denken wir erst seit relativ kurzer Zeit intensiver nach. Die Eingliederung in eine reale geistliche Gemeinschaft schließlich ist davon abhängig, dass es Gemeinden gibt, die wenigstens im Ansatz dem Bild vom Leib Christi entsprechen.

Es hat immer wieder Ansätze gegeben, die verkümmerten Bereiche der christlichen Grunderfahrung wieder zu beleben. Eine Erneuerung der Taufe versuchen die Konfessionen und Gruppen, die erst nach dem Bekenntnis des Glaubens taufen. Um konkrete Umkehrerfahrungen bemühen sich die Erweckungsbewegungen, die vom Protestantismus ausgegangen sind und inzwischen auch die katholische Kirche erreicht haben. Die Pfingst- und die charismatische Bewegung haben Ansätze zur Erneuerung der Geisterfahrung gebracht. Und inzwischen hat in den meisten Kirchen ein intensives Nachdenken über die reale Gestalt der christlichen Ortsgemeinde eingesetzt. Allerdings stehen diese Ansätze oft unverbunden nebeneinander, und weil man nicht in mehreren konfessionellen Einbindungen leben kann, ist es nach wie vor schwierig, die Ganzheit der christlichen Grunderfahrung nicht nur theoretisch zu akzeptieren, sondern zu leben. Trotzdem gibt es zunehmende Verknüpfungen: In der charismatischen Bewegung wird die persönliche Lebensübergabe als Tauf- oder Firmerneuerung praktiziert, in den Volkskirchen gibt es zunehmend

Tauferinnerungsfeiern und das Bewusstsein für die Wahrnehmbarkeit des Geistempfangs und der Wirkungen des Heiligen Geistes nimmt durch die Einflüsse der charismatischen Bewegung in fast allen Kirchen zu.

Das das NT geht davon aus, dass der Geistempfang ein Geschehen ist, das man wahrnehmen kann, wenn auch nicht, wie die Pfingstbewegung meint, in erster Linie durch die Gabe der Glossolalie. So werden in der Apostelgeschichte folgende Zeichen des Geistempfangs genannt: Verständnis für das Wirken Gottes (2,11); Eingliederung in die Gemeinde (2,41); Freimut (4,31); Kraftwirkungen (8,4ff.); Heilung und Freimut (9,1-22); Glossolalie und Lobpreis (10,46); Freude (13,52); Glossolalie und Prophetie (19,6). Angesichts dieses biblischen Befundes müssen fast alle christlichen Kirchen ihre pneumatologische Theologie und Praxis überprüfen. Denn der Empfang des Heiligen Geistes ist nach dem NT eine persönliche und wahrnehmbare Erfahrung – und nicht nur allgemein schöpfungsbedingt, sakramental verortet oder so »dezent«, dass niemand etwas davon merkt. Andererseits kann man das Geschehen des Geistempfangs nicht in ein festes Schema einordnen, wie es die Pfingstbewegung in ihrer Lehre von der Geistestaufe tut. Schon im NT gibt es eine große Bandbreite, denn der Geist Gottes ist kreativ und wirkt individuell – und so kann er sich durchaus den zeit- und konfessionsbedingten Strukturen »anpassen«.

Das kirchliche Leben ist durch das Bewusstwerden dieses neutestamentlichen Befunds nicht nur herausgefordert, sondern reagiert auch schon, auch wenn der erhoffte »Strom« intensiverer Geisterfahrungen vorläufig noch ein »Rinnsal« ist. Dabei werden die neuen Erfahrungen ganz selbstverständlich in die verschiedenen kirchlichen Traditionen integriert, sodass wieder neu eine Bandbreite geistlicher Erfahrungen entsteht, wie wir sie schon im NT finden. Ich möchte dafür ein Beispiel aus meinem baptistischen Hintergrund nennen: Nach einer baptistischen Taufe beten wir mit dem Täufling unter Handauflegung um den Empfang des Heiligen Geistes, erwarten aber im allgemeinen keine konkreten Erfahrungen. Ein Täufling wünschte sich bei dem Vorbereitungsgespräch, dass er bei seiner Taufe eine konkrete Erfahrung mit dem Heiligen Geist machen könne und wir beteten daraufhin dafür. Nach seiner Taufe kam er freudestrahlend zu mir und sagte: »Für mich ist der Heilige Geist wirklich konkret geworden, denn als über mir gebetet wurde, wurde mir ganz plötzlich und tief von innen her klar, was meine zukünftige Aufgabe in der Gemeinde sein wird. Das zu wissen habe ich mir immer schon gewünscht und weil es in diesem Augenblick und so eindeutig geschehen ist, weiß ich, dass es mit dem Empfang des Heiligen Geistes zu tun hat.« Dieses Zeichen für den Geistempfang gehört zum letzten Schritt der christlichen Grunderfahrung, der Eingliederung in eine reale christliche Gemeinschaft und passt gut in die neutestamentliche Bandbreite solcher Zeichen hinein.

1.2 Die Frucht des Geistes

Biologisch gesehen ist die Frucht das Ergebnis eines längeren Wachstums, und Paulus macht deutlich, dass sich die Frucht des Geistes nicht durch besondere Kraft oder außergewöhnliche Geschehnisse, sondern durch kontinuierliche Entwicklung auszeichnet. Unter dem Sammelbegriff Frucht des Geistes zählt er Begriffe auf, die Persönlichkeitsmerkmale beschreiben, die man sich nicht rasch aneignen kann, weil sie sich nur langsam als Teil der eigenen Persönlichkeit entwickeln. Frucht und Gaben des Geistes sind deshalb unterschiedliche, ja fast gegensätzliche Wirkungen. Die Frucht des Geistes entsteht wachstümlich, das Charisma wird geschenkt; die Frucht ist kontinuierlich, das Charisma spontan; die Frucht hat mehr mit dem Sein zu tun, Charismen äußern sich im Reden und Handeln. Um es mit einem paulinischen Bild auszudrücken: Die Frucht des Geistes gestaltet das Gefäß als »Tempel des Heiligen Geistes«, während die Charismen dieses Gefäß füllen sollen. Daher leuchtet es ein, dass allein die Frucht des Geistes ein Kennzeichen dafür ist, in welchem Maße Christus in einem Menschen Gestalt gewonnen hat, nicht das Charisma. Wer dann allerdings aus seiner Christusbeziehung heraus sein Leben missionarisch und diakonisch gestalten will, kommt ohne die Entfaltung seiner Charismen nicht weit.

Das geistliche Wachstum hin zur Frucht des Geistes kann nur dann geschehen, wenn dafür die richtigen Wachstumsbedingungen gegeben sind. Dafür gibt es einige Voraussetzungen, die wir an den biologischen Gesetzen für das Wachstum ablesen können.

1) Der Samen kann nur keimen, wenn er vorher abstirbt.

Die verhärtete, der Sünde verpflichtete Persönlichkeitsstruktur muss zerbrechen, allerdings nicht, um sich als Person aufzulösen, sondern um durchlässig zu werden für die Wachstumskräfte, die das Samenkorn umgeben. Das NT nennt das *metanoia*, neues Denken im Sinne eines neuen Bewusstseins, das den Menschen auf Christus ausrichtet und für die Wirkungen des Heiligen Geistes öffnet.

2) Das geöffnete Samenkorn braucht die Erde, in die es versenkt ist.
Ohne die umgebende Erde würde der Samen sofort vertrocknen oder vom Wind verweht werden. Hier ist die geistliche Gemeinschaft gefragt, eine Gemeinde, die sich der Leib-Christi-Struktur verpflichtet weiß und zumindest in Ansätzen die *koinonia* als eine Gemeinschaft im Geben und Nehmen lebt. Im Schutz einer solchen Gemeinschaft können die Kräfte des »Keimlings« wachsen und das entfalten, was in ihm steckt.

3) Das Samenkorn kann nur wachsen, wenn es Nahrung erhält.
Diese Nahrung ist das Reden und Handeln Gottes, das uns auf verschiedenen Ebenen erreichen kann. Es kommt uns aus der Bibel entgegen, aus den unmittelbaren Impulsen und Kräften des Heiligen Geistes und aus der Begegnung mit anderen Menschen, die im Glauben leben. Nur im Kräftedreieck zwischen der grundlegenden Botschaft der Bibel, der Geistesunmittelbarkeit des Einzelnen und der Geschwisterschaft in der Gemeinde ist die Nahrung vorhanden, die zur Entwicklung der Frucht des Geistes notwendig ist.

4) Bleibt der Samen im Boden verborgen, wird er irgendwann verfaulen; deshalb muss er den Erdmantel durchbrechen und sich den Kräften von Wind und Wetter aussetzen.
Jesus spricht in diesem Zusammenhang von der Nachfolge, vom Risiko, sich auf den eigenen Weg zu machen, der dem Willen Gottes und der persönlichen Berufung entspricht. Wer sich nicht »Wind und Wetter« aussetzt, wird auch weder »Sonne noch Regen« bekommen. Und wenn der Mensch nicht in der Herausforderung des Lebens wächst, werden seine Wurzeln zu schwach bleiben, wie es in solchen Fällen auch bei der Pflanze geschieht.

So kann sich die Frucht des Geistes nur dann entfalten, wenn der Einzelne nach seiner Grunderfahrung im Glauben konsequent mit dem Wort Gottes lebt, sich den unmittelbaren Impulsen des Heiligen Geistes öffnet, in einer konkreten geistlichen Gemeinschaft verankert ist und die Nachfolge Jesu in Familie, Beruf und Gesellschaft wagt.

1.3 Die Gaben des Geistes

Wer die christliche Grunderfahrung erlebt und mit ihr den Geist Gottes empfangen hat, kann davon ausgehen, dass in seiner Person diejenigen Charismen keimhaft vorhanden sind, die ihm »der Geist zugeteilt hat« (1. Kor 12,11). Wirksam aber werden sie erst, wenn sie den dafür nötigen Freiraum bekommen. Voraussetzung dafür ist, dass der Einzelne diese charismatische Dimension in seiner Person grundsätzlich bejaht. Er erkennt, dass er die Gaben des Heiligen Geistes, die Gott ihm geschenkt hat, wirklich braucht, und deshalb versucht er, die Charismen, die in ihm angelegt sind, zu entdecken, damit sie entfaltet werden können.

Auf diesem Weg gibt es folgende Schritte:

1. Schritt: Um die Weckung der Gaben bitten, die Gott mir zugedacht hat!

Wenn ich um Gaben des Heiligen Geistes bitte, mache ich damit deutlich, dass ich solche Gaben brauche. Und damit erkläre ich mich vor Gott und meistens auch vor menschlichen Zeugen bereit, die Geschenke, die Gott mir gegeben hat, anzunehmen. Geprägt ist dieses Gebet vom Vertrauen zu Gott, der gute Gaben gibt (Lk 11,13). Deshalb darf ich ihm nicht vorschreiben, welche Gaben er mir geben soll, sondern das annehmen, was er für mich bereit hat. Ich sollte mich auch nicht festlegen, ob ich mir eher den »enthusiastischen« Typus der Charismen oder den »nicht-enthusiastischen« wünsche. Denn der Geist Gottes weiß nicht nur, welche Gaben ich brauche, sondern auch, welche Form des Umgangs mit ihnen für mich am besten ist. Aber obwohl wir Gott nichts vorschreiben dürfen, sollten wir ihn konkret bitten. Ich kann mir diejenigen Gaben wünschen, von denen ich vermute, dass sie in mir angelegt sind. Oder ich kann um die Gaben bitten, von denen ich denke, dass ich sie besonders notwendig brauche. Wer konkret bittet, ohne sich auf seine Vorstellungen festzulegen, wer also im hörenden Beten bleibt, wird allmählich ein Bild davon bekommen, wie sich Gott die eigene Person und damit das Spektrum seiner Gaben vorstellt.

2. Schritt: Die Gaben entdecken, die in mir sind!

Wenn wir uns aufmachen, auf eine »charismatische Entdeckungsreise« zu gehen, sollten wir uns am Typus der kleinen Schritte orientieren. Das schließt ein auffälliges Durchbruchserlebnis nicht aus, aber bei den meisten Menschen wird sich dieser Weg aus vielen kleinen Erkenntnissen und Erfahrungen zusammensetzen. Dabei gibt es bestimmte Blickrichtungen, die es uns leichter machen können, den Willen Gottes wahrzunehmen.

Ich kann als erstes fragen, was Gott bisher schon in meinem Leben gewirkt hat. Weil ich im Zusammenhang mit meiner christlichen Grunderfahrung die »Gabe des Geistes« empfangen habe, sind auf meiner bisherigen Wegstrecke vermutlich schon Spuren meiner »Gaben des Geistes« zu erkennen. So kann ich meine bisherigen geistlichen Erfahrungen auf ihre »charismatischen Spuren« abtasten, um wahrzunehmen, was der Heilige Geist bereits begonnen hat. Eine zweite Blickrichtung ist die Wahrnehmung meiner Wünsche. Nachdem der erste Blick auf das gefallen ist, was Gott an mir tut, ist es wichtig, auch auf mich selbst zu schauen. Nur wenn ich weiß, was ich will, kann ich in dem Spannungsfeld zu dem, was Gott will, einen Weg finden, der seine Gaben in meiner Person integriert. Außerdem gibt mir mein Selbstbild einen Hinweis darauf, in welcher Art und Weise ich am besten mit meinen Gaben umgehen kann. Der Geist Gottes will nicht, dass die Charismen auf unsere Persönlichkeit aufgesetzt werden, sondern Teil unserer Person werden.

Schließlich kann ich danach fragen, was ich brauche. Auch das ist für sich allein nicht eindeutig genug, denn vielleicht erlebe ich nur deshalb ein Defizit in meiner Begabung, weil ich am falschen Platz bin. Auf der anderen Seite hat das Wirken des Heiligen Geistes so viele Spuren in meinem Lebensweg hinterlassen, dass ich nicht vollkommen fehl gehen werde, wenn ich nach dem frage, was ich brauche. In allen drei Bereichen kann ich durch ein hörendes Gebet, bei dem ich meine Erfahrungen, Wünsche und Bedürfnisse einbringe, aber offen für Veränderungen bleibe, am deutlichsten erkennen, welche Gaben in mir angelegt sind, wie ich sie entfalten kann und was das für meinen Lebensweg bedeutet.

3. Schritt: Die Gaben entfalten, die ich entdeckt habe!

Wer eine menschliche Begabung bei sich entdeckt, wie z. B. die Musikalität, hat nur einen Weg, um sie zu entfalten: Er muss sie übend anwenden. Dazu braucht man den Willen, ein bestimmtes Ziel zu erreichen; die Konzentration auf dieses Ziel, was nicht ohne Verzicht auf andere Ziele möglich ist; und die Fähigkeit, mit einem Lehrer, der weiter als man selbst ist, so zu kommunizieren, dass man von ihm lernt, ohne sich sklavisch unterzuordnen. Das gilt auch für die Charismen, die oft schon am Anfang ihrer Entwicklung stecken bleiben, weil ihr Träger meint, mit ihrer Entdeckung wäre er bereits ein Meister. Wenn jemand bei sich die Gabe des Wortes der Weisheit entdeckt hat, sollte er versuchen, in schwierigen Situation darauf zu achten, ob der Geist Gottes ihm das lösende Wort in dieser Sache anvertraut. Wenn er dann eine Eingebung hat, von der er vermuten kann, dass sie echt ist, muss er sie einbringen, sonst wird er nie wissen, ob seine Gabe wirksam ist oder nicht. Wer immer wieder die Erfahrung macht, dass seine spontanen Gedanken in solchen Situationen hilfreich sind, kann davon ausgehen, dass er dieses Charisma wirklich bekommen hat. Wer fast immer damit scheitert, sollte bei sich nach anderen Gaben Ausschau halten. Allerdings gibt es keine Automatik: Auch der offensichtlich Begabte kann sein Charisma nicht immer anwenden und muss jedes Mal neu prüfen, ob er davon ausgehen kann, dass er eine echte Eingebung des Geistes Gottes empfangen hat.

4. Schritt: Die Gaben, die ich bekommen habe, in meine Person integrieren!

Gott hat jeden Menschen verschieden geschaffen und deshalb hat die christliche Grunderfahrung nicht den Sinn, alle Menschen gleich werden zu lassen. Es ist genau umgekehrt: Der Heilige Geist befreit den Menschen zu seiner schöpfungsgemäßen Einmaligkeit. So gibt es nicht nur die Vielfalt der Charismen, sondern auch eine Vielfalt in der Aneignung dieser Gaben und in ihrer Ausgestaltung. Wenn fünf Menschen in einer Gemeinde die Gabe der Diakonie haben, dann werden sie ihre Gabe nicht einheitlich, sondern sehr verschieden anwenden. Es gibt individuelle Unterschiede, die in den unterschiedlichen Persönlichkeitsstrukturen liegen, es gibt aber auch allgemeine, wie das Alter oder das Geschlecht. Wenn ein junger Mensch prophetisch redet, wird er das im Allgemeinen risikofreudiger und nicht so abgeklärt tun wie ein Älterer. Beide Ausformungen sind wichtig, beide sind dann für die Gemeinde gut, wenn sie sich ergänzen. Wenn ein Mann die Gabe der Leitung ausübt, wird er das im Allgemeinen etwas anders tun als eine Frau, denn Männer neigen eher zu abstrahierender Sachlichkeit, während Frauen kommunikativer reagieren. Dadurch, dass wir positiv mit unserer Unterschiedlichkeit umgehen und einander in unserer Andersartigkeit nicht nur respektieren, sondern ergänzen, begeben wir uns am ehesten auf den Weg, der aus einer Gruppe von Menschen eine Gemeinde nach dem Bild vom »Leib Christi« macht.

2. Der Heilige Geist in der persönlichen Gottesbeziehung

2.1 Der Geist Gottes und die Bibel

Es gibt zwei ganz unterschiedliche Zugänge zur Bibel. Weil sie eine allgemein gültige Wahrheit wiedergibt, muss man die Schriften des Alten und Neuen Testaments studieren, um sich das notwendige Hintergrundwissen anzueignen, ihre grundlegenden Aussagen zu verstehen und die Zusammenhänge zu erkennen. Die wissenschaftliche Arbeit an der Bibel ist dabei eine unverzichtbare Grundlage, sofern sie ihrer dienenden Aufgabe, Gottes Botschaft für den Menschen verständlich zu machen, treu bleibt. Daneben kann ich die Bibel aber auch ganz persönlich lesen und mich dabei fragen, was mir Gott durch sein Wort heute zu sagen hat.

Beides sind gleich gewichtige, aber ganz verschiedene Zugänge zum Wort Gottes und wir können auf keine der beiden Ebenen verzichten, weil sie einander ergänzen müssen. Das, was der Geist Gottes dem Einzelnen für sich persönlich offenbart, genügt nicht, denn es muss immer wieder an der allgemein gültigen Wahrheit der Bibel geprüft werden. Das, was der Einzelne durch seine Arbeit an der Bibel erkennen kann, genügt ebenso wenig, denn die Richtigkeit einer Bibelauslegung braucht die persönliche Zuspitzung, weil sonst das Wort Gottes das Leben nicht verändern kann.

Beide Zugänge zur Bibel brauchen die Wirkungen des Heiligen Geistes. Wer nach dem fragt, was Gott ihm persönlich sagen will, braucht konkrete Impulse des Heiligen Geistes, weil er sonst nur weiß, was er sich selbst sagen will. Wer die Bibel in ihren grundlegenden Aussagen verstehen will, braucht neben seinem intellektuellen Rüstzeug einen Zugang »zum Herzen Gottes«, damit aus einer Sammlung von Texten eine Botschaft Gottes wird, und diesen Zugang kann er nur durch das Wirken des Geistes Gottes finden. Wer in der Lage ist, persönlich auf das Reden Gottes durch sein Wort zu hören und die dabei gewonnenen Impulse gleichzeitig an der grundlegenden Wahrheit der Bibel zu prüfen, wird am tiefsten in das eindringen können, was uns Gott mit seinem Wort geschenkt hat.

Es gibt einige praktische Wege, die sich in diesem Bereich bewährt haben und die ich im Folgenden skizzieren möchte.

2.1.1 Die »Stille Zeit«

Die »Stille Zeit« (manche sagen auch »Andacht« oder »Morgenwache«; andere haben gar keinen speziellen Ausdruck dafür) ist eine seit langem geübte Form des persönlichen Bibellesens, die offen ist für die Unmittelbarkeit von Impulsen des Heiligen Geistes. Zu ihr gehören folgende Schritte:

1. Schritt: Ich lese – am besten nach einer fortlaufenden Bibellese – einen Textabschnitt in Ruhe durch. Dabei ist es wichtig, mir so viel Zeit zu nehmen, dass ich den Text auch zweimal lesen oder an einer Aussage eine Zeit verweilen kann.

2. Schritt: Danach halte ich eine bewusste Zeit der Stille, in der ich über den Text nachdenke, bete und offen bin für geistliche Eingebungen.

3. Schritt: Ich schreibe mir alles auf, was mir dabei spontan in den Sinn kommt: Gedanken zum Text; Ideen für den vor mir liegenden Tag; Gebetsanliegen; ungeklärte Dinge im eigenen Leben; die Erinnerung an unerledigte Aufgaben.

4. Schritt: Zunächst prüfe ich meine Notizen am Text, den ich gelesen habe, damit er die Vielfalt meiner Gedanken noch einmal in eine bestimmte Richtung lenken kann. Oft wird dadurch die Prioritätenfolge meiner Notizen verändert.

5. Schritt: Schließlich schaue ich meine Notizen daraufhin an, ob ich »Handlungsanweisungen« in ihnen finde – für diesen Tag oder auch langfristiger. Dabei hat es sich bewährt, dass ich einige Tage später meine alten Notizen noch einmal anschaue und mich frage, was aus ihnen geworden ist.

6. Schritt: Zum Abschluss bete ich für die Menschen und Situationen, die mir in der Stillen Zeit wichtig geworden sind, und für die Bereiche in meinem eigenen Leben, die in meinen Notizen eine besondere Rolle gespielt haben.

Natürlich kann man die Stille Zeit auch mit einem Partner zusammen oder in einer kleinen Gruppe halten, wobei zunächst jeder für sich seine Gedanken aufschreibt und dann einiges davon an die anderen weitergibt. Es ist aber sehr wertvoll, eine Zeit am Tag zu haben, in der man mit Gott allein ist und sich neben der Beziehung zu ihm nicht noch auf Beziehungen zu anderen Menschen konzentrieren muss.

2.1.2 Das Bibelgespräch

In einer Bibelgesprächsgruppe sollen die persönlichen Impulse nicht unterdrückt werden, aber im Gegensatz zur Stillen Zeit liegt der Schwerpunkt hier bei der Textauslegung, allerdings in kommunikativer Weise, wie es dem Geschehen in einer Gruppe angemessen ist. Folgende Schritte halte ich dabei für wichtig:

1. Schritt: Der Text, den die Gruppe betrachten will, wird laut vorgelesen, entweder von einem oder reihum. Das ist für die Konzentration auf den Text wichtig, die sich meistens nicht in ausreichender Weise einstellt, wenn jeder den Text nur für sich liest.

2. Schritt: Die Gruppe nimmt sich ca. 20 Minuten Zeit, in der jeder Teilnehmer über den Text nachdenken kann und sich seine Gedanken dazu aufschreibt. Am Ende der Zeit soll sich jeder überlegen, was er in den Austausch einbringen will und sich die entsprechenden Stellen in seinen Notizen unterstreichen.

3. Schritt: Reihum liest jeder vor, was er unterstrichen hat. Es ist wichtig, bei dieser strengen Form zu bleiben, weil sonst bei Einzelnen so lange Monologe entstehen, dass ein wirklicher Austausch in der ganzen Gruppe nicht zustande kommt.

4. Schritt: Ein theologisch vorgebildeter Teilnehmer gibt nun eine kurze theologische Einführung in den Text, in der Begriffe geklärt, exegetische Erkenntnisse weitergegeben und Zusammenhänge aufgezeigt werden.

5. Schritt: In einem Diskussionsteil werden die persönlichen Schwerpunkte aus dem Austausch mit dem exegetischen Hintergrund in Verbindung gebracht und dabei auftauchende Fragen geklärt.

6. Schritt: Zum Schluss kann man ein »Blitzlicht« machen, in dem jeder Teilnehmer in einem Satz zum Ausdruck bringt, was ihm dieser Text zu sagen hat. Dabei wird der eine sein Fazit auf sein persönliches Leben beziehen, ein anderer auf die Gemeinde, ein dritter auf grundsätzliche Fragen usw., so dass dieser Schlussaustausch noch einmal von der Vielfalt der Gruppe profitieren kann und dem Anliegen der gegenseitigen Ergänzung dient. Beim Blitzlicht ist es wichtig, jedem Teilnehmer wirklich nur einen Satz zu gestatten, weil die Gruppe sonst zeitlich überfordert wird.

2.1.3 Die Predigtvorbereitung

Wenn ich eine Predigt oder eine Bibelarbeit vorzubereiten habe, beginne ich meistens nicht in der gewohnten Weise, indem ich Kommentare lese, mich mit dem Grundtext beschäftige oder nach der Situation meiner Hörer frage, sondern halte eine ausgiebige Stille über dem Text. Ich schreibe mir alle Impulse auf, die mir in Verbindung mit dem Text und mit der Situation meiner Hörer in den Sinn kommen. Erst dann schließe ich die exegetische Arbeit an, sodass ich nach ihrem Abschluss die Ergebnisse meiner Textarbeit mit denen des spontanen Hörens in Beziehung setzen kann.

Die Ergebnisse dieses Vergleichs sind oft sehr interessant. Es ist häufig, dass ich eine starke Übereinstimmung finde, oder dass die eine Ebene die andere in guter Weise ergänzt.

Manchmal treten im spontanen Nachdenken über dem Text Fragen auf, die ich von der Exegese her nie in Betracht gezogen hätte, die aber dann dazu führen, dass ich bei der Textarbeit an einer ganz ungewohnten Stelle »grabe« und fündig werde.

Oder es kommt vor, dass sich von den Impulsen her die Frage stellt, ob ich einen Text nicht nur in seinem biblischen Kontext zu verstehen habe, sondern auch von einer ganz anderen Herausforderung der Gegenwart her.

Das Miteinander der beiden Ebenen ist ein Spannungsfeld, das ich nicht leichtfertig zugunsten einer der Ebenen auflösen darf. Ich stelle nicht die Impulse über die Exegese, auch dann nicht, wenn ich in ihnen ein konkretes Wirken des Heiligen Geistes erkennen kann. Ich dränge die Impulse aber auch nicht zur Seite, um ein Problem schnell zu lösen, sondern versuche, Spannungen stehen zu lassen. Es kann dann geschehen, dass ich meine Hörer bei einer Predigt in die ungelösten Fragen hineinschauen lasse.

Erst wenn ich die lehrmäßige Ebene der Exegese mit der persönlichen Ebene geistlicher Impulse verbinden kann, bin ich dem Text so nahe, dass ich mich in der Lage sehe, ihn auszulegen. Ich bleibe dann weder bei einer abstrakten Exegese »hängen«, noch begnüge ich mich mit Gedanken zur aktuellen Situation. Wenn die Zuhörer in der Auslegung eine Verbindung zwischen exegetischer Sorgfalt und Aktualität finden, beides in der Offenheit für das Wirken des Heiligen Geistes, erreicht die Predigt oder die Bibelarbeit im Allgemeinen auch ihre Lebenssituation – es ist ja der eine Geist Gottes, der »alles in allem wirkt«.

2.2 Der Geist Gottes und das Gebet

Die Beziehung zwischen Gebet und Heiligem Geist wird nirgends so deutlich wie in Röm 8,26: »So nimmt sich auch der Geist unserer Schwachheit an. Denn wir wissen nicht, worum wir in rechter Weise beten sollen; der Geist selber tritt jedoch für uns ein mit Seufzen, das wir nicht in Worte fassen können.« Für beten steht hier *proseuchomai*, und dies ist ein kommunikativer Begriff, den wir am besten als »mit Gott im Gespräch sein« umschreiben können. Zum Beten gehört also nicht nur unser Reden zu Gott, sondern auch sein Reden zu uns. Das »Gebet in rechter Weise« ist ein Gespräch mit Gott, bei dem das Hören auf ihn mindestens ebenso wichtig ist wie unser eigenes Reden. Wir sind nicht im Reden schwach, sondern im Hören, und es ist die wichtigste Aufgabe des Heiligen Geistes, die Verbindung zwischen Gott und uns zustande zu bringen, die aus unseren Gebetsmonologen Gebetsgespräche macht. Die Kommunikation zwischen ihm und uns soll sich dabei nicht nur auf der Ebene der Worte entfalten, sondern auch im Schweigen und Hören, in den Gefühlen und im Bewusstsein, mit ihm eins zu sein.

Jesus selbst hat uns diesen Gesprächscharakter des Gebets gezeigt: »Wenn ihr betet, sollt ihr nicht plappern wie die Heiden, die meinen, sie werden nur erhört, wenn sie viele Worte machen. Macht es nicht wie sie, denn euer Vater weiß, was ihr braucht, noch ehe ihr ihn bittet« (Mt 6,7-8). Wenn er weiß, was wir brauchen, dann ist es viel wichtiger, seinen Willen zu erfahren als zu versuchen, Gott unseren Willen aufzudrängen. Auch wenn Gott sich von uns nicht drängen lässt, verhindern unsere vielen Worte das Hören auf ihn und ohne das Hören kann kein Gespräch zustande kommen. Damit das Gespräch möglich wird, brauchen wir Stille und Konzentration und deshalb empfiehlt Jesus den folgenden Weg: »Du aber geh in deine Kammer, wenn du betest, und schließ die Tür zu; dann bete zu deinem Vater, der im Verborgenen ist« (Mt 6,6). Das Reden Gottes geschieht nicht laut, sondern durch Impulse seines Geistes, die er in unser Bewusstsein einbringen möchte. Dieses Reden können wir nur hören, wenn wir uns darauf konzentrieren und die vielen Dinge, die uns ablenken, ausschalten. Wir gehen heute nicht in die Vorratskammer wie die Menschen zur Zeit Jesu, für die das der einzige Ort der Abgeschiedenheit gewesen ist. Unsere »Gebetskammer« kann sehr verschieden aussehen, aber auch heute müssen wir viel dazu tun, um die Konzentration und Stille zu finden, ohne die aus unseren Gebetsmonologen nie Gebetsgespräche werden können.

Es gibt auch hier verschiedene praktische Wege, die kommunikative Arbeit des Heiligen Geistes bei unserem Beten durch unser praktisches Verhalten so zu fördern, dass es im Gebet zu einer wirklichen Kommunikation kommen kann.

2.2.1 Die Gebetskammer

Wer zum kommunikativen Gebet finden will, muss lernen, Bedingungen zu schaffen, die das Hören auf Gott erleichtern. Dazu können die folgenden Schritte helfen:

1. Schritt: Ich nehme mir einen geeigneten Termin, z.B. am frühen Morgen oder am Ende des Tages, den ich für mein »Gesprächsgebet« reserviere und suche mir für diese Zeit einen Raum, in dem ich ungestört bin.

2. Schritt: Vielleicht hilft es mir, wenn es in dem Raum, in den ich mich zum Beten zurückziehe, Gegenstände gibt, die mir zur Konzentration verhelfen, etwa ein Kreuz, eine Kerze oder ein Bild. Ich habe in meinem Arbeitszimmer, in dem ich mich am besten zur Stille zurückziehen kann, eine Christus-Lithographie von Chagall hängen, die ich oft am Beginn meiner Gebetszeit eine Weile anschaue.

3. Schritt: Nun muss das geschehen, was Tersteegen in einem bekannten Lied so ausdrückt: »Alles in uns schweige.« Ich versuche also, die Gedanken, die mir ständig durch den Kopf gehen, bewusst zu unterbrechen. Hier wird jeder seinen eigenen Weg finden müssen, wie ihm das am besten gelingt, und manchem wird auch eine Anleitung zur Meditation helfen, für die es ganz verschiedene Ansätze gibt.

4. Schritt: Ich warte ab, ob sich in mir Gedanken verdeutlichen, von denen ich vermute, dass es Impulse des Heiligen Geistes sind. Wenn ein solcher Impuls deutlich geworden ist, bewege ich den Gedanken im Gebet. Manchmal danke ich Gott dafür, manchmal stelle ich ihm eine Frage, oft lasse ich den Impuls einfach stehen und warte ab, was sich daraus entwickelt. Es kommt vor, dass ein richtiges Gespräch mit Gott entsteht, in dem ich zu ihm etwas sage und warte, ob ich in meinem Bewusstsein seine Antwort wahrnehmen kann.

5. Schritt: Am Ende einer solchen konzentrierten Gebetszeit schreibe ich mir wichtige Gedanken auf, notiere offene Fragen oder mache mir eine Notiz zu einer Sache, die ich weiter bedenken möchte.

6. Schritt: Immer wieder werden wir im NT zum Lobpreis aufgefordert, nicht unbedingt, weil es uns gut geht, sondern weil Gott gut ist. Deshalb beende ich meine Gebetszeit, wenn es irgend geht, mit einem Lob- und Dankgebet, wobei ich manchmal frei bete, aber gelegentlich auch mit den Worten eines Psalms.

Die »Gebetskammer« eignet sich besonders gut dazu, allein vor Gott zu stehen, weil ich mich dann ganz auf meine Beziehung zu ihm konzentrieren kann.

2.2.2 Das anhaltende Gebet

Wenn Paulus in 1. Thess 5,17 sagt: »Betet allezeit!« oder in Röm 12,12: »Haltet an am Gebet!«, kann er nicht das Gebet meinen, bei dem wir zu Gott reden. Denn es ist nicht möglich, stunden- oder tagelang zu Gott zu reden. Die Aussage macht aber sofort Sinn, wenn wir sie auf den hörenden Teil des Gebets beziehen, denn man kann sehr wohl über längere Zeit, auch neben der täglichen Arbeit, in »Hörbereitschaft« sein.

Das ist in erster Linie eine Frage des Bewusstseins. Beten ist mehr, als nur mit Gott zu reden, Beten ist auch mehr, als sich in ganz bestimmten Zeiten auf das Hören zu konzentrieren. Das anhaltende Gebet ist die ständige Bereitschaft, im ganz normalen Alltag auf das Reden Gottes zu hören. Ich gehe davon aus, dass unter den vielen Gedanken und Impulsen, die ständig mein Bewusstsein erreichen, ab und zu auch Impulse des Heiligen Geistes sind. Sie gilt es herauszufinden, denn sie können nur dann ihre Wirkung entfalten, wenn ich sie als Reden Gottes identifizieren kann.

Weil sich das anhaltende Gebet nun aber in meinem Alltag abspielt, müssen diese Impulse schon ziemlich deutlich sein, damit ich sie nicht überhöre. Und ich darf das Vertrauen zu Gott haben, dass er, wenn ich sein Reden nicht wahrnehmen kann, einen anderen Weg findet, mir das zu vermitteln, was er mir sagen will. Denn wenn ich mich aus der Angst heraus, ich könnte den Heiligen Geist überhören, verkrampfe, wird meine Hörbereitschaft bald ganz zerstört sein.

Ich werde aufmerksam, wenn sich mir ein bestimmter Gedanke aufdrängt, der nicht zu den Dingen gehört, die mir ständig im Kopf herumgehen. Um ihn zu prüfen, kann ich folgende Schritte tun:

1. Ich frage mich, ob der Gedanke grundsätzlich zu einem geistlichen Impuls gehören könnte. Er muss dann schon eine bestimmte Tiefe haben oder so originell sein, dass ich ihn der Kreativität des Geistes Gottes zutraue.

2. Ich bete darum, dass sich der Gedanke vertieft, wenn er wirklich von Gott ist und erlebe meistens, dass unwichtige Dinge dabei wieder aus meinem Bewusstsein verschwinden.

3. Wenn sich der Gedanke verstärkt, gehe ich bis zu einem eventuellen »Beweis des Gegenteils« davon aus, dass es sich um einen Impuls des Heiligen Geistes handelt. Bei dieser »unsicheren Beweislage« werde ich allerdings mit diesem Impuls sehr vorsichtig umgehen, damit der Schaden nicht so groß ist, wenn ich mich getäuscht habe.

Ein Beispiel soll dies verdeutlichen: Mitten auf der Autobahn habe ich plötzlich den deutlichen Impuls: »Fahre auf den nächsten Parkplatz!« Der Gedanke ist so stark und plötzlich, dass ich ihm folge. Ein Stau wird nicht gemeldet, also setze ich mich etwas verunsichert auf eine Bank und erlebe, wie meine Gedanken spazieren gehen. Ich beschäftige mich eine Weile mit einem speziellen theologischen Problem, auf das ich beim Nachdenken gestoßen bin, und als weiter nichts passiert, fahre ich wieder los. Am Abend werde ich nach dem Vortrag, zu dem ich gefahren bin, von einer Teilnehmerin auf genau die Frage angesprochen, die ich bei der Pause auf dem Parkplatz bewegt habe, und ich kann nun sehr gezielt antworten. Natürlich ist die Tatsache, dass ein solcher Impuls »passt«, noch kein Beweis dafür, dass er vom Heiligen Geist stammt, ebenso wenig, dass etwas, das menschlich gesehen *nicht* passt, deswegen nicht vom Heiligen Geist stammt. Wer sich selbstkritisch beobachtet, wird allmählich ziemlich eindeutige Kriterien finden, wann er durch Impulse des Heiligen Geistes bereichert wird und wann es eher um seine eigene Kreativität geht – wobei eine letzte Sicherheit nicht zu erreichen ist.

Das anhaltende Gebet beschäftigt sich aber nicht nur mit dem speziellen Reden Gottes, sondern kann sich auch ganz allgemein dem Lobpreis, dem Dank und der Freude an der Gegenwart Gottes öffnen.

Wenn ich in »Hörbereitschaft« bin, habe ich ab und zu eine plötzliche, tiefe Freude an Gott, an seiner Nähe, aber auch an der Schönheit seiner Schöpfung und der Freundlichkeit von Menschen. Dieses »Eintauchen« in die Nähe Gottes ist wie der Strommast, der in bestimmten Abständen stehen muss, damit die Leitung nicht durchhängt.

2.2.3 *Die Glossolalie*

Die Glossolalie ist das Beten in einer Sprache, die der Beter nicht versteht und die ihm vom Geist Gottes geschenkt worden ist. Paulus betont, dass man sich im Sprachengebet »selbst erbaut« (1. Kor 14,4). Deshalb ist es nur im Ausnahmefall für den Gottesdienst gedacht, denn dann muss es ausgelegt werden, während der Beter beim persönlichen Gebrauch »zu Gott redet« (14,2). Schließlich untersteht auch die Glossolalie voll dem Willen dessen, der diese Gabe nutzt, wie der Gesamtzusammenhang von 1. Kor 14 deutlich macht. Aber wozu soll es gut sein, im persönlichen Gebet in einer Sprache zu beten, die der Beter selbst nicht versteht?

Die Glossolalie entsteht durch das Wirken des Heiligen Geistes in meinem Inneren und ist nach neueren psychologischen Erkenntnissen wahrscheinlich ein Ausdruck des Unbewussten im Menschen. Damit stellt sie eine Verbindung zwischen den Tiefenschichten in meiner Person und dem Heiligen Geist her und drückt offensichtlich Dinge aus, die ich unbewusst wahrnehme und deshalb mit meinem Verstand nicht erkennen kann (Röm 8,26). Es ist sehr wertvoll, wenn »es in meinem Unbewussten« betet, aber noch wichtiger wäre es, wenn davon auch etwas in mein Bewusstsein gelangen könnte. Das geschieht sogar ab und zu, wenn man die Gabe der Glossolalie für das persönliche Gebet nutzt. Ich habe persönlich die Erfahrung gemacht, dass ich manchmal, wenn ich eine Weile in meiner Gebetssprache gebetet habe, ein Gefühl, eine Erkenntnis oder einen Impuls wahrnehme, von dem ich vermuten kann, dass er eine Art Auslegung meines Sprachengebets ist. Am wichtigsten aber ist die Tatsache, dass mir die Glossolalie in schwierigen Situationen die Nähe Gottes bewusst macht, denn ich kann auch dann in Sprachen beten, wenn ich gleichzeitig ein schwieriges Gespräch zu führen habe. Natürlich ist Gott dem Menschen, der nicht in Sprachen betet, ebenso nahe, aber es ist ein Unterschied, ob ich mir die Nähe Gottes nur theoretisch klarmache oder ob ich sie in mir erleben kann.

3. Der Heilige Geist im Leben der Gemeinde

3.1 Frühchristliche Gemeinden

3.1.1 Jerusalem

Die Gemeinde in Jerusalem war von ihrer Gründung an eine große Gruppe: Mehrere Tausend Menschen hatten die Gabe des Heiligen Geistes empfangen und wollten diese neue Erfahrung in ihr gottesdienstliches und persönliches Leben integrieren. Dafür entwickelte die Gemeinde eine Doppelstruktur, den »Versammlungsgottesdienst« im Tempel und den »Lebensgottesdienst« in den Hausgemeinden.

Im Tempel gab es täglich eine gottesdienstliche Veranstaltung, die – was schon von der Größe her nicht anders möglich war – von einzelnen Mitarbeitern gestaltet wurde. Ihre Berufung und mit ihr auch die Gaben des Heiligen Geistes war für die öffentliche Verantwortung gedacht: die Apostel als Augenzeugen; die Propheten mit der Fähigkeit, geistliche Impulse aktuell einzubringen; Lehrer mit der Gabe, Zusammenhänge verständlich zu machen; Liturgen, die das Lob Gottes und die Anbetung der Gemeinde von der Musik und vom Text her gestalten konnten; Organisatoren, die dafür sorgten, dass der Gang zum Tempelgottesdienst nicht im Chaos endete; Evangelisten, die das Evangelium den Zuhörern bis zur Entscheidungsreife verkündigen konnten und Hirten, die darauf achteten, dass der Einzelne mit seinen geistlichen und menschlichen Bedürfnissen nicht in der großen Menge unterging. Der Versammlungsgottesdienst im Tempel war also die Stunde der »herausgerufenen Dienste«, der Menschen, die einen geistlichen Auftrag für die Öffentlichkeit hatten.

Die Versammlungsebene allein genügte aber nicht, denn ihr fehlte die Möglichkeit der Kommunikation, ohne die Koinonia als Gemeinschaft im Geben und Nehmen nicht möglich ist. Dafür waren die Hausgemeinden da. Hier gab es den persönlichen Kontakt und hier konnten die Wirkungen des Heiligen Geistes die Alltagsebene erreichen: in Gespräch und Diskussion, im gemeinsamen Essen oder in Fest und Feier – und hier konnte man auch besser erkennen, was der Einzelne an konkreter Hilfe brauchte. Die Gaben, die hier dominierten, waren z.B. die des Hausvaters und der Hausmutter, die im diakonischen Sinn eine Hausgemeinde leiteten; die Diakonie als Sorge für die existenziellen Dinge des Lebens; die Gabe, mit anderen zu teilen oder Barmherzigkeit zu üben. Gab es im Gespräch über Jesus oder in der Gebetsgemeinschaft ein prophetisches Wort, wurde es in der Alltagssprache eingebracht und vielleicht erst später an seiner Wirkung als Prophetie erkannt. So ging es mit allen Charismen und im Vollzug des gemeinsamen Lebens waren die Gaben und die Frucht des Geistes auch viel selbstverständlicher miteinander verbunden. Neben den Mahlzeiten und dem persönlichen Kontakt der Christen untereinander war auch das Herrenmahl im Haus angesiedelt, eingebettet in die praktische Koinonia der Hausgemeinde; und es spricht viel dafür, dass es aus dem »Lebensgottesdienst« in den »Versammlungsgottesdienst« eingewandert ist und nicht umgekehrt.

Die Doppelstruktur von Versammlung und gemeinsamem Leben ist so grundsätzlicher Art, dass wir sie auch heute brauchen. Denn es gibt weniger Defizite, wenn sich die Wirkungen des Heiligen Geistes sowohl auf die große Gruppe wie auf die Hausgemeinschaft beziehen, und weil man seine Gaben und den Umgang mit den Impulsen des Heiligen Geistes erst einmal im Haus entfalten kann, ist der Reichtum der Wirkungen des Geistes viel größer. Diejenigen, die eine Berufung für die Öffentlichkeit haben, können das zunächst dort erkennen; und diejenigen, deren Gaben im Alltagsbereich bleiben sollen, haben den Raum, ihre Charismen in der ihnen angemessenen Weise zu leben. So konnte das Gemeindeleben unverkrampfter und lebenstauglicher sein, und deshalb finden wir die Hausgemeinden auch dann, wenn die Gesamtgemeinde viel kleiner war als in Jerusalem, z.B. in Korinth.

3.1.2 Antiochia

Wahrscheinlich waren die frühchristlichen Gemeinden am Sonntag, dem Auferstehungstag Jesu, den ganzen Tag zusammen. Von Antiochia wird berichtet, dass sie »dem Herrn dienten und fasteten« (Apg 13,1-3). Vom Fasten kann man nur sprechen, wenn wenigstens eine Mahlzeit ausgelassen wird. Das spricht also für einen »Ganztagsgottesdienst«. Ähnlich scheint es in Korinth gewesen zu sein, wo es große Probleme mit dem gemeinsamen Essen gab (1. Kor 11). Von Korinth wissen wir, dass es viele Hausgemeinden gab, eine ähnliche Situation können wir auch in Antiochia voraussetzen.

Was hat die Gemeinde nun während des gemeinsamen Sonntags gemacht? Es hat sicher einen Versammlungsgottesdienst gegeben, der – wie vermutlich überall in der frühen Christenheit – viel länger dauerte als unsere heutigen Gottesdienste. Und es werden auch einige der Personen genannt, die als Propheten und Lehrer die Gemeinde leiteten, also zu einem Dienst an der ganzen Gemeinde berufen waren. Es gab Liturgie und freie Formen des Gottesdienstes, es gab Verkündigung und Gebete – aber sicher haben die Leute in der Gemeinde nicht einen ganzen Tag lang in ihren Bänken gesessen, sondern auch ein Stück weit das gemeinsame Leben gestaltet. Vielleicht hat man auch deswegen gefastet, damit man nicht durch die damals noch viel mühsamere Aufgabe, viele Menschen zu verköstigen, abgelenkt wurde. Der gemeinsame Sonntag sollte sicher nicht die konkrete Lebensgemeinschaft in den Hausgemeinden ersetzen, aber er hat etwas von der »Koinonia-Ebene« in die Gemeinschaft der ganzen Gemeinde gebracht, und alles, was wir von Antiochia wissen, zeigt uns, dass wir hier eine sehr lebendige und offensichtlich gut strukturierte Gemeinde vor uns haben.

3.1.3 Korinth

Wenn sich die gesamte Gemeinde von Korinth versammelte, gab es große Entfernungen zu überbrücken, vor allem zwischen den beiden Hafenvorstädten, von denen zumindest Kenchreä eine Hausgemeinde (die der Phöbe) hatte, und der Innenstadt. Die Gemeinde wurde aber nicht nur deswegen von den Hausgemeinden dominiert, sondern wohl vor allem deshalb, weil die Gruppen in den verschiedenen Hausgemeinden so unterschiedlich waren, dass die Versammlungen der Gesamtgemeinde sehr unter Konflikten litten. So hatten die gebildeten und reichen Innenstadtbewohner im Haus des Erastus wenig gemeinsam mit der judenchristlichen Gemeinde im Haus des Krispus oder derjenigen der »Hafenleute« im Haus der Phöbe. Der unterschiedliche Lebensstil, der vor allem von der sozialen Herkunft abhängig war, prägte auch den gottesdienstlichen Stil. So pflegte die Hausgemeinde der Phöbe den enthusiastischen Umgang mit den Charismen, während wir vermuten können, dass im Haus des Krispus die Liturgie des Synagogengottesdienstes mit christlichen Elementen angereichert und im Haus des Erastus das gepflegte Griechisch der Literatur gesprochen wurde. (Einzelheiten zu den Gruppen in Korinth und den verschiedenen Hausgemeinden finden sich im Buch von Hans-Josef Klauck, Hausgemeinde und Hauskirche im frühen Christentum.)

Obwohl Paulus die Korinther wegen ihrer Parteiungen und des unversöhnten Umgangs miteinander scharf kritisiert, macht er keinen Versuch, die Verschiedenartigkeiten der Hausgemeinden auf einen gemeinsamen Stil zu »trimmen«, denn er möchte, dass das reale Leben der Einzelnen durchlässig wird für die Wirkungen des Heiligen Geistes. Wie im Bild vom Leib Christi dargestellt, das er gerade auch im Zusammenhang mit den Konflikten in der Gemeinde Korinth verwendet, sollen die Unterschiede nicht zum Konflikt führen, sondern vielmehr als Ergänzungen verstanden werden. So ist dann auch der gemeinsame Gottesdienst aufgebaut, den Paulus in 1. Kor 14,26ff vorstellt. Er sieht keinen gemeinsamen Stil vor, sondern eine »versöhnte Verschiedenheit« der unterschiedlichen Spiritualität. Ich werde dieses Gottesdienstmodell im Zusammenhang mit dem freien Gebetsgottesdienst weiter unten ausführlicher beschreiben.

3.1.4 Fazit

Wenn ich die Zeugnisse über frühchristliche Gemeinden zusammenfasse, komme ich zu folgenden Schwerpunkten:

1. Der Heilige Geist schafft eine Doppelstruktur, in der die gottesdienstliche Veranstaltung, die von Einzelnen geführt und geprägt werden muss, mit der lebens- und alltagsbezogenen Hausversammlung verknüpft wird. Das entspricht den schöpfungsbedingten Bedürfnissen und Möglichkeiten der am Leben der Gemeinde beteiligten Menschen – damals wie heute.

2. Daher gibt es die Wirkungen des Heiligen Geistes in einer »öffentlichen Ausformung«, als herausgerufene Dienste oder Ämter, und in einer »persönlichen Ausformung«, wie sie in den Hausgemeinden gebraucht wird. So gibt es z.B. den Diakon, der für die Organisation bestimmter Aufgaben in der ganzen Gemeinde verantwortlich ist, und die Gabe der Diakonie als spontane Hilfe für den Einzelnen, die man im Zusammenleben in der Hausgemeinde braucht.

3. Das Herzstück des Gemeindelebens ist der frei gestaltete Gottesdienst, in dem Spontaneität und Tradition zusammengeführt werden. Hier steht die Spontaneität einzelner Charismen im Spannungsfeld mit der Aufgabe der Beurteilung, die allen zukommt, wobei Paulus in 1. Kor 14,29 sicher nicht an Mehrheitsentscheidungen denkt, sondern an das Ringen der Gemeinde um die Wahrheit, bei dem alle Prägungen, Erfahrungen und Erkenntnisse zusammenspielen sollen.

3.2 Das Bild vom Leib Christi

Paulus vergleicht die Gemeinschaft der Menschen in der christlichen Gemeinde an mehreren Stellen mit dem Körper, und zwar speziell dann, wenn es um die Wirkungen des Heiligen Geistes geht, am ausführlichsten in 1. Kor 12. Die Koinonia wird möglich, weil die Menschen in der Gemeinde bei aller Unterschiedlichkeit »mit einem Geist getränkt« worden sind (12,13). Wie ein Schwamm das Wasser aufsaugt, haben die Menschen, die durch ihre Umkehr die Gabe des Heiligen Geistes empfangen haben, zu diesem Samen nun auch das »lebendige Wasser« aufgenommen, das den Samen zum Wachsen bringt, damit die Frucht des Geistes entsteht. Die Koinonia in der Gemeinde ist davon abhängig, dass das Wesen des Geistes Gottes und seine zentrale Wirkung, die Liebe, bis in die Tiefenschichten der beteiligten Personen gedrungen ist. Ohne Liebe endet das Miteinander der so unterschiedlichen Menschen in Konflikt und Chaos, wie es ja in der Gemeinde Korinth wirklich geschehen ist. Weil er solche Situationen kennt, entfaltet Paulus mit dem Bild vom Leib Christi kein unerreichbares Ideal, sondern zeigt eine Grundstruktur, nach der sich jede Gemeinde ausstrecken muss, will sie nicht auseinanderbrechen.

Das Bild ist sehr einfach: Die Menschen in der Gemeinde sind so unterschiedlich wie die verschiedenen Körperteile. Denn jeder bringt ein anderes Erbgut mit, ist auf seinem bisherigen Lebensweg verschieden geprägt worden und hat unterschiedliche Charismen bekommen. Das Entscheidende am Bild vom Leib Christi ist die Tatsache, dass Paulus damit nicht dazu aufruft, die Unterschiedlichkeiten auszuhalten, weil sie nun eben da sind. Er zeigt uns im Gegenteil, dass sie funktionale Bestandteile des Lebens sind. Der Körper kann nur leben, weil sich seine verschiedenen Organe und Gliedmaßen in ihrer Unterschiedlichkeit ergänzen, und das gilt auch für die geistliche Gemeinschaft. Die Verschiedenartigkeit der Begabungen und Erfahrungen ist lebensnotwendig, weil wir sie zur Ergänzung brauchen: »Der Kopf kann nicht zu den Füßen sagen: Ich brauche euch nicht« (12,21). Jeder ist mit seinen Fähigkeiten für den anderen wichtig und keiner ist ohne die Gaben und Erfahrungen der anderen lebensfähig. Der Körper wird krank, wenn die Verschiedenartigkeit der Körperteile zur »Konkurrenz« entartet, und die Gemeinschaft in der Gemeinde ist ebenfalls nur dann gesund, wenn es zu einer »Einheit in der Vielfalt« kommt und nicht zu einer »Einfalt in der Vielheit«, die dann nur noch recht und schlecht nach dem Prinzip vom »kleinsten gemeinsamen Nenner« funktioniert.

Aus dem Bild vom Leib Christi ergeben sich vier Prinzipien für die Struktur einer christlichen Gemeinde, die so beschaffen ist, dass sie »Christus darstellen«, d.h. seine Aufgaben in der Welt unter der Führung des Heiligen Geistes wahrnehmen kann:

1. Jeder hat etwas, aber keiner hat alles – also sind wir alle auf Zusammenarbeit angewiesen.

2. Die Gabe bestimmt über die Aufgabe – denn nur dann, wenn jeder das als Schwerpunkt tut, was er von seiner Kompetenz her am besten kann, ist die Gemeinde fähig, ihrer Verantwortung nach innen und außen gerecht zu werden.

3. Die verschiedenen Fähigkeiten legen keine grundsätzliche Rangfolge fest – es ist immer die Funktion am wichtigsten, die gerade am nötigsten gebraucht wird.

4. Das letzte Wort haben wir somit nur alle zusammen – und es ist wichtig, das Gemeindeleben so zu gestalten, dass wir in wichtigen Fragen warten können, bis Konsens erreicht ist.

Obwohl Paulus das Bild vom Leib Christi im Zusammenhang mit den Charismen bringt, ist damit nicht gesagt, dass nur das Miteinander der Gaben des Heiligen Geistes gemeint ist. Es sind die Menschen mit ihrer ganzen Persönlichkeit und Kompetenz, die lernen sollen ihre Unterschiedlichkeit nicht zur Konkurrenz, sondern zur Ergänzung zu nutzen. Das bedeutet, dass die Gemeinde weder rein hierarchisch noch rein demokratisch aufgebaut ist. Die vom Geist Gottes geschaffene Struktur steht genau dazwischen. Sie hat hierarchische Anteile, aber diese beziehen sich nicht auf absolute Ämter, sondern auf die vom Heiligen Geist geschenkten Befähigungen. Immer wenn eine bestimmte Aufgabe angepackt oder ein konkretes Problem gelöst werden soll, steht der jeweilige Gabenträger »ganz oben« und soll entsprechende Autorität genießen. Dann aber tritt er wieder zurück und macht einem anderen Gabenträger Platz. Das gilt auch für den Dienst der Leitung, die wie alle anderen Gaben dem Ganzen verpflichtet ist. Und wenn der Prophet gesprochen hat, darf er nichts dafür tun, die ausgedrückte Meinung auch durchzusetzen, sondern sollte wieder zurücktreten und Raum schaffen für die Prüfung durch die anderen.

Diese funktionale Struktur der Gemeinde ist leicht zu verstehen und trotzdem schwer zu handhaben, aber sie ist typisch für die Handschrift des Heiligen Geistes, der ja nicht nur den Anspruch an uns stellt, in dieser reifen Art und Weise zusammenzuleben, sondern mit der Liebe als der zentralen Frucht des Geistes und den Charismen als den »Werkzeugen« für unseren Dienst auch die

Möglichkeiten dafür schafft, dass wir wenigstens im Ansatz in unseren Gemeinden die Struktur des Leibes Christi verwirklichen. Durch das Wirken des Heiligen Geistes sind wir in unserer geistlichen Gemeinschaft zum Leib Christi geworden. Deshalb sollen wir uns mit allen unseren Kräften bemühen, das in die Wirklichkeit unseres Lebens zu übertragen, was wir durch Gottes Handeln im Ansatz bereits sind.

3.3 Gemeindepraxis

3.3.1 Gemeinschaftsfähig werden

Die Gemeinschaftsfähigkeit ist eines der wichtigsten Ziele für die Gemeindearbeit, nicht nur für das Hineinwachsen der jüngeren Generation, sondern gerade auch für diejenigen, die von ihrem Alter her zur tragenden Mitarbeiterschaft gehören, und oft in dem Augenblick, in dem sie Führungsämter übernehmen, ebenso autoritär werden wie die Mitarbeiter, unter deren autoritärem Verhalten sie gelitten haben. Wie kann eine Schrittfolge zum Lernziel Gemeinschaftsfähigkeit aussehen?

1. Schritt: Ich suche meine Gaben. Sie bestehen aus den Möglichkeiten, die in meinem Erbgut stecken; aus meiner gesammelten Lebenserfahrung und aus den Gaben des Heiligen Geistes. Ich kann nach dem Ausschau halten, was sich in meinem Leben bereits entwickelt hat, für die Weckung meiner Fähigkeiten beten und an ihrer Entwicklung arbeiten.

2. Schritt: Ich finde meine Aufgaben. Natürlich muss jeder Mensch zuerst einmal die Dinge tun, die ihm »vor die Füße gelegt« sind. Aber das reicht nicht aus, um das Leben zu meistern und die Gemeinde fähig zu machen, ihre Aufgaben zu tun. Hier brauchen wir spezielle Kompetenzen, die nur dann ausreichend vorhanden sein werden, wenn wir unsere Stärken entwickeln und von unseren Gaben zu unseren Aufgaben finden.

3. Schritt: Ich suche meine Grenzen. Sie sind ebenso wichtig wie meine Gaben. Wer ohne Grenzen leben will, brennt schnell aus. Außerdem sind meine Grenzen der Ort, wo der Freiraum für die Gaben der anderen beginnt. Nur wenn wir einen gemeinsamen Blick für unsere jeweiligen Grenzen und Gaben entwickeln, können unsere Unterschiede dazu dienen, dass wir uns gegenseitig ergänzen.

4. Schritt: Ich lerne, je nach meiner Kompetenz, vor- oder zurückzutreten. Es ist jeweils die Fähigkeit am wichtigsten, die gerade am dringendsten gebraucht wird. Gefragt ist die Bereitschaft, Verantwortung zu übernehmen, wenn die eigene Kompetenz gefragt ist und anderen die Verantwortung zu überlassen, wenn sie die Kompetenz haben.

5. Schritt: Gemeinschaftsfähig ist nur, wer sowohl geben wie nehmen kann. Manche Menschen können nur geben, andere nur nehmen. Daraus entsteht keine Gemeinschaftsfähigkeit. Denn die Gemeinschaft wird gestört, wenn Einzelne nur nehmen und damit auf Kosten der anderen leben. Die Gemeinschaft wird aber auch gestört, wenn Einzelne nur geben und damit durch ihre Macht – auch ungewollt – anderen den Freiraum für ihre Kompetenzen nehmen. Nehmen, wo andere Überfluss haben, auch an Erkenntnissen und Kompetenzen, und geben, wo wir mehr haben oder weiter sind – das ist die Grundeinstellung, die für die Wirkungen des Heiligen Geistes den optimalen Freiraum darstellt.

3.3.2 Der frei gestaltete Gottesdienst

Paulus entwickelt in 1. Kor 14,26ff das Modell eines frei gestalteten Gottesdienstes, der weder dem Prinzip des Chaos folgt noch unter einer straffen Leitung steht. Damit das gelingen kann, gibt er einige Richtlinien:

1. Inhaltlich setzt sich der Gottesdienst aus traditionellen (z.B. Psalm und Lehre) und spontanen Inhalten (z.B. Offenbarung und Glossolalie) zusammen. Meiner Auffassung nach stehen diese vier Charismen hier beispielhaft für die beiden Bereiche der Tradition und Erneuerung, die in einer »schöpferischen Spannung« zueinander stehen sollen.

2. Als Ziel des Gottesdienstes nennt Paulus die Erbauung. Er würde also einen gelungenen von einem misslungenen Gottesdienst nicht dadurch unterscheiden, dass der erste perfekt gestaltet war und der zweite viele Fehler aufwies, sondern prüfen, welcher von beiden mehr der Erbauung gedient hat. Hat jemand etwas gelernt? Konnte man Geborgenheit in der Nähe Gottes empfinden? Hat jemand das Reden Gottes an ihn persönlich wahrgenommen? Hat ein Mensch zum Glauben gefunden?

3. Auch wenn der Enthusiasmus hohe Wellen schlägt, wie das in Korinth der Fall war, soll jede Gabe zeitlich begrenzt und abwechselnd mit anderen eingebracht werden. Das geschieht um der Menschen willen, die da sind, denn die menschliche Psyche braucht Abwechslung. Es soll spontan, aber nicht chao-

tisch zugehen, und deshalb müssen gerade die Enthusiasten lernen, sich kommunikativen Regeln unterzuordnen.

4. Alle Beiträge, die davon ausgehen, dass sie unmittelbares Reden des Heiligen Geistes sind, müssen geprüft werden. Prüfinstanz ist die ganze Gemeinde: Die einen sollen prophetisch reden, die anderen sollen urteilen. Oft beginnt jemand mit einem echten geistlichen Impuls, der aber im Laufe des Beitrags immer mehr von den eigenen Gedanken überlagert wird. Wenn ein neuer prophetischer Impuls kommt, soll der alte abgebrochen werden. Denn die Vielfalt der Gaben und der Gabenträger kann sich nur darstellen, wenn auch viele zu Wort kommen.

5. Gott ist nicht ein Gott der Unordnung, sagt Paulus. Aber er ist auch kein Gott der Ordnung, sondern des Friedens. Frieden bedeutet hier etwas Ähnliches wie »kommunikative Stimmigkeit«. Wenn das Geschehen unter der Leitung des Heiligen Geistes geschieht, kann ein Optimum an Auferbauung geschehen.

6. Die »Ordnung« kommt am Ende des Textes doch noch vor, aber eben nicht als Zentralbegriff für das Wesen eines kommunikativen Gottesdienstes, sondern als Einhaltung von Regeln, die man sich aus gutem Grund gegeben hat, die sich aber aus ebenso guten Gründen auch wieder ändern können. Das dauerhafte Ziel ist die Erbauung der Gemeinde, und erreicht wird sie nur, wenn der Frieden herrscht, »der höher ist als unsere menschliche Vernunft«. Die Formen, in denen das geschehen kann, sind dagegen nicht festgeschrieben, sondern können und müssen sich mit dem Lebensstil der Gesellschaft verändern.

Auch heute kann man sich weitgehend an diese praktischen Regeln des Paulus halten. Allerdings ist es in den meisten Gemeinden nicht möglich, den Sonntagsgottesdienst stark genug für die charismatischen Elemente des frei gestalteten Gottesdienstes zu öffnen. So veranstalten viele Gemeinden in regelmäßigen Abständen einen Abendgottesdienst, der dann den Freiraum bietet, um die Spontaneität der Einzelnen und die Beteiligung aller zuzulassen.

Folgende Teile könnten einen solchen frei gestalteten Gottesdienst ausmachen:

1. Teil: Der Gottesdienst beginnt mit einem Lobpreis, den eine Musikgruppe gestaltet. Zwischen den Liedern werden Bibeltexte gelesen oder kurze Betrachtungen gelesen und vielleicht ab und zu auch einmal ein Dia zur Meditation gezeigt. Wichtig ist es, dass die Auswahl des Liedgutes nicht nur einen Stil berücksichtigt, sondern eine Vielfalt ausweist, die es allen Teilnehmenden ermöglicht, zumindest ab und zu beim Singen »zu Hause« zu sein.

2. Teil: Die Zeit der Gemeinschaft gibt jedem die Möglichkeit, ein aktuelles Zeugnis zu sagen, ein Fürbitteanliegen einzubringen oder um eine Segnung zu bitten. Nach jedem Beitrag sollte es eine Zeit der Stille geben, damit jemand durch ein Gebet, ein Wort der Eingebung oder eine Frage auf das Gehörte reagieren kann. Auch nach einem Fürbittegebet oder einer Segnung sollte es für alle Teilnehmer die Gelegenheit geben, vom Platz aus etwas einzubringen. In großen Gemeinden oder dann, wenn es Teilnehmer ohne ausreichende Selbstkontrolle gibt, kann es nötig werden, dass die Beiträge im Gemeinschaftsteil vorher mit dem Leitungsteam des Gottesdienstes besprochen werden.

3. Teil: Die Verkündigung ist kurz und praktisch. Es ist aber wichtig, dass sie gerade in diesem Rahmen textbezogen ist, denn wenn die Gemeinde lernen soll, spontane Beiträge am Wort Gottes zu prüfen, muss es immer wieder in lebendiger und verständlicher Weise eingebracht werden.

4. Teil: Der Gebetsteil beginnt mit einer Stille, damit jeder in das Hören hineinfinden und prüfen kann, ob ihm der Geist Gottes heute einen Impuls gibt, den er weiterzugeben hat. Aus der Stille heraus kommen einzelne Beiträge, z.B. ein prophetisches Wort, ein Liedvers, ein Bibelwort, eine bildhafte Prophetie, frei formulierte Gebete, ein lehrhafter Beitrag oder ein Sprachengebet mit Auslegung. Nach jedem Beitrag gibt es eine Zeit der Stille, in der sich jeder mit dem Gehörten beschäftigen kann – und jeder Teilnehmer ist aufgefordert, sich zu Wort zu melden, wenn er bei einem Beitrag ein Unbehagen spürt. Teilen mehrere diese Einschätzung, sollte man dem Beitrag zunächst keine geistliche Autorität zubilligen.

5. Teil: Zum Schluss gibt es eine Austauschrunde, in der Fragen gestellt, Aussagen konkretisiert und unklare Beiträge gemeinsam beurteilt werden können. Oft hat jemand aus Unsicherheit einen Beitrag zurückgehalten, der sich nachträglich als wichtig herausstellt. Danach endet der Gottesdienst mit Lied, Gebet und Segen.

Je freier ein solcher Gottesdienst gestaltet wird, umso deutlicher muss sein, wer die Aufgabe der Leitung wahrnimmt. Am besten ist es, wenn es ein Leitungsteam von zwei oder drei Leuten gibt, die dann auch gemeinsam vorne sitzen, damit jeder, der ein besonderes Anliegen hat oder eine Schwierigkeit sieht, während des Geschehens zum Leitungsteam gehen kann. Es ist bei der freien Gestaltung wichtig, Probleme sofort zu klären. Und wenn die Leitung einen Beitrag zurückweisen oder jemanden, der den Frieden stört, zur Ordnung rufen muss, ist es wichtig, dass sich mehrere gegenseitig ergänzen können.

Natürlich setzt diese gegenseitige Verantwortung ein hohes Maß an geistlicher Reife und Offenheit in den Beziehungen voraus. Wenn wir allerdings nicht danach streben, dieses Niveau zu erreichen, bleiben uns nur die Gottesdienste, in denen alles so verläuft wie gewohnt, oder Versammlungen mit einer »künstlichen charismatischen Höhenlage«, in denen alles, was gesagt wird, dem Wirken des Heiligen Geistes zugeschrieben wird.

3.3.3 Der Segnungsgottesdienst

Im NT bedeutet segnen: »über einem Menschen im Namen Gottes Gutes aussprechen«. Das ist mehr, als nur Gutes zu wünschen oder Fürbitte zu üben, denn mit dem Auflegen der Hände und dem Segensgebet verbinden wir das Herabrufen einer göttlichen Kraft auf den Menschen. Wir können zwar dem Gesegneten keine festen Zusicherungen machen, denn auch dann, wenn Gott unser Segnen bestätigt, wird er es nicht immer so tun, wie es unseren Wünschen und Vorstellungen entspricht. So wird z.B. ein Kranker manchmal gesund, manchmal bekommt er neue Kraft – und manchmal können wir überhaupt keine konkrete Wirkung der Segnungshandlung erkennen. Ähnlich ist es, wenn wir jemand für einen neuen Lebensabschnitt segnen, ihn zu einem bestimmten Dienst berufen oder für eine besonders schwierige Wegstrecke das Gute über ihm ausrufen.

Bei speziellen Segnungsgottesdiensten, zu denen die Menschen von überall her kommen und sich deshalb fremd sind, ist es verständlich, dass die Segnungshandlung nur den unmittelbar Beteiligten zugänglich ist, etwa dadurch, dass die Versammlung dabei singt. Aber das ist nur ein Notbehelf. Denn das Segnen, das ursprünglich aus der Erfahrung der Familie kommt, gehört eigentlich in die Gemeinde, in der man sich kennt und das Leben ein Stück miteinander teilt. Auch hier gibt es Bereiche und Aussagen, die nicht in die Öffentlichkeit gehören – diese Situation scheint mir aber beim Segnen eher die Ausnahme zu sein. Wer um eine Segnung bittet, sollte nach vorn gehen, sein Anliegen im Gebet einbringen und von zwei oder drei Menschen aus dem Kreis derer, denen die Gemeinde den Dienst der Segnung anvertraut hat, unter Handauflegung gesegnet werden. Dabei werden Gebete gesprochen und es kann ein prophetisches Wort gesagt, ein Bild geschaut oder auch ein Sprachengebet formuliert werden. Wenn jemand aus der Gemeinde noch ein Wort für den Betreffenden hat, kann er das vom Platz aus einbringen. Mit unmittelbaren Voraussagen oder

Appellen sollte man vorsichtig umgehen, denn man hat einen Menschen vor sich, der in dieser besonderen Situation nicht kritisch zuhört, sondern das, was gesagt wird, im Vertrauen auf Gott annimmt. Aus diesem Grund braucht auch der Segnungsgottesdienst eine Leitung und die Aufgabe der Gemeinde, alles Prophetische zu prüfen, bleibt erhalten.

Im Prinzip kann jedes Gemeindemitglied den Dienst der Segnung tun, aber es ist nicht jeder dazu geeignet. Er braucht das besondere Vertrauen der Gemeinde, er sollte einen ausreichenden Schatz an Glaubens- und Lebenserfahrung haben und wenigstens eines der Charismen besitzen, die für das Segensgebet von besonderer Bedeutung sind, wie die Gaben der Prophetie, der Weisheit, der Erkenntnis, der Offenbarung, der Barmherzigkeit oder der Heilung. Zu einem solchen Segnungsteam können dann im Einzelfall noch Menschen hinzukommen, die zu dem zu Segnenden eine besondere Beziehung haben. Weil es in fast allen Gemeinden Menschen gibt, deren Selbstkontrolle nicht ausreicht, um sich hier richtig einzuschätzen, sollte gerade bei der offenen Segnung niemand ohne Absprache mit dem Segnungsteam nach vorn kommen und sich am Segnen beteiligen. Hat jemand spontan den Ruf, mit dabei zu sein, kann er, während das Segnen beginnt, zum Leitungsteam gehen und seine Beteiligung absprechen. Die Segnung sollte, wenn es irgend geht, ihren Platz im normalen Sonntagsgottesdienst haben, am besten in einem Gemeinschaftsteil, in dem es auch um Zeugnis und Fürbitte geht. Weil der Dienst der Segnung eine innere Vorbereitung braucht, sollte man in allen Fällen, die nicht ganz aktuell sind, den Wunsch nach einer Segnung vorher mit dem Leitungsteam absprechen.

3.3.4 Krankenheilung in der Gemeinde

Paulus spricht in 1. Kor 12 (insgesamt dreimal) von den »Gaben der Heilungen«. Dieser sprachlich unübliche doppelte Plural kommt auch bei den »Kraftwirkungen« vor, die als »Wirkungen der Kräfte« bezeichnet werden. In beiden Fällen will Paulus offensichtlich zum Ausdruck bringen, dass niemand die Gabe der Heilung oder einer besonderen Kraftwirkung so in der Hand hat wie etwa jemand, der die Gabe der Glossolalie oder der Leitung besitzt. Jede Heilung ist ein Charisma für sich, das der »Geist austeilt, wie er will« (1. Kor 12,11). Wir sollten mit jedem Kranken, der es wünscht, konkret um Heilung beten, aber ob das Charisma der Heilung in diesem Fall geschenkt wird, wissen wir vorher nicht. Und wie Gott im Einzelnen handelt, ist ebenfalls seine souveräne Angelegenheit. Der Kranke kann gesund werden, es kann ihm besser gehen, er kann neue Kraft bekommen oder ein gestärktes Vertrauen für seinen schweren Weg. Manchmal vernehmen wir überhaupt keine Reaktionen Gottes auf unser Gebet und wir können nur im Vertrauen auf die Weisheit und Güte unseres Schöpfers die Situationen aushalten, die wir überhaupt nicht verstehen.

In Jakobus 5,14-16 wird eine urchristliche Praxis der Krankenheilung geschildert, die wir auch heute nachvollziehen können. Es kommt allerdings nicht darauf an, dass man sich genau an die äußere Form hält; aber die Schritte, die hier gezeigt werden, sind so hilfreich, dass es gut ist, wenn wir uns von ihnen leiten lassen.

1. Schritt: Wenn jemand so krank ist, dass er nicht zum Gottesdienst kommen kann, soll er in Vertretung für die ganze Gemeinde deren Älteste zu sich bitten. Das heißt natürlich, dass der Kranke, der die Gemeindeversammlung besuchen kann, in der Versammlung selbst um den Dienst der Krankenheilung bittet, was auch hier durch die Ältesten geschehen kann, aber auch durch solche, die Zugang zu den »Gaben der Heilungen« haben.

2. Schritt: Die Ältesten beten nun für den Kranken unter Handauflegung, denn das bedeutet die Formulierung im Text »über ihm beten«. Bei der Handauflegung geht es nicht um irgendeine Kraft, die in den Händen der Betenden liegt, denn nur Gott allein kann heilen, sondern um die Zuwendung durch den Körperkontakt, die gerade für einen Schwerkranken wichtig ist, um ihm die Nähe Gottes und der Betenden deutlicher zu machen, als Worte es können.

3. Schritt: Die Ältesten salben den Kranken mit Öl. Die Auslegung dieser Textstelle ist sehr unterschiedlich. Ich neige dazu, von der Tatsache auszugehen, dass Öl die wichtigste und am häufigsten angewandte Medizin in der Antike war. So würde die Salbung mit Öl bedeuten, dass man zunächst um die Heilung des Kranken bittet, danach aber die medizinische Behandlung fortsetzt. Weil er »im Namen des Herrn gesalbt werden soll«, hieße das dann, dass die medizinische Behandlung bewusst unter den Segen Gottes gestellt wird.

4. Schritt: Die Folgen des Gebets um Heilung werden sehr differenziert beschrieben. Das Gebet des Glaubens wird den Kranken retten. Angesichts des drohenden Todes ist das die wichtigste Aussage, denn so sehr sich der Kranke eine Perspektive für sein weiteres irdisches Leben erhofft, so entscheidend ist es zunächst einmal, dass der Tod seinen Schrecken verliert, weil hinter ihm die Verheißung des ewigen Lebens steht. Und diese Verheißung wird hier absolut ausgedrückt. Bei den Folgen des Gebets für die Krankheit drückt sich unser Text relativ aus: Das Gebet wird den Kranken aufrichten. Hier ist die ganze Bandbreite der Möglichkeiten angesprochen: vollständige Heilung, Besserung, neue Kraft und auch die Annahme des Weges durch den Tod hindurch zum ewigen Leben.

Das Gebet für Kranke, wie es Jakobus beschreibt, ist für mich der »Prototyp« für den Umgang mit Kranken in der Gemeinde, aus dem sich viele Möglichkeiten ergeben:

1. In der Gemeinde sollte in jedem Gottesdienst für die Kranken gebetet werden. Allerdings bringt es wenig, wenn man es nur pauschal macht. Viel besser ist es, wenn nacheinander die Namen der Kranken genannt werden und jeweils einer aus der Gemeinde spontan für einen Kranken betet. Daraus erwächst oft der Impuls für den Betenden oder einen anderen, den Kranken zu besuchen.

2. Wenn es im Gemeindegottesdienst einen Zeugnis- und Gemeinschaftsteil gibt, sollte man hier für die Kranken, die anwesend sein können und den Gebetsdienst wünschen, beten. Dies geschieht in ähnlicher Weise, wie wir das vom Segnen berichtet haben. Das Gebet für Kranke braucht keine starken Worte und sollte sich nicht zu festen Heilungszusagen versteigen, denn wenn die Heilung ausbleibt, ist dann nicht nur der Körper, sondern auch der Glaube des Kranken bedroht. Es genügt, im Vertrauen auf Gott um die Heilung zu bitten, denn nur er heilt und nicht unser Glaube oder derjenige des Kranken. Unser Glaube ist dabei allerdings nicht überflüssig, er hat nur eine andere Funktion: Er bringt den Kranken und seine Not bewusst in die Gegenwart Gottes und der Menschen, die mit dem Kranken auf Gottes Eingreifen hoffen. Wenn wir uns in dieser schlichten Weise und ohne »Erfolgsdruck« in der Gemeinde oder zu Hause mit den Ältesten an Gott wenden, könnten wir viel häufiger und viel selbstverständlicher um die Heilung der Kranken bitten.

3. Das Gebet um Heilung besitzt auch eine Perspektive nach außen, für die großen Krankheiten der Gesellschaft: für krank machende Strukturen, für die Krankheit der Ungerechtigkeit, des Unfriedens und der Zerstörung von Gottes Schöpfung. Wenn sich die Gemeinde versammelt, sollte sie ab und zu um die Heilung solcher »globaler Krankheiten« beten und solche Menschen, die öffentliche Verantwortung haben, segnen. Es wird dann nicht »nur« beim Gebet bleiben. In der Stille zwischen den einzelnen Gebeten wird der eine oder andere einen konkreten Auftrag des Heiligen Geistes empfangen, dies oder das zu tun oder an einer bestimmten Stelle öffentlich für ein Anliegen einzutreten. Ande-

ren wird klar, ihren Lebensstil zu ändern oder eine bestimmte Situation für längere Zeit zum eigenen Gebetsanliegen zu machen.

3.3.5 Hausgemeinden

Ich habe bereits beschrieben, wie wichtig Hausgemeinden für die Struktur einer Ortsgemeinde sind und welche Möglichkeiten sie für die alltagsbezogenen Wirkungen des Heiligen Geistes bieten. Im Folgenden möchte ich beschreiben, wie eine Hausgemeinde heute aussehen könnte:

Einmal in der Woche treffen sich die Gemeindemitglieder, die in der Nähe wohnen, und einige interessierte Nachbarn schon ab dem Nachmittag. Jeder kommt an diesem Tag, sobald er kann, in das Haus, das die Hausgemeinde beherbergt. Das werden zunächst Mütter oder Väter mit Kleinkindern sein und ältere Kinder, die aus der Schule kommen. Als letztes treffen die außer Haus Berufstätigen ein. Man spielt miteinander, einige helfen Schülern bei den Hausaufgaben, und man kann in kleinen, informellen Gruppen miteinander reden. Wo Nöte zu spüren sind, versucht man einander zu helfen. So nimmt jemand einer gestressten Mutter für einige Zeit das schreiende Baby ab, andere toben mit den Kindern im Garten und im nahen Wald herum. Und wer das Bedürfnis hat, sich mit jemandem auszusprechen, findet fast immer einen geeigneten Partner.

Wenn alle da sind, gibt es Abendessen, und wer konnte, hat dazu etwas mitgebracht. Dann unternimmt man etwas in kleinen Interessengruppen, die sich spontan ergeben. Gartenfreunde legen ein neues Beet an, irgendwo wird Schach gespielt und einige, die mit ihrem Computer nicht ganz zurechtkommen, finden sich mit dem Hausherrn zusammen, der als Informatiker arbeitet. Einige Eltern müssen nun mit ihren Kindern nach Hause, andere Kinder kann man vielleicht im Haus schlafen legen. Nun setzen sich alle zu einem Gespräch über einen Bibeltext zusammen, auch die älteren Kinder, die gern mit dabei sind, weil ihre Fragen und ihre Gedanken ernst genommen werden. Der Abend klingt in einer Gebetszeit aus und während einige noch der Hausfrau helfen, die Spuren des Abends zu tilgen, gehen diejenigen, die am nächsten Morgen früh aufstehen müssen, schon nach Hause.

Der Heilige Geist kommt in diesem stark alltagsbezogenen Rahmen in einer ganz anderen Weise zur Wirkung als in der Gemeinde. Die Ebene der Frucht des Geistes ist viel stärker präsent als auf der Versammlungsebene und die Charismen wirken sehr natürlich, denn sie werden im Gespräch, beim Essenmachen, im Spiel oder in der Beziehung zwischen Erwachsenen und Kindern eingebracht. Es ist sehr wichtig, dass wir die Alltagsebene des Geistes Gottes ebenso entwickeln wie die Versammlungsebene, damit wir in der Zeit, die den größten Teil unseres Lebens ausmacht, nicht ohne das konkrete Wirken des Geistes sind, weil wir dafür keinen Raum schaffen. Die Hausgemeinde ist dafür das beste Lernfeld, das sich im Gemeindeleben ergeben kann.

4. Der Heilige Geist im alltäglichen Leben

4.1 Das »Alltagsgewand« des Heiligen Geistes

Alle Wirkungen des Geistes Gottes sind ganzheitlich an die Person ihres Trägers gebunden – das gilt sowohl für die Frucht des Geistes wie für seine Gaben. Wer sich z.B. durch das Wirken des Heiligen Geistes zu einem geduldigen Menschen entwickelt hat, wird dies in einem seelsorgerlichen Gespräch ebenso anwenden können wie bei seiner täglichen Arbeit in der Firma. Wer die Gabe der Leitung bekommen hat, kann nicht nur einen Gottesdienst leiten, sondern auch die Sitzung eines Lehrerkollegiums. Natürlich wird die Sprache und die Gestalt der Wirkungen des Geistes im alltäglichen Leben anders sein als in der Gemeinde, der Unterschied sollte aber nicht zu groß werden. Deshalb ist es gut, wenn die Alltagserfahrungen mit dem Heiligen Geist immer wieder auf das Gemeindeleben abfärben, damit die Gemeinde der Gefahr entgehen kann, ein Gettodasein zu führen.

Paulus sagt in Röm 8,9, dass Gottes Geist in den Menschen »wohnt«, die in »Christus Jesus sind«. Und dieses Wohnen beschreibt er in 1. Kor 6,19 genauer: »Wisst ihr nicht, dass euer Leib ein Tempel des Heiligen Geistes ist, der in euch wohnt?« Wenn der Geist Gottes in dieser Weise in mir wohnt, dann ist er mit meinem ganzen Leben befasst. Seine Frucht, seine Kräfte und Gaben gehören ebenso in mein Leben mit allen seinen Seiten und der Geist Gottes, den Jesus als den Berater und Tröster bezeichnet (Joh 16,7), kümmert sich ebenfalls um alle Bereiche meines Lebens.

Wir würden das Wirken des Geistes Gottes in unserem alltäglichen Leben viel deutlicher spüren, wenn wir einen Blick für die schlichteren Ausdrucksformen des Geistes im Alltag besäßen. Sie unterscheiden sich weniger stark von der allgemeinen Lebenserfahrung und kommen leiser daher als in unseren Gottesdiensten und deutlich leiser als in den charismatischen Konferenzen. Beides gehört zusammen, das Schlichte und das Besondere. Aber man kann nicht nur vom »Sahnehäubchen« leben, sondern braucht auch das Schwarzbrot. Weil wir in unserer Sicht auf die Alltagswirklichkeit des Heiligen Geistes einen deutlichen Nachholbedarf haben, vor allem bei den Charismen, die schnell in der Gefahr stehen, nur in einer überhöhten Ausdrucksform wahrgenommen zu werden, will ich im Folgenden die Erscheinungsform einiger Gaben des Heiligen Geistes im Alltag skizzieren.

4.2 Gaben des Heiligen Geistes im alltäglichen Leben

Eine Kurzbeschreibung der verschiedenen Charismen mit Angabe der entsprechenden Bibelstellen findet sich im »Kleinen Wörterbuch der Pneumatologie« im Anhang. Deshalb verzichte ich hier auf die entsprechenden Erklärungen.

Prophetie

Nicht die äußere Form macht eine Prophetie aus, sondern ihre Qualität als »Wort der Eingebung«. Deshalb gibt es im Alltag viele Möglichkeiten, prophetisch zu reden. Eine Mutter kann in einer schwierigen Situation bei der Erziehung ihres Kindes einen Impuls des Heiligen Geistes wahrnehmen und dadurch so zu ihrem Kind reden, dass das Problem gemeistert wird. Ähnliches gilt in der Vorstandssitzung eines Unternehmens, beim Gespräch eines Lehrers mit seinen Schülern oder in einer politischen Debatte – jeweils vorausgesetzt, dass jemand da ist, der bewusst auf das Reden Gottes hört. Auch in den spontanen Begegnungen des Alltags, auf der Straße, in der Bahn oder beim Einkaufen kann sich Prophetie ereignen. Ob man richtig »gehört« hat, kann man nur an den Folgen erkennen, die sich aus den Worten ergeben, die der Betreffende als geistliche Eingebung verstanden hat. Gerade das Fehlen jeder speziellen Betonung gibt dem prophetischen Reden im Alltag seine wertvolle Basisnähe.

Wort der Weisheit

Das »lösende Wort in einer schwierigen Situation« ist eines der »alltagstauglichsten« Charismen. Wie bei anderen Gaben des Geistes auch, ist es allerdings schwer zu unterscheiden, ob bei einem Vorschlag, der ein Problem wirklich lösen kann, unmittelbares Wirken des Heiligen Geistes oder menschliche Kompetenz vorliegt. Oft vermischt sich beides, denn der Geist Gottes arbeitet auf beiden Ebenen: Er gibt unmittelbare Eingebungen und er trägt zur Entwicklung menschlicher Fähigkeiten bei. Wer in eine schwierige Situation kommt, darf um das Charisma des Wortes der Weisheit bitten, vor allem dann, wenn er immer wieder Erfahrungen mit dieser Gabe gemacht hat.

Unterscheidung der Geister

Der Heilige Geist ist überall in der Welt am Wirken. Das aber lässt dem Widersacher Gottes keine Ruhe, und so versucht er, den Geist Gottes nachzuahmen, um unser Bewusstsein vom Willen Gottes durch seine Ziele zu ersetzen. Die Gabe, die Geister unterscheiden zu können, kennt allerdings keine Automatik. Es ist eher so, dass uns ein inneres Unbehagen an bestimmten Stellen zur Vorsicht ruft, in der Gemeindearbeit, in der Seelsorge wie auch in unseren beruflichen oder persönlichen Bezügen. Wenn das geschieht, sollte man versuchen, die Situation genauer nachzuprüfen, mit einem Vertrauten zu besprechen und darum beten, dass Gott zeigt, »wes Geistes Kind« hinter dieser Sache steht.

Glossolalie

Über die Alltagsbedeutung dieses Charismas habe ich bereits etwas gesagt. Es ist gerade dann besonders wertvoll, wenn ich unter Druck gerate und in schwierigen Situationen und Gesprächen nicht in der Lage bin, »in meinem Verstand« zu beten (1. Kor 14,15). Dann kann ich mich dafür öffnen, dass »der Geist in mir« betet. So kann ich die Nähe Gottes wahrnehmen und erlebe vielleicht auch, dass aus meinem stillen Sprachengebet heraus Gedanken und Erkenntnisse bewusst werden, die eine Art Auslegung der persönlichen Glossolalie sind.

Lehre

Es ist nicht nur für Menschen in Lehrberufen wichtig, dass sie sich so ausdrücken können, dass sie von den anderen verstanden werden, sondern für jeden. Überall da, wo es darauf ankommt, Zusammenhänge darzustellen und Inhalte verständlich zu machen, ist die Gabe der Lehre gefragt. Besonders wichtig ist sie, um geistliche Inhalte so weiterzugeben, dass sie beim anderen ein »Aha-Erlebnis« auslösen. Denn viele Menschen wenden sich vom Glauben ab oder kommen überhaupt nicht dazu, mit Gott in Verbindung zu treten, weil ihnen der christliche Glaube so verkündigt wird, dass er ihnen unverständlich oder unlogisch erscheint.

Leitung

Leitung im Sinne der zielgerichteten Beeinflussung (1. Kor 12,28) ist nur dann ein Charisma, wenn sie nicht nur technisch gelingt, sondern das was Gott will dem anderen nahe bringt

Das gilt natürlich nicht nur für die Gemeinde, sondern auch für den unternehmerischen und politischen Bereich. Hier kann sich die Gabe der Leitung mit der Gabe der Prophetie verbinden. Leitung im Sinne der Verwaltung (Röm 12,8) ist nur dann ein »geistgewirkter Hirtendienst«, wenn wir die uns anvertrauten Menschen mit den Augen Gottes anschauen können, um zu sehen, was sie wirklich brauchen. Das ist für eine Kindergärtnerin oder einen Lehrer ebenso wichtig wie für einen Polizisten oder Politiker – und es ist sicher ein Ziel des Heiligen Geistes, über solche Gaben in Not gekommenen Menschen zu helfen und Frieden zu stiften.

Seelsorge

Heute ist der Bedarf an Seelsorge kaum zu stillen, weder innerhalb noch außerhalb der Gemeinde. Viele Christen haben Helferberufe, und auch wer in einem anderen Beruf steht, kommt häufig in Situationen, wo er um Rat gefragt wird oder spürt, dass Hilfe gebraucht wird.

Eine der wichtigsten Aufgaben des Heiligen Geistes ist seine Berater- und Trösterfunktion. Wenn wir in eine Situation kommen, in der unser Rat gebraucht wird, können wir auf Eingebungen des Geistes Gottes achten. Arbeiten wir in einem Helferberuf, ist es wichtig, neben unserer Fachkenntnis und Berufserfahrung immer auch offen zu sein, vom Heiligen Geist unmittelbar inspiriert zu werden, wobei das durch »ganz normale«, aber zielsichere Impulse geschehen kann.

Diakonie

Dieses Charisma ist speziell auf den Alltag ausgerichtet, denn auch da, wo wir es in der Gemeinde brauchen, geht es um die notwendigen alltäglichen Dinge. Dadurch, dass es das Charisma der Diakonie gibt, wird deutlich, dass sich der Geist Gottes auch um das kümmern will, was wir zu essen bekommen, wie wir in Krankheitssituationen gepflegt werden, wie Gerechtigkeit in der Gesellschaft entstehen kann oder wo wir gute Luft und sauberes Wasser herbekommen. Deswegen beauftragt Gott immer wieder Menschen, die in seinem Namen und aus der Kraft des Geistes heraus in der Gesellschaft diakonisch wirken. Das kann auf der einen Seite in Führungspositionen geschehen, aber auch durch viele Menschen in den »kleinen« Dingen des Alltags.

Krankenheilung

Wie wohltuend ist es, wenn z.B. eine Krankenschwester einem Patienten mit einem stillen Gebet die Hand auf die Stirn legt oder in der Hektik des Krankenhausalltags aus ihrer geistlichen Kraft heraus zum ruhenden Pol wird. Damit kann sie einen entscheidenden Beitrag zur Heilung leisten. Vielleicht findet ein Arzt durch geistliche Impulse zu einer zutreffenderen Diagnose als allein aus seiner ärztlichen Kenntnis heraus und kann damit einem Patienten mit medizinischen Mitteln das Leben retten.

Alles das ist ebenso Krankenheilung wie das spezielle Gebet, wenn der Kranke die Ältesten ruft. Gerade im Alltag können wir die ganze Bandbreite der »Gaben der Heilungen« erleben, denn Gott will durch seinen Geist überall da heilend, lindernd oder stärkend wirken, wo wir sein Handeln erwarten und erbitten.

Fürsorge

Wer diese Gabe besitzt, erkennt nicht nur die Not der Menschen in der Gemeinde, sondern ganz allgemein. Natürlich kann der Betreffende nun nicht die Verantwortung für alle diese Nöte übernehmen, aber er kann sich vom Geist Gottes die Menschen zeigen lassen, die Empfänger seiner Fürsorge sein sollen. Oftmals können die Menschen mit der Gabe der Fürsorge dann auch die diakonischen Kräfte ihrer Mitchristen zu den Menschen lenken, die sie in besonderer Weise brauchen.

Teilen

Diese Gabe ist mitten im Alltag angesiedelt und bedeutet nicht nur, etwas zu geben, sondern das »zielsicher« zu tun. Wenn ich etwas zu geben habe, sei es Geld, Zeit oder Erfahrung, ist es ganz entscheidend, den Menschen zu finden, der gerade das braucht, was ich habe. Heute, wo wir viele Informationen über die Nöte um uns herum und auch an ganz fernen Orten besitzen, ist es umso wichtiger, dass wir uns nicht verzetteln oder überhaupt nicht mehr teilen, weil wir nicht wissen, wer das empfangen soll, was wir verteilen können.

Evangelisation

Mit diesem Charisma ist die »Gabe des zeugnishaften Lebens« gemeint, die unter den Menschen wirkt, mit denen der so Begabte in seinem Alltag zusammenkommt. Eine Gemeinde kann nur dann fruchtbar evangelisieren, wenn diejenigen ihrer Mitglieder, die evangelistisch begabt sind, ihre Kraft nicht im »normalen« Gemeindeleben verzetteln, sondern offen sind für die Begegnungen mit den Menschen, die nach dem Evangelium suchen, und natürlich auch genügend Zeit dafür haben. Es liegt auf der Hand, dass die Gabe des zeugnishaften Lebens fast ausschließlich für den Alltag gedacht ist. Die damit Begabten brauchen dann aber auch die Sendung und Unterstützung der Gemeinde, damit sie sich im Vertrauen auf die Leitung durch den Heiligen Geist auf diese »Vorfeldarbeit« konzentrieren.

Barmherzigkeit

Ähnlich wie die Fürsorge ist auch die Barmherzigkeit ganz stark auf alltägliche Situationen ausgerichtet. Überall da, wo Menschen in Angst sind, in Orientierungsnot oder Ungeborgenheit, krank oder ausgebrannt, brauchen wir diese Gabe. Um sie sollte jeder bitten, der in einem pädagogischen Beruf mit Kindern, in einem medizinischen Beruf mit Kranken oder in einem therapeutischen Beruf mit Belasteten zu tun hat. Aber auch in der Hektik unserer heutigen Lebensweise brauchen wir dieses Charisma ständig, in einem überfüllten Kaufhaus wie auf einer überlasteten Autobahn.

Bei allen Gaben des Heiligen Geistes kommt es in der Alltagssituation darauf an, ob wir fähig sind, die Impulse des Geistes in ihrer Schlichtheit und »Normalität« wahrzunehmen. Denn hier redet der Heilige Geist in einer Weise, die Paulus veranlasst haben könnte, in 1. Thess 5,20 zu sagen: »Prophetisches Reden verachtet nicht.« Es geht darum, das Wirken des Geistes Gottes weder zu übersehen noch zu überhören. Wer einen Blick für das »Alltagsgewand« des Heiligen Geistes gewonnen hat, kann die Kraft des Geistes und seine Beraterqualitäten so einsetzen, dass sie in seinem ganzen Leben und dem der Menschen, mit denen er in Berührung kommt, wirksam werden. So besitzen die Charismen ein weites und weitgehend noch unentdecktes Alltagsspektrum. Es lohnt sich, hier auf Entdeckungsreise zu gehen, denn der Alltag ist die Zeit, die den größten Teil unseres Lebens ausmacht, und jede Veränderung, die wir hier erleben, wirkt sich besonders stark aus.

4.3 Der Heilige Geist in der Gesellschaft

Der Geist Gottes ist »ausgegossen über alles Fleisch« – diese Feststellung macht Petrus in seiner Pfingstpredigt (Apg 2,17). Er wohnt zwar nur in den Menschen, die zu Gott umgekehrt sind und damit »die Gabe des Heiligen Geistes« empfangen haben, aber er will überall im Sinne Gottes wirken und den Boden für den Bau des Reiches Gottes vorbereiten. So ist klar, dass der Geist Gottes die Grenze zwischen »Gemeinde und Welt« viel häufiger und selbstverständlicher überschreitet, als es die meisten Christen in ihrem persönlichen Leben bewusst tun. So fehlen uns auch hier noch viele konkrete Erfahrungen, die erst noch zu sammeln, zu sichten und zu verstärken sind. Einige Beispiele sollen zeigen, wie solche Möglichkeiten aussehen, wenn wir uns aufmachen, überall dorthin zu gehen, wo der Geist Gottes schon am Wirken ist.

1. In einer Gemeinde trifft sich ein spezieller Gebetskreis zum politischen Gebet. Während der Woche schneiden die Teilnehmer die Nachrichten aus der Zeitung aus, die sie für »gebetswürdig« halten. Nach einer persönlichen Austauschrunde betet der Kreis dann für die mitgebrachten Anliegen. Jemand nennt das Anliegen und in der Zeit der Stille und des Hörens, die sich anschließt, können sich mehrere an der Fürbitte beteiligen, aber auch einen Impuls des Heiligen Geistes weitergeben. Oft geschieht es, dass bestimmte Ideen oder Verantwortlichkeiten deutlich werden, entweder für einzelne Teilnehmer des Gebetskreises oder solche, die an die ganze Gemeinde weitergegeben werden.

So kann sich durch den politischen Gebetskreis die politische Verantwortung und Aktivität der Gemeinde weiterentwickeln.

2. In einer anderen Gemeinde hat ein Gebetskreis einen Politiker »geistlich adoptiert«. Die Gruppe betet z.B. für einen Bundestagsabgeordneten aus dem Wahlkreis, zu dem die Gemeinde gehört. Sie hat Verbindung zu ihm aufgenommen und festgestellt, dass er es schätzt, wenn für ihn gebetet wird. So gibt er inzwischen ab und zu seine Sorgen und Gedanken an den Gebetskreis weiter. Die Gruppe betreibt keine Wahlhilfe, aber sie unterstützt »ihren« Abgeordneten, den viele aus der Gruppe gar nicht gewählt haben, bei bestimmten Vorhaben, vor allem denen, die etwas mit den Anliegen von Gerechtigkeit, Frieden und Bewahrung der Schöpfung zu tun haben.

3. Eine Hausgemeinde, die in einem Vorort der Stadt angesiedelt ist, versucht, ihr soziales Umfeld zu erkunden. Die Mitglieder der Hausgemeinde besuchen ihre Nachbarn und fragen nach deren Sorgen und Nöten. Sie sprechen mit dem Bürgermeister, mit der Sozialstation und mit Kommunalpolitikern. Seitdem beteiligen sie sich an Bürgerversammlungen und haben auch beim Protestmarsch für die Einrichtung eines neuen Fußgängerüberwegs mitgemacht. Wenn sich die Hausgemeinde trifft, wird natürlich auch für die Problemfelder ihres Stadtteils gebetet – und wer sich dem eigenen Umfeld so weit genähert hat, kann nicht »nur« beten. Ganz selbstverständlich wird das eine oder andere Problem angepackt. So hat die kleine Gruppe federführend gewirkt, in der Schule Sprachkurse für Ausländerkinder einzurichten, und einige Mitglieder der Hausgemeinde beteiligen sich hier an der praktischen Mitarbeit. Aus diesen Kontakten heraus gestaltete die Hausgemeinde zusammen mit anderen ein Straßenfest, das sich zum ersten Mal ganz bewusst für die ausländischen Mitbürger in diesem Stadtteil öffnete.

4. Auch heute gibt es, wie zu allen Zeiten, grundlegende gesellschaftliche Fragen, bei denen es schwer ist, einen gemeinsamen evangeliumsgerechten Standort zu finden. Die Menschen, die sich solchen Fragen verpflichtet fühlen, und diejenigen, die auf Grund ihrer Verantwortung in Politik und Wirtschaft an Entscheidungen beteiligt sind, sollten miteinander und zusammen mit den Theologen um die Frage ringen, welche Erkenntnisse und Entscheidungen in diesen Bereichen evangeliumsgerecht sind. Hier wird es oft um langwierige Prozesse gehen und um schmerzhafte Auseinandersetzungen. In ihnen will sich der Heilige Geist aber ebenso äußern wie in den Fragen der Bibelauslegung und Theologie. Auch im gesellschaftlichen Umfeld gilt der grundlegende Satz der

Ökologie: Alles hängt mit allem zusammen. Deswegen wirkt der Heilige Geist überall und möchte, dass wir seine Mitwirkenden sind und die Menschen unterstützen, die eine prophetische Aufgabe im Bereich von Gesellschaft und Politik haben.

In dieser Offenheit für alle Bereiche des Lebens als Wirkungsfelder des Heiligen Geistes kann am ehesten das geschehen, was Paulus in 1. Kor 12,4-6 sagt: »Es gibt Verschiedenheiten von Gnadengaben, aber es ist derselbe Geist; es gibt Verschiedenheiten von Diensten, aber es ist derselbe Herr; und es gibt Verschiedenheiten von Wirkungen, aber es ist derselbe Gott, der alles in allen wirkt.«

Weiterführende Literatur

Ich habe in meinem Text wegen seiner Praxisnähe auf Anmerkungen verzichtet und möchte dafür lieber einige praxisorientierte Bücher nennen und kurz kommentieren. Es handelt sich um eine ganz persönliche Auswahl, sie ist aber auch deswegen nicht groß, weil es wenig Literatur über die praktischen Fragen der Erfahrungen mit dem Heiligen Geist gibt, die weder der »Geistvergessenheit« noch der »Geistversessenheit« das Wort redet.

Norbert Baumert: *Gaben des Geistes Jesu. Das Charismatische in der Kirche*, Graz 1986
Der Katholik Baumert geht mit einer großen Weite an die Fragen der Wirkungen des Heiligen Geistes heran und berührt dabei sowohl die persönliche wie die gemeindliche Ebene. Das Buch ist eine vertiefende Einführung in die gesamten Fragen der Pneumatologie.

Siegfried Großmann: *Der Geist ist Leben. Hoffnung und Wagnis der charismatischen Erneuerung*, Wuppertal und Kassel 1990
Hier werden die persönlichen und gemeindlichen Praxisfragen in einer ausführlicheren Weise behandelt, als das im Handbuch der Fall sein kann – eingeordnet in eine allgemein verständliche Lehre vom Heiligen Geist und seinen Gaben.

Siegfried Großmann: *Weht der Geist, wo wir wollen? Der »Toronto-Segen« und der Weg der charismatischen Bewegung*, Wuppertal und Kassel 1995
Der Autor geht einen »mittleren« Weg zwischen einer traditionell evangelikalen und einer von der charismatischen Bewegung geprägten Pneumatologie. Aus dieser Warte betrachtet das Buch die verschiedenen Strömungen der charismatischen Bewegung und versucht, deren Phänomene zu deuten.

Hans-Josef Klauck: *Hausgemeinde und Hauskirche im frühen Christentum*, Stuttgart 1981
Dieses Buch erklärt in einer allgemein verständlichen Weise die Hausgemeinden in den frühchristlichen Gemeinden, die uns auf der einen Seite die Vielfalt der urchristlichen Gemeindewirklichkeit zeigen und auf der anderen Seite die Gefahr, die von den unterschiedlichen Prägungen ausgeht, wie das vor allem am Beispiel Korinth deutlich wird.

Walter Lohrmann: *Frucht und Gaben des Heiligen Geistes*, Gießen 1978
Hier werden sowohl die Früchte wie auch die Gaben des Heiligen Geistes im Einzelnen beschrieben und miteinander in Beziehung gesetzt, biblisch begründet und mit Ansätzen zum Praxisbezug.

Heribert Mühlen (Hg.): *Erfahrungen mit dem Heiligen Geist. Zeugnisse und Berichte*, Mainz 1979
In diesem Buch findet man zu vielen Fragen, die wir im Praxisteil des Handbuchs angesprochen haben, persönliche Zeugnisse und Berichte, die sehr wertvoll sind und die Augen für das konkrete Wirken des Heiligen Geistes öffnen können.

Dieter Schneider: *Der Geist des Gekreuzigten. Zur paulinischen Theologie des Heiligen Geistes*, Neukirchen-Vluyn 1987
Diese allgemein verständliche paulinische Pneumatologie gibt einen guten Hintergrund für die praktischen Fragen der Erfahrungen mit dem Heiligen Geist.

Walter Smet: *Ich schaffe mir ein neues Volk. Zeugnisse charismatischen Gemeinschaftslebens*, Regensburg 1979
Wenn auch nicht alle Beispiele von ihrem amerikanischen Hintergrund her auf unsere Verhältnisse übertragbar sind, bietet das Buch wertvolle Anregungen für eine Gemeindearbeit und für Lebensbezüge, die angesichts der heutigen Situation offen sind für die Wirkungen des Heiligen Geistes.

FÜNFTER TEIL

Kleines Wörterbuch der Pneumatologie

Siegfried Großmann

Vorbemerkung

Die folgenden Erklärungen einiger wichtiger Begriffe aus dem Bereich der Pneumatologie können kein Lexikon ersetzen. Sie geben eine erste Einführung in die angesprochenen Bereiche und laden zur Weiterarbeit ein.

Amt

Das Amt bezeichnet in den Kirchen einen bestimmten Auftrag, den der Amtsinhaber im Rahmen der kirchlichen Institution wahrnimmt. Das NT kennt noch kein Amt im heutigen Sinn, sondern spricht vom Dienst. Dienst (*diakonia*) wird von Paulus als Wirkung des Heiligen Geistes bezeichnet (1. Kor 12,5). Zwischen Charisma und Amt gibt es durchaus ein Spannungsfeld, das dann nicht zum Konflikt führt, sondern seine schöpferischen Möglichkeiten entwickelt, wenn sich das Amt nicht absolut setzt, sondern die Charismen als Ergänzung annimmt.

Anbetung

Wer Gott anbetet, erkennt seine Herrschaft an und begibt sich deshalb in eine ganz persönliche Gemeinschaft mit ihm. Im neutestamentlichen Begriff *proskyneo* steckt sowohl das »Niederfallen« wie das »Küssen«. Anbetung besteht nicht schon darin, dass bestimmte Lieder gesungen oder Bibelworte gesagt werden, so wichtig sie zur Hinführung auf die persönliche Beziehung zu Gott sein können. Anbetung besteht im Anschauen Gottes, das uns hilft, sich ihm zu öffnen und seine Gegenwart zu erleben. Das kann Ausdruck in Liedern, Gebeten und im Lobpreis finden, das kann sich aber auch im schweigenden Aushalten der Nähe Gottes ausdrücken. Anbetung ist sowohl im Gottesdienst möglich, wobei die Ausdrucksformen von Gebeten und Liedern im Vordergrund stehen, wie auch in der persönlichen Stille, in der eher das schweigende Einswerden mit Gott den Schwerpunkt bildet.

Autorität

Wer einem anderen Autorität einräumt, entscheidet sich für eine Abhängigkeit von ihm. Diese Abhängigkeit können wir im Letzten nur Gott einräumen, so dass jede gesunde menschliche Autorität von Gott abhängig bleibt. Menschen dürfen auch aufgrund von Prophetien oder geistlichen Impulsen keine absolute Autorität beanspruchen, denn sie können irren, sowohl in der Sache wie im Umgang mit den Menschen, die sie führen wollen. Weil sich Menschen keine absolute Autorität anmaßen dürfen, sollen alle charismatischen Äußerungen, die den Anspruch erheben, unmittelbares Reden des Geistes zu sein, geprüft werden. Das gilt vor allem für die Prophetie, für Worte der Weisheit und Erkenntnis oder die Auslegung von Sprachengebeten. Im Leib Christi ergänzen sich die einzelnen Wirkungen des Geistes so, dass die letzte Autorität bei Christus in seiner Lebensverbindung zur Gemeinde liegt.

Befreiungsdienst

Gemeint ist damit ein Gebet, das Dämonen gebietet, einen Menschen zu verlassen, also ein Exorzismus, wie er uns im NT und in der Kirchengeschichte immer wieder begegnet. Im gegebenen Rahmen müssen kurze Anmerkungen zu diesem komplexen Bereich genügen: (1) Das NT und die Geschichte bezeugen, dass es dämonische Mächte gibt, die einen Menschen besetzen können. (2) Die Phänomene echter Dämonie sind schwer von psychotischen oder massensuggestiven Wirkungen zu unterscheiden. (3) Die Verwechslung der beiden Bereiche kann für den Betroffenen zu schweren psychischen und geistlichen Schäden führen. (4) Deshalb sollte der Befreiungsdienst nur von solchen Menschen ausgeübt werden, deren Befähigung von einer Gemeinde oder Gemeinschaft bestätigt ist und die außerdem über Erfahrungen mit den Grenzgebieten der Psychologie und Medizin verfügen oder im Team mit Fachleuten dieser Disziplinen arbeiten.

Charisma

Im NT wird der Begriff »Charisma« sowohl in der allgemeinen Bedeutung »Geschenk« (z.B. Röm 5,15f) als in der speziellen Bedeutung »Gnadengabe« gebraucht. In diesem Sinn sind die Charismen von Gott durch den Heiligen Geist gegebene Befähigungen, an Menschen in Kirche und Gesellschaft aus der Kraft des Geistes zu handeln. Der Geist Gottes teilt den Einzelnen die Charismen zu, wie er will (1. Kor 12,11). Sie sind aus der Gnade (*charis*) gegeben, damit sich niemand seiner Gaben rühmen kann. Jeder Mensch, der »die Gabe des Heiligen Geistes empfangen hat« (Apg 2,38), kann die ihm geschenkten »Gaben des Geistes« entdecken und entwickeln. Niemand hat alle Gaben und deshalb sind alle geistlichen Befähigungen zur gegenseitigen Ergänzung und »zum Nutzen« aller (1. Kor 12,8) gegeben. Je nach der Situation und der Persönlichkeit des Einzelnen können die Charismen einmal spontanen bzw. enthusiastischen Charakter tragen, ein anderes Mal wiederum so in die Persönlichkeit integriert sein, dass von außen gesehen eine klare Abgrenzung zu den jeweiligen natürlichen Befähigungen kaum möglich ist.

Charismen des Wortes

Prophetie (1. Kor 14,3) ist die Gabe, öffentlich zu verkündigen, was Gott in einer bestimmten Situation sagen will. Solche Aussagen sollen von der Gemeinde auf ihre Echtheit geprüft werden.

Wort der Weisheit (1. Kor 12,8) ist das lösende Wort in einer schwierigen Situation, das vom Geist Gottes geschenkt wird, und das sich sowohl auf geistliche wie auf menschliche Konflikte beziehen kann.

Wort der Erkenntnis (1. Kor 12,8) ist die vom Geist Gottes gewirkte Interpretation eines Bibelwortes in die aktuelle Situation eines Menschen, einer Gruppe oder einer Gemeinde hinein.

Unterscheidung der Geister (1. Kor 12,10) ist die Fähigkeit, das echte Wirken des Geistes von menschlichen oder antigöttlichen Impulsen zu unterscheiden.

Glossolalie (1. Kor 12,10) ist ein vom Geist Gottes geschenktes Reden, das wie eine Fremdsprache klingt, wodurch die Tiefenschichten unserer Person in besonderer Weise in unser Beten einbezogen werden.

Deutung der Glossolalie (1. Kor 12,10) ist die prophetische Interpretation eines Sprachengebets, wodurch ihr unbekannter Inhalt in die Muttersprache der Zuhörer übertragen wird.

Lehre (Röm 12,7) macht die grundsätzlichen Aussagen der Bibel durch die Impulse des Heiligen Geistes für alle verständlich.

Leitung ist entweder die Fähigkeit zur Entscheidungshilfe in einer bestimmten Situation (prophetische Leitung, 1. Kor 12,28) oder die Gabe des Hirtendienstes, die dafür sorgt, dass alle bekommen, was sie brauchen (diakonische Leitung, Röm 12,8).

Offenbarung (1. Kor 14,26) ist eine Prophetie in bildhafter Form (Vision), wobei die Bilder meistens – ähnlich wie bei der Glossolalie – gedeutet werden müssen.

Singen im Geist (1. Kor 14,15) ist ein unmittelbar vom Geist geschenktes Lied oder das gleichzeitige spontane Singen in einer Gruppe.

Seelsorge (Röm 12,8) ist die Fähigkeit, aus den Impulsen des Heiligen Geistes heraus Lebenshilfe im Sinne der Ermahnung und Ermunterung zu vermitteln.

Charismen des Handelns

Diakonie (Röm 12,7) ist Verwaltung, Hilfeleistung und barmherziges Handeln aus der Kraft des Heiligen Geistes und bezieht sich auf alles, was für den Menschen lebenswichtig ist.

Glaubenskraft (1. Kor 12,9) ist ein besonderes Gespür dafür, wo Gott in kraftvoller Weise in das Leben von Menschen eingreift, und die Bereitschaft, sich an diesem Handeln Gottes zu beteiligen.

Krankenheilung (1. Kor 12,9) ist die Gabe, so mit Kranken zu beten, dass sie entweder Heilung oder neue Kraft für ihre Krankheit empfangen.

Kraftwirkungen (1. Kor 12,10) ist die Gabe, im Einzelfall eine besondere Kraft Gottes weiterzugeben, wie bei einem Naturwunder, in der Bewahrung vor Todesgefahr oder bei der Austreibung von Dämonen.

Fürsorge (1. Kor 12,28) ist eine geistgewirkte Wahrnehmung von Menschen, die in besonderer Not sind, und die Fähigkeit, in dieser Situation die Gebenden und Nehmenden zusammenzubringen.

Begegnung (Röm 1,11-12) ist die Gabe, aus dem Kontakt mit einem Menschen ein besonderes Geschenk der Begegnung werden zu lassen.

Teilen (Röm 12,8) ist die geistgewirkte Fähigkeit, zur rechten Zeit, an der rechten Stelle und im rechten Maß in glaubwürdiger Gesinnung zu geben.

Evangelisation (Eph 4,11) ist die Gabe des zeugnishaften Lebens, das so eindeutig wirkt, dass ihr Träger schon ohne sein Zutun von glaubensfernen Menschen nach dem Hintergrund seines Glaubens gefragt wird.

Barmherzigkeit (Röm 12,8) ist die geistgewirkte Fähigkeit, sich so in die Lage des anderen versetzen zu können, dass er Geborgenheit und Hilfe erlebt.

Ehe oder Ehelosigkeit (1. Kor 7,7) ist eine Doppelgabe, wie Paulus sagt: »... so oder so.« Die Gabe der Ehe ist die vom Geist Gottes geschenkte Befähigung, das eigene Leben auf Lebenszeit mit einem Menschen des anderen Geschlechts zu teilen. Die Gabe der Ehelosigkeit ist die vom Geist Gottes geschenkte Befähigung, das Leben ohne Ehepartner aus sich heraus zu gestalten.

Charismatische Bewegung

Im 20. Jahrhundert gab es einen charismatischen Aufbruch, bei dem man drei charakteristische Strömungen beobachten kann. Die erste ist die Pfingstbewegung, die Anfang des Jahrhunderts entstand und – ausgehend von der Lehre der »Geistestaufe« – das enthusiastische Verständnis der Geisteswirkungen in den Vordergrund stellte. Aus ihr ist inzwischen eine große, eigenständige Konfessionsfamilie geworden. In den sechziger Jahren entstand die charismatische Erneuerung, in der in den traditionellen Kirchen (vor allem im Protestantismus, im Katholizismus und in den älteren Freikirchen) charismatische Erfahrungen in die vorhandene Theologie und Spiritualität integriert wurden. Im letzten Drittel des 20. Jahrhunderts entwickelte sich eine charismatische Bewegung, die von einer Vielzahl von lokalen Bewegungen, Zentren und auch einzelnen Personen ausgeht, in der freie, nicht konfessionsgebundene Ortsgemeinden entstehen und in der die Theologie der Pfingstbewegung dominiert.

Dreieinigkeit

Eine spezielle Lehre von der Dreieinigkeit Gottes kennt das Neue Testament noch nicht, obwohl es über Gott, den Vater, über Jesus Christus, den Sohn und über den Heiligen Geist so spricht, dass sie auf der einen Seite »Ausprägungen« des einen Gottes sind, aber so eigenständige Züge tragen, dass man auch von einzelnen »Personen« sprechen kann. Weil sich Gott nicht im vollen Sinne dem menschlichen Verständnis öffnen kann, bleibt das »drei in eins« der wichtigste denkerische Zugang zu Gott, der aber das Geheimnis Gottes weder vollkommen lüften kann noch soll. Im »Nicänischen Glaubensbekenntnis« (381) erhält das Bekenntnis von der Dreieinigkeit Gottes seine noch heute gültige Gestalt, in der die Integration des Geistes Gottes in die Trinität folgendermaßen formuliert wird: »Wir glauben an den Heiligen Geist, den Herrn und Lebensspender, der vom Vater ausgeht, der mit dem Vater und dem Sohn zusammen angebetet und gepriesen wird und der durch die Propheten gesprochen hat . . .«

Einheit der Christen

Durch die charismatischen Erfahrungen haben sich viele ökumenische Kontakte entwickelt, die zu einem der gewichtigsten Impulse für die Einheit der Christen geworden sind. Denn gemeinsame Erfahrungen schaffen ein unmittelbareres Bewusstsein für Einheit als Gespräche über Erkenntnisfragen. Darin liegt allerdings auch die Gefahr, dass durch überkonfessionelle Konferenzen und Gemeinschaften die Substanz von konfessioneller Tradition und Lehre verloren geht.

Ekstase

Ekstase ist ein Zustand des Außersichseins, der entweder in der Trance zu einem körperlich-seelischen Stillstand führt oder aber in der Hyperaktivität zu ekstatischen Körperbewegungen. Im AT wie im NT werden ekstatische Zustände beschrieben, allerdings als Ausnahmeerscheinungen und niemals als Folge menschlicher Suggestion. Seelische Probleme treten vor allem dann auf, wenn ekstatische Zustände oder Vorformen von ihnen durch Suggestion oder Manipulation erzeugt werden, wie es bei manchen charismatischen Veranstaltungen und Gottesdiensten geschieht. Vom Geist Gottes gewirkte Erfahrungen des Außersichseins können sich nur dann einstellen, wenn wir der Versuchung, sie manipulativ zu erreichen, widerstehen.

Empfang der Charismen

Die Gaben des Heiligen Geistes werden jedem mit seiner Umkehr zu Gott gegeben, denn sie sind die persönliche Ausformung »der Gabe des Geistes«, deren Empfang ein Teil der christlichen Grunderfahrung ist. Damit die Charismen zur Wirkung kommen können, müssen sie entdeckt, freigesetzt und entfaltet werden, was meist nur dann geschieht, wenn der Heilige Geist und seine Gaben auch in Lehre und Predigt bewusst gemacht werden. Ein charismatisches Durchbruchserlebnis Jahre nach dem Christwerden bedeutet nicht, dass die Charismen erst dann gegeben werden, sondern dass sie bis dahin nicht erwartet und deswegen auch nicht entdeckt worden sind.

Empfang des Heiligen Geistes

Die christliche Grunderfahrung besteht nach Apostelgeschichte 2,38 aus Umkehr, Taufe, Geistempfang und Einbindung in eine konkrete Gemeinschaft, die den »Leib Christi« am Ort darstellt (V. 41). Diese vier Schritte gehören in einen erlebbaren Zusammenhang, obwohl sie in der geistlichen Praxis unserer Kirchen oft Jahre oder Jahrzehnte auseinander klaffen. Mit der Umkehr zu Gott und der Annahme der Erlösung durch Jesus Christus wird die »Gabe des Heiligen Geistes« gegeben, deren Empfang nach den neutestamentlichen Berichten vom Betroffenen konkret wahrgenommen werden kann. In der Apostelgeschichte werden dafür viele Zeichen genannt, so z.B. das plötzliche verständliche Reden Gottes (2,11); der Freimut zur Verkündigung (4,31); Kraftwirkungen (8,18); Kraft zu einer totalen Lebenswende (9,22); Glossolalie (10,46); Freude (13,52) und Prophetie (19,6).

Enthusiasmus

Charismatische Erfahrungen werden vielfach enthusiastisch erlebt, also auf einem hohen Pegel der Begeisterung und Leidenschaft. Zu beachten ist allerdings, dass es zu einer Einebnung der geistgewirkten Individualität kommt, wenn die enthusiastische Spiritualität zum einzigen oder typischen Zeichen jeder echten Geisteswirkung erklärt wird. Denn im NT und in den Erfahrungen der Kirchengeschichte bis heute zeigt sich, dass der Heilige Geist die ganze Bandbreite menschlicher Erfahrungen in seinen Dienst nimmt, von der äußersten Nüchternheit bis zur nicht manipulierten Ekstase.

Erfahrung und Erkenntnis

Erfahrung und Erkenntnis sind die beiden Pole, zwischen denen sich das Wirken Gottes im Menschen abspielt. Obwohl sie beide unverzichtbar sind und die Bibel eine Balance zwischen beiden zeigt, sind durch die ganze Kirchengeschichte Einseitigkeiten zu beobachten gewesen, die immer wieder zu Pendelschlägen geführt haben. Nach einer Zeit starker Betonung der Erkenntnis leben wir heute sowohl in der Gesellschaft wie in den Kirchen in einer intensiveren Wahrnehmung der Erfahrung. Der Heilige Geist in der Gesamtheit seiner Wirkungen ist ganzheitlich. Er gibt ebenso Impulse zur Auslegung der Schrift wie er sich der menschlichen Gefühle bedient.

Erneuerung

Erneuerung wird vom NT als Umgestaltung zu einem Leben gesehen, das, vom Geist Gottes gewirkt, in Übereinstimmung mit dem Willen Gottes gelebt wird (Röm 12,2). Sie darf nicht verwechselt werden mit den Veränderungen, die wir als Modernisierung verstehen, weil bei ihnen nur die äußeren Gegebenheiten wechseln. Es ist zutreffend, das Wirken des Heiligen Geistes als Erneuerung zu verstehen, aber es ist eine Engführung, Erneuerung im Wesentlichen auf die Erfahrungen der charismatischen Bewegung einzugrenzen. Buße und Bekehrung, die tägliche Hinwendung zu Gott, die Vertiefung unserer Erkenntnisse, die Erneuerung gesellschaftlicher Strukturen – alles dies gehört zum Wirken des Heiligen Geistes und es ist wichtig, dass sich die charismatische Bewegung nur als ein Strang der Erneuerung in der Christenheit versteht, der auf die Erfahrungen anderer Erneuerungsbewegungen angewiesen ist.

Ethik

Das NT sieht die Wirkungen des Heiligen Geistes und die Entwicklung zu einer ethisch verantwortlichen Persönlichkeit in einem untrennbaren Zusammenhang. Paulus stellt dies in das Spannungsfeld zwischen Gabe und Frucht des Geistes und sagt: Wenn ein Charisma wie Prophetie oder Glossolalie ohne die Frucht des Geistes ist, vor allem ohne Liebe, nützt es nichts (1. Kor 13,1-3). Ob die Entfaltung geistlicher Kräfte auf der Basis ethischer Verhaltensweisen geschieht, muss in der Ortsgemeinde geprüft werden, wo man einander am besten kennt und ergänzen kann.

Freiheit

Der Geist Gottes befreit den Menschen, der sich ihm öffnet, nicht nur von der Abhängigkeit der Sünde gegenüber, sondern öffnet ihn auch für sich selbst als eigene Persönlichkeit mit ihren Kräften und Gaben. Geistliche Freiheit äußert sich in Vielfalt und Kreativität und findet ihre Grenze an der Freiheit des anderen. Daraus kann ein Dauerkonflikt entstehen, dem man nur entgeht, wenn man auch die positive Seite der Grenze sieht: An der Grenze meiner eigenen Gaben und meiner persönlichen Kraft beginnt der Freiraum für die Gaben des anderen und wenn wir dies annehmen und achten, kann sich die Vielfalt und Ganzheit des »Leibes Christi« entfalten, ohne dass der Einzelne seinen Freiraum verliert. Paulus bezeichnet diese »Gemeinschaft im Geben und Nehmen« als *koinonia*.

Frucht des Geistes

Biologisch gesehen ist Frucht das Ergebnis eines längeren Wachstums und deshalb zählt Paulus als neunfache Frucht des Geistes in Gal 5,22-23 keine Merkmale auf, die durch außergewöhnliche Geschehnisse entstehen, sondern nur durch kontinuierliches Wachstum. Charismen sind bestimmte Fähigkeiten, die man für einzelne Situationen braucht, die Frucht des Geistes aber wird Teil der eigenen Persönlichkeit. Sie ist von allen Geisteswirkungen das sicherste Kennzeichen dafür, in welchem Maße Christus in einem Menschen Gestalt gewonnen hat. Damit die Frucht des Geistes wachsen kann, brauchen wir Zeit für Gott und sein Wort und das kontinuierliche Wirken des Heiligen Geistes, damit »der innere Mensch von Tag zu Tag erneuert werden« kann (2. Kor 4,16).

Gebet

Meistens liegen die Anlässe für unser Beten bei uns selbst: Wir haben Not und bitten Gott um Hilfe; wir erleben etwas Positives und sind ihm dankbar; wir kommen zusammen, um ihn anzubeten. Der Heilige Geist kommt in unseren Gebeten aber viel stärker vor, wenn er die »Tagesordnung« bestimmen kann. Daher brauchen wir neben allen anderen Gebetsformen das Gebet aus der Stille, das wir nur gewinnen können, wenn wir uns zurückziehen und »in unsere Kammer« gehen, damit wir unserem Vater im Himmel »im Verborgenen« begegnen (Mt 6,6). Beim »Beten aus dem Hören« warte ich auf die Impulse des Heiligen Geistes, der die Inhalte anstoßen will, die Gott bei mir entwickeln will. »Beten von sich aus« kann jeder, der mit Christus in einer Lebensbeziehung steht, »Beten aus dem Hören« muss man lernen, denn hören können wir viel schlechter als reden. Aber es hat auch eine besondere Verheißung, wenn wir uns in der Stille auf die »Tagesordnung Gottes« einlassen können, weil wir nur auf diese Weise seinen Willen begreifen und schließlich auch tun können.

Geistesgabe

Paulus spricht nur zweimal von *pneumatika* (Geistesgaben), während er sonst von den *charismata* (Gnadengaben) redet. Die beiden Stellen (1. Kor 12,1 und 14,1) scheinen den Sprachgebrauch der Korinther aufzunehmen, die von »Geistesgaben« reden, um das Besondere zu betonen, während »Gnadengaben« den unverdienten Geschenkcharakter in den Vordergrund stellt. Die paulinische Sprache steht uns auch heute gut an, denn wir sind immer noch in der Gefahr, über dem Besonderen der Gaben des Heiligen Geistes die Tatsache zu übersehen, dass sie jeder wiedergeborene Christ erhalten hat und sie kein »Orden« für unser gutes Verhalten oder unsere besondere Anstrengung sind, sondern die Ausstattung mit geistlichen Fähigkeiten, die jeder Christ bekommt, weil er sie braucht.

Geistestaufe

Am häufigsten spricht Paulus vom »Geistempfang«, obwohl die Sache selbst im NT mit sehr verschiedenen Begriffen beschrieben wird. Dabei überwiegen deutlich die Formulierungen, die den Bezug des Heiligen Geistes zum »normalen« Leben betonen, wie »geben«, »wohnen« oder »haben«. Demgegenüber stehen ab und zu Begriffe wie »voll werden«, »taufen« oder »herabfallen«, die stärker das Besondere am Geistempfang betonen. Eine spezielle Geistestaufe als ein von der Umkehr zu Gott getrennter Akt zeigt das NT nicht; die wenigen Ausnahmen scheinen auf Sondersituationen zu beruhen. Wenn ein Mensch zu Gott umkehrt, soll er wahrnehmen können, dass er den Heiligen Geist im vollen Sinn empfangen hat. Dass oft in großem zeitlichen Abstand zur Wiedergeburt geistliche Durchbruchserlebnisse geschehen, hat mit der »Geistvergessenheit« unserer Kirchen zu tun, die keine Erwartung wecken, dass bei der christlichen Grunderfahrung ein erkennbarer Empfang des Heiligen Geistes geschieht. Die Erfahrungen einer Geistestaufe sind daher keine späteren Erfahrungen des Geistempfangs, sondern nur eine verspätete Wahrnehmung dessen, was bei der Umkehr geschehen, aber nicht bewusst geworden ist. Dass nicht die Glossolalie, sondern ganz verschiedene Erfahrungen den Empfang des Heiligen Geistes deutlich machen können, habe ich bereits beim Stichwort »Geistempfang« gesagt.

Geistliche Kriegsführung

Mit diesem Stichwort ist eine in der charismatischen Bewegung weit verbreitete Überzeugung benannt, die davon ausgeht, dass es eine Art satanische Hierarchie gibt, in der bestimmte Dämonen für bestimmte Regionen der Erde zuständig sind, die »territoriale Geister« genannt werden. Diese sollen von den Christen im Gebet unmittelbar angegriffen werden, um nach und nach die einzelnen Gebiete der Erde zu befreien. Die Grundvorstellung der geistlichen Kriegsführung ist nicht durch entsprechende Aussagen im NT gedeckt. Wenn, wie etwa in Pergamon (Offb 2,13), der Dienst der Gemeinde durch die unmittelbare Nähe heidnischer Kultstätten behindert wurde, die als »Thron des Satans« bezeichnet werden, wird nicht von der Befreiung dieser Stadt von den dämonischen Mächten gesprochen, sondern die Gemeinde ermahnt, besonders wach auf Irrlehren zu achten, welche die Gemeinde gefährden. Die Antwort auf die dämonische Gefahr ist die Treue zu Gottes Wort und die Offenheit dem Geist Gottes gegenüber, damit in den Menschen, die Jesus nachfolgen wollen, immer deutlicher das Bild Christi Gestalt gewinnt.

Gemeindeerneuerung

Am Anfang der charismatischen Erneuerungsbewegung wurde das Hauptgewicht auf die persönliche Geisterfahrung des Einzelnen und die Erneuerung der Gemeinde gelegt. Denn beides sind entscheidende Ebenen für das Wirken des Heiligen Geistes. Inzwischen haben sich die enthusiastischen Phänomene stärker in den Vordergrund geschoben und die Durchdringung der traditionellen Kirchen und Gemeinden mit der charismatischen Erfahrung hat sich abgeschwächt. Schnelle »Erfolge« sind eher bei Konferenzen und faszinierenden Einzelgemeinden und -gruppen zu finden. Aber das Wachstum der Frucht des Geistes ist auch hier nicht zu umgehen, sodass die charismatische Erneuerung nur in dem Maße Glauben wecken und Kirche und Gesellschaft verändern kann, wie sich ihre Gemeinden erneuern lassen. So wird es Zeit, dass sich die charismatische Bewegung stärker von der Ebene der Frucht des Geistes bestimmen lässt als von der Erwartung besonderer charismatischer Erfahrungen.

Gesellschaft

Das AT zeigt uns den Geist Gottes als Mitschöpfer und deswegen ist alles Leben Ausdruck des Geistes Gottes (Ps 104,30). Wenn der Heilige Geist auch heute Mitverantwortung für die Gestaltung des Lebens trägt, können sich die Menschen, in denen er wohnt, nicht von ihrer Mitverantwortung für die Gesellschaft und die ganze Erde distanzieren. Unsere Gesellschaft mit ihren verloren gegangenen Werten braucht nichts dringender als ein neues Aufmerksamwerden auf die Frucht des Geistes. Und die vielen von der Orientierungskrise der Gegenwart gezeichneten Menschen suchen einen Zugang zu einer Kraft, die sie erneuert, und könnten sie beim Geist Gottes finden, der ihnen den Zugang zu Gott, dem Vater, vermittelt. So drängt uns der Geist Gottes auch heute, missionarische und diakonische Verantwortung für die Menschen unserer Gesellschaft zu übernehmen und mit den Charismen so umzugehen, dass sie auch zu gesellschaftsverändernden Kräften werden.

Glaube

Wie schon bei der Pfingstpredigt des Petrus führt die Verkündigung zur Frage »Was sollen wir tun?« und danach bei denen, die ihre ganze Hoffnung auf Jesus Christus setzen, zur Umkehr. In der Tiefe aber wird der Glaube durch den Heiligen Geist gewirkt: »Niemand kann sagen: ›Herr ist Jesus!‹ außer durch den Heiligen Geist« (1. Kor 12,3). Und auch in Römer 8 finden sich gewichtige Aussagen, welche die Wirkung des Geistes und die Weckung des Glaubens zusammenbinden. So wird die Entfaltung der Kräfte, Wirkungen und Gaben des Geistes nur so nachhaltig sein, wie der Glaube in seinen Tiefenschichten gefestigt ist. Das geschieht durch das Bekenntnis, dass Christus der Herr ist, und durch dessen Umsetzung ins Leben. In Mk 16,17 heißt es: »Diese Zeichen aber werden denen folgen, die glauben ...« und nicht umgekehrt, denn der Glaube gründet zu flach, wenn er dadurch entsteht, dass man »den Zeichen folgt«. Weil die Weckung des Glaubens eine so entscheidende Aufgabe ist, kann es keine echte geistliche Erneuerungsbewegung geben, der die Durchdringung der Gesellschaft mit dem Evangelium nicht ein dringendes Anliegen ist.

Glaubensbewegung

Die »Glaubensbewegung«, die inzwischen relativ viel Einfluss auf die charismatische Bewegung gewonnen hat, lehrt, dass der Mensch, der im Glauben den Zugang zum Heiligen Geist findet, so viel Macht über die Wirklichkeit des Lebens gewinnt, dass er sie nach seinen Wünschen umgestalten kann. Weil die Menschen durch den Empfang des Geistes Anteil am Wesen Jesu erhalten, können sie vollkommen werden und damit Anspruch auf Gesundheit und Wohlstand erheben. Diese Grundeinstellung zum Wirken des Heiligen Geistes ist nicht mit der Botschaft des NT in Übereinstimmung zu bringen und lässt tief greifende Probleme entstehen, weil irgendwann die Erfolgssträhne reißt und ein totaler Zerbruch des Glaubens und oft auch des Lebens die Folge ist. Wir sollten in der weiten Verbreitung der Lehren der Glaubensbewegung eine Herausforderung sehen, immer wieder neu nach dem biblischen Weg einer geistlichen Existenz zu suchen, die ihre Kraft allein in der Vollmacht eines an Christus gebundenen Lebens findet.

Gottesdienst

Viele Gottesdienste sind in Routine erstarrt oder einfach nichts sagend – sie können eine Auffrischung durch mehr Spontaneität und die Beteiligung möglichst vieler unterschiedlich begabter Teilnehmer dringend brauchen. Allerdings sind viele der Gottesdienstelemente, die in der charismatischen Bewegung entstanden sind, ihrerseits bereits wieder erstarrt, z.B. wenn es einen immer gleichen Ablauf eines Lobpreisteils gibt, der nach kurzer Zeit ebenso unbeweglich ist wie der traditionelle Gottesdienst. Die Beschreibung eines spontan gestalteten Gottesdienstes, wie sie in 1. Kor 14 gegeben wird, hält viele konkrete Anregungen bereit: Der Gottesdienst soll von vielen gestaltet werden, traditionelle und neue Elemente enthalten, sich am Ziel der Auferbauung orientieren, abwechselnd sein und den Freiraum für spontane Beiträge dadurch öffnen, dass die Gemeinde in der Beurteilung dessen, was geschieht, die letzte Instanz darstellt. So kann trotz der Unterschiedlichkeit und Vielfalt Frieden herrschen und der Gottesdienst zur Auferbauung beitragen.

Großveranstaltungen

Auf der einen Seite erreichen sie viele Menschen und besitzen einfach durch das Gewicht der großen Zahl eine stärkere Durchschlagskraft. In der Größe liegen aber auch die Probleme: Alle persönlichen Begegnungen müssen mit »künstlichen« Mitteln gestaltet werden; die Bühne als Gegenüber der großen Masse macht es leichter, zu Formen der Manipulation und Suggestion zu greifen und der Versuchung der Macht über Menschen zu erliegen. So sollten Großveranstaltungen immer nur zusammenfassen, was schon als Netz geknüpft ist, und sich an Menschen wenden, die in ihrer Gemeinde oder Gruppe eine feste geistliche Heimat besitzen.

Handauflegung

Oftmals werden beim Gebet für Kranke, bei einer Segnung oder bei der Bitte um das Wecken einer Gabe der betreffenden Person die Hände aufgelegt. Das ist eine nonverbale Form des Gebets, denn die Hände, die aufgelegt werden, bewirken allein nichts. Es bleibt Gottes freies Handeln, ob er Heilung schenkt oder Charismen freisetzt. Aber durch die körperliche Berührung wird das Gebet intensiver, und derjenige, mit dem gebetet wird, kann die helfende Gegenwart seines Gebetspartners so intensiv wahrnehmen, dass sich beide stärker für das Handeln Gottes öffnen können. Ob wir die Handauflegung sakramental oder nicht-sakramental verstehen, immer heilt oder antwortet Gott und die beteiligten Menschen bleiben in der Position der Bittenden. Gerade beim Gebet für Kranke aber ist es wichtig, dass die Wahrnehmung der Gegenwart Gottes durch die Person des Betenden nicht allein auf der Wortebene bleibt, weil vor allem Schwerkranke körperliche Berührungen deutlicher wahrnehmen können als Worte allein.

Heiliger Geist

Sowohl das hebräische *ruach* wie das griechische *pneuma* bedeuten ursprünglich »Hauch« oder »Wind«, und haben dann erst die Bedeutung »Geist« angenommen. Diese doppelte Ebene erlaubt uns, im Verständnis des Heiligen Geistes differenzierter zu denken, denn Gottes Geist ist beides: das *pneuma*, also eine Kraft, die von Gott ausgeht, und der *paraklêtos*, der »Beistand«, den wir herbeirufen können, wenn wir Hilfe brauchen. Ein Leben mit dem Heiligen Geist wird reicher werden, wenn wir beide Vorstellungen in unser geistliches Leben hineinnehmen. Das Pneuma als Kraft Gottes ist »ausgegossen über alles Fleisch« (Apg 2,17), und die Spuren dieses Wirkens kann ich überall erkennen: Wo ich hinkomme – der Geist Gottes als sein Hauch ist schon da und hat Leben geschaffen. Gleichzeitig gibt es das ganz persönliche Verhältnis zur Person des Geistes Gottes, der mein Berater ist, der in mir »wohnt« und sich in einer intensiven Weise mit mir verbunden hat.

Heiligung

»Heilig« ist alles, was der menschlichen Verfügbarkeit entzogen wird, damit es dem Willen Gottes untergeordnet werden kann. Mit Heiligung bezeichnen wir die Entwicklung eines Menschen, der sein Leben immer stärker auf den Willen

Gottes einstellt und damit in das Bild Christi gestaltet wird. Dabei dürfen wir die Spannung nicht übersehen, die zwischen dem Handeln Gottes am Menschen und seinen eigenen Bemühungen besteht. Wer die »neue Geburt im Heiligen Geist« erlebt hat, wird im NT als »Heiliger« bezeichnet. Damit hat der Prozess der Heiligung aber erst begonnen, und weil wir trotz unserer Ausrichtung auf den Willen Gottes nicht sündlos werden können, bleibt der Prozess der Heiligung unabgeschlossen. Die Radikalität der Heiligungsbewegung, von der auch Teile der charismatischen Bewegung geprägt sind und die meinte, Sündlosigkeit erreichen zu können, hat sich nicht bewährt. Gerade deshalb brauchen wir einen langen Atem, um aus der Kraft des Geistes Gottes und aus unserem Willen heraus auf dem Weg zur Heiligung so weit voranzukommen, wie es irgend geht.

Individualismus

Dadurch, dass der Heilige Geist jedem Menschen unterschiedliche Gaben gibt und den Freiraum, sich von seiner schöpfungsgemäßen Individualität her zu entwickeln, nehmen die Unterschiede zwischen den Menschen durch das Wirken des Geistes zu. Immer allerdings, wenn Paulus die Unterschiedlichkeit der Charismen betont, ordnet er sie im Bild vom Leib Christi in die vom Geist Gottes gestiftete Gemeinschaft ein. Der Individualismus des Einzelnen soll nicht zu einer schrankenlosen Selbstverwirklichung führen, sondern ihn fähig machen, als unverwechselbarer Teil eines größeren Ganzen mit seinen Gaben den Raum auszufüllen, der ihm schöpfungsgemäß und von seinem Gabenspektrum her gegeben ist. Allein das ist eine sinnvolle Form der Selbstverwirklichung, weil sie sich nicht mehr trennen lässt von der »Christusverwirklichung«, die dann im Menschen geschieht.

Innere Heilung

Bei vielen Menschen sind im Laufe der Entwicklung Verletzungen entstanden, die der Seelsorge bedürfen. Dem begegnet eine seelsorgerliche »Schule«, die sich auf die »Innere Heilung« des Menschen konzentriert. Allen Formen der Inneren Heilung gemeinsam ist der Versuch, die Verletzungen im Licht des Heiligen Geistes offen zu legen. In der Geborgenheit der Nähe Gottes können sie angeschaut und noch einmal erlebt werden. Der Betroffene kann anderen Menschen und sich selbst vergeben und die Vergebung Gottes empfangen. Dann folgen Gebete um Heilung. Viele Vertreter dieser Ausrichtung beziehen Erkenntnisse aus der Tiefenpsychologie mit ein. Immer aber geht es im Zentrum des Geschehens um das Freiwerden der heilenden Kräfte Gottes in der unmittelbaren Beziehung zu den offen gelegten Verletzungen.

Inspiration und Institution

Diese beiden Pole gehören in ein Spannungsfeld, das sich vielfältig äußert: zwischen Charisma und Frucht des Geistes, zwischen Individualität und Leib Christi sowie zwischen Bewegung und Kirche. Inspirationen des Heiligen Geistes äußern sich in spontanen Worten prophetischer Art, in unmittelbarer diakonischer Hinwendung und überraschenden Zeichenhandlungen. Sie brauchen das Gegenüber einer geistlichen Gemeinschaft, die Inspiration achtet, aber prüft. Wenn das fehlt, spalten sich spontane Gruppen leicht und werden anfällig für die Macht Einzelner. Wenn auf der anderen Seite die Institution die Inspiration unterdrückt, erstarrt sie schnell, sodass sich ihre Strukturen, die als Gegenüber zur geistlichen Spontaneität lebensnotwendig sind, verselbstständigen.

Jesus Christus

Jesus weist in den Abschiedsreden darauf hin, dass der Beistand, der Heilige Geist, seine Aufgaben übernehmen werde, wenn er die Welt verlässt. Eine der wichtigsten Aufgaben des Geistes Gottes ist es, auf Jesus hinzuweisen: »Der Beistand … wird euch alles lehren und euch an alles erinnern, was ich euch gesagt habe« (Joh 14,26). Der Heilige Geist macht uns Jesus groß, weckt Verständnis für seine Botschaft und hilft uns dabei, sein Erlösungswerk und seinen Lebensstil mit unserem Leben zu verknüpfen. Wenn der Heilige Geist uns nicht Jesus groß macht und zu den zentralen Fragen des Glaubens führt, müssen wir damit rechnen, dass das echte Wirken des Geistes nicht zum Zuge gekommen ist. Die Verheißung von Pfingsten, dass jeder, der zu Gott umkehrt, die Gabe des Heiligen Geistes empfängt, ist die Konkretion dessen, was Jesus in seinen Abschiedsreden gesagt hat.

Krankenheilung

Das Neue Testament betont, dass es durch das Gebet gelingen kann, eine Krankheit zu heilen. Gleichzeitig wird aber jede Automatik ausgeschlossen. Auch im Wirken Jesu selbst, etwa am Teich Betesda, wird nicht jeder Kranke geheilt. Wir sollen im Glauben und ganz konkret darum bitten, dass der Kranke geheilt wird, trotzdem aber die ganze Bandbreite des Handelns Gottes akzeptieren, der völlige Heilung, Besserung, neue Kraft oder auch eine andere Sicht der Krankheit schenken kann. Um die Differenzierung zu betonen, spricht Paulus in 1. Kor 12 konsequent von den »Gaben der Heilungen«. Jede Heilung ist ein Charisma für sich, das der »Geist austeilt, wie er will« (1. Kor 12,11). So verstanden könnte viel mehr für Kranke gebetet werden, weil die »Angst, keinen Erfolg zu haben«, unnötig ist. Nur Gott selbst heilt, aber unser Glaube und der Glaube des Kranken bringt die Krankheitsnot in den Einflussbereich des Geistes Gottes, der immer etwas bewirken wird, auch wenn es oftmals anders ist als unsere Erwartungen.

Leitung

Es gibt menschlich begabte Leiter und es gibt das Charisma der Leitung. Oft gehen die geistliche und die menschliche Begabung so ineinander über, dass man sie nicht voneinander unterscheiden kann. Auch wer das Charisma der Leitung hat, unternimmt mit dieser Aufgabe eine ständige Gratwanderung. Man kann auf der Seite der Macht vom Grat herunterfallen, indem man andere – meist mit »sanfter Gewalt« – festlegt und ihnen damit den Freiraum nimmt, den der Heilige Geist für sie geöffnet hat. Man kann auch auf der Seite des Chaos vom Grat herunterfallen, indem man zulässt, dass sich der Individualismus des Einzelnen verselbstständigt, damit seine ergänzende Funktion verliert und zum Egoismus wird. Ein guter Leiter wird das Kräftedreieck ernst nehmen. Er ist auf die Impulse des Heiligen Geistes angewiesen, er hat vorurteilsfrei auf die Menschen zu hören, für die er verantwortlich ist, und er wird in einem sinnvollen Rahmen auch seine eigene Meinung einbringen. Wenn keiner dieser Pole allein dominiert, wird der Leiter seine Aufgabe, einen Raum für das Wirken des Geistes Gottes zu schaffen, der gleichzeitig die Persönlichkeit der Einzelnen entfaltet, am besten bewältigen können.

Lieder

Jede Zeit und jede christliche Spiritualität hat ihr eigenes Liedgut hervorgebracht, so auch die charismatische Bewegung. Es sind vor allem kurze, chorusartige Bibeltexte und Lobpreis- sowie Anbetungslieder, die dazu gehören. Vom Stil her sind sie eher der populären Musik als der kirchlichen Tradition verhaftet. Sobald man allerdings dieses Liedgut ausschließlich singt, werden Grenzen sichtbar: Es gibt viele Inhalte, wie Buße, die alltägliche Lebenspraxis oder die Stationen des Kirchenjahres, die in diesen Liedern nicht angesprochen werden. So ist es sehr sinnvoll, das charismatische Liedgut mit dem traditionellen so zu vermischen, dass sich alle Teilnehmer in ihren unterschiedlichen Ausdrucksformen beheimatet fühlen.

Mann und Frau

In den kirchlichen Gruppen, die der charismatischen Bewegung nahe stehen, gibt es eine unterschiedliche Auffassung darüber, ob es vom Verständnis des NT her grundsätzliche Grenzen für die Tätigkeit der Frau in der Gemeinde gibt. Die gesamte Erfahrung im charismatischen Aufbruch hat aber gezeigt, dass offensichtlich alle Charismen sowohl Männern wie Frauen gegeben werden können. Das gilt auch für das Charisma der Leitung oder der Prophetie. Allerdings gibt es durch die Verschiedenartigkeit von Mann und Frau durchaus Unterschiede darin, wie Charismen praktiziert werden. Wenn Frauen leiten, tun sie das in der Regel kommunikativer als Männer, denen es dafür leichter fällt, in der Ausübung der Leiterschaft konsequent zu sein. Das macht uns darauf aufmerksam, dass die Gaben des Heiligen Geistes ohnehin durchlässig sind für die unterschiedlichen Persönlichkeitsstrukturen der einzelnen Menschen. Dies gilt dann naturgemäß auch für die physiologisch bedingten und die rollenspezifischen Unterschiede zwischen den Geschlechtern.

Pneumatologie

Dieser Begriff, der die Lehre vom Heiligen Geist meint, drückt in sich ein Spannungsfeld aus. Kann das lebendige Wirken des Geistes Gottes Gegenstand einer Lehre sein? Sie kann es, wenn sie das souveräne Handeln des Geistes nicht antasten will, aber deutlich macht, wie die aktuelle Geisterfahrung des Einzelnen mit dem Gesamtzeugnis der Bibel über den Heiligen Geist zusammenhängt. In diesem Sinne wird aus einer vorsichtigen und die Dynamik und Fremdheit des Geistes Gottes nicht einebnenden Pneumatologie ein Korrektiv zur spontanen und individuellen Geisterfahrung geschaffen, das gerade heute angesichts so vieler neuer charismatischer Erfahrungen notwendig ist.

Power-Charismatik

Unter diesem Begriff fassen wir die Strömungen in der charismatischen Bewegung zusammen, in denen das Wirken des Heiligen Geistes schwerpunktmäßig an der Präsenz von außerordentlichen Phänomenen festgemacht wird. Dabei treten die Charismen, soweit sie überhaupt noch im Blickfeld sind, fast nur in enthusiastischer Form auf. Weil das Außerordentliche zum Erweis des Geistes Gottes geworden ist, muss es auch dann, wenn es sich nicht von selbst einstellt, suggestiv »hergestellt« werden, weswegen der Veranstaltungscharakter in der Power-Charismatik stark zur Manipulation neigt. Obwohl man verstehen kann, dass sich diese Strömungen angesichts der Geistvergessenheit in den traditionellen Kirchen immer stärker ausweiten, überwiegen die Gefahren dieser Grundeinstellung ihre positiven Auswirkungen bei weitem.

Predigt

Immer wieder wird die Prophetie im Gottesdienst mit dem Argument zurückgedrängt, dass ja die Predigt Prophetie sei. Zwischen der Predigt und der Prophetie gibt es zwar Überschneidungen, aber beides ist nicht dasselbe. Denn neben dem spontanen Wort in die aktuelle Situation, das jede echte Prophetie auszeichnet, hat die Predigt einen eigenständigen lehrhaften und seelsorgerlichen Charakter. Sie sollte für prophetische Impulse offen sein, hat aber gleichzeitig die Aufgabe, die »objektiven«, weil biblischen Akzente des Glaubens so zu verkündigen, dass man daran die Prophetien prüfen kann. Dabei kann die Predigt für alle modernen Formen der Kommunikation offen sein, denn der Geist Gottes ist von seiner Natur her immer der Zeit voraus. Es darf aber nicht verloren gehen, dass jede Verkündigung von der Bibel abhängig bleibt. So braucht die Predigt dreierlei: eine solide exegetische Grundlage, das Verständnis für die aktuelle Situation der Zuhörer und die Offenheit für das prophetische Reden des Geistes Gottes.

Priestertum aller Glaubenden

Die »charismatische Struktur« einer Gemeinde geht davon aus, dass alle, die an Jesus Christus glauben, den Heiligen Geist empfangen haben und mit ihm seine Gaben und Wirkungen, so dass sie Anteil haben an der Koinonia der Gemeinde, in die sie ihre Gaben und Fähigkeiten hineingeben und durch die Gaben und Fähigkeiten der anderen ergänzen lassen. Aus diesem Miteinander aller ergibt sich die geistliche Kraft der Gemeinde. Sie ist wie ein Orchester, das Komponisten, Dirigenten und Notenwarte braucht, die aber ohne das Orchester selbst wirkungslos sind. So sind die Ämter, vor allem der hauptamtlichen Mitarbeiter, nach dem neutestamentlichen Zeugnis alle aus bestimmten Diensten hervorgegangen, die jemand anvertraut wurden, weil er vom Geist Gottes dafür begabt wurde und von seiner Persönlichkeit her für diese Aufgabe geeignet ist. Nur auf der Basis des Priestertums aller Glaubenden können die Ämter als »herausgerufene Dienste« ihre Aufgabe in der Gemeinde und im Reich Gottes erfüllen.

Sünde gegen den Heiligen Geist

Viele Menschen haben Angst, sie könnten die »Sünde gegen den Heiligen Geist« begangen haben, von der Jesus als Einziger sagt, dass sie nicht vergeben wird. Wenn wir den entsprechenden Text in den synoptischen Evangelien lesen (z.B. Mt 12,22-32), wird klar, dass Jesus hier etwas ganz Spezielles meint: Wenn jemand wider besseres Wissen das Werk des Heiligen Geistes als Werk des Teufels diffamiert, dann hat er die Sünde gegen den Heiligen Geist begangen. Jesus begründet seine scharfen Worte damit, dass eine Spaltung im Reich Gottes, bei der sich die Gegner gegenseitig den Glauben absprechen, die Glaubwürdigkeit aufs Äußerste beschädigt. Im Allgemeinen ist die Angst, diese Sünde zu begehen, unberechtigt, denn es müssen zwei Dinge zusammenkommen: die Diffamierung des Werks des Heiligen Geistes als satanisch und die bewusste Entscheidung, diese Waffe gegen Andersdenkende im Reich Gottes einzusetzen.

Tempel des Heiligen Geistes

Im Zusammenhang mit der Gefahr sexueller Verfehlungen wird in 1. Kor 6,19 der Körper als »Tempel des Heiligen Geistes« bezeichnet, wobei der hier benützte Begriff *soma* zwar in erster Linie den körperlichen Bereich des Menschen meint, aber Seele und Geist dabei nicht ausschließt. Alles ist Wohnort des Heiligen Geistes, aber um zu betonen, wie wichtig es ist, dass der Geist Gottes in unseren alltäglichen Lebenssituationen anwesend ist, wird hier vom Körper gesprochen. Sinn dieser Aussage ist es, uns klar zu machen, dass wir nicht mehr uns selbst gehören, sondern Gott. Der Geist Gottes will uns nicht die Freude am Leben nehmen – im Gegenteil: Er will, dass wir das Leben im größeren Zusammenhang mit Gott, dem Schöpfer, genießen, und dazu will uns der Heilige Geist als Mitschöpfer allen Lebens zu erneuerten Geschöpfen machen, bei denen alles bis hin ins Körperliche im Lebenszusammenhang mit Gott steht. Damit wird schließlich auch deutlich, dass die Wirkungen des Heiligen Geistes nur von ihrer Herkunft her »übernatürlich«, also »göttlich«, sind, ansonsten aber mitten in unser »natürliches« Leben gehören.

Vollmacht

Exousia ist die von Gott gegebene Erlaubnis, etwas in seinem Namen zu tun. In einem gewissen Sinn gilt das ganz allgemein, denn durch unsere Umkehr zu Gott werden wir Mitglieder der Familie Gottes und tragen seinen Namen. Daneben gibt es eine spezielle Vollmacht, einzelne Aufgaben im Reich Gottes anzupacken und dazu im Namen Gottes zu handeln. Dazu müssen drei Dinge zusammenkommen: einmal der Auftrag Gottes, zweitens das Charisma als Befähigung zu diesem Auftrag und schließlich die Heiligung als ethische Basis. Wer ein Charisma bekommen hat, besitzt nicht automatisch die Vollmacht, in Gottes Sinn tätig zu werden. Und wer diese Vollmacht von Gott bekommen hat, muss darauf achten, dass er sie durch ein ethisches Scheitern nicht wieder verliert.

Zeichen und Wunder

Wunder haben das Wirken Jesu begleitet und sind auch seinen Nachfolgern verheißen worden. Um deutlich zu machen, dass auch die Gabe der Kraftwirkungen ebenso wie die Gabe der Krankenheilung nicht in die Verfügungsgewalt von Menschen übergehen, sondern vollkommen der Souveränität Gottes unterstellt bleiben, hat Paulus auch hier den doppelten Plural »Wirkungen der Kräfte« (1. Kor 12,10) verwendet. Wunder kann man nicht ankündigen, wie es manchmal in der charismatischen Bewegung geschieht, und man kann auch nicht im Sinne eines »power-evangelism« die Wirksamkeit der Evangelisation erhöhen. Bei Jesus sind die Wunder immer Zeichen des unmittelbaren Eingreifens Gottes, das wir wohl erwarten und erhoffen, aber nicht in unsere Planungen einbeziehen können. Die Wunder folgen dem Glauben (Mk 16,17) und nicht der Glaube den Wundern.

Anhang

Im Folgenden werden die am »Handbuch Heiliger Geist« beteiligten *Autoren* kurz vorgestellt und ihre Publikationen zum Thema genannt.

Oskar Föller,

Jahrgang 1948, studierte Theologie an der Universität Heidelberg und promovierte 1994 zum Dr. theol. mit einer Arbeit zum Thema »Charisma und Unterscheidung«. Seit 1974 ist er Mitglied der Kommunität Adelshofen und seit 1994 Leiter des dortigen Theologischen Seminars.

Veröffentlichungen aus dem Bereich Pneumatologie:

Charisma und Unterscheidung. Einordnung und Beurteilung enthusiastisch-charismatischer Frömmigkeit im evangelischen und katholischen Bereich, Dissertation, 3. Aufl. Wuppertal 1997

Pietismus und Enthusiasmus – Streit unter Verwandten, Wuppertal 1998

Siegfried Großmann,

Jahrgang 1938, arbeitete nach dem Studium der Pädagogik als Lehrer, war 1968 einer der Gründer des »Lebenszentrums für die Einheit der Christen« in Schloss Craheim, leitete anschließend einen evangelischen Verlag, 1979–1988 die Ruferarbeit und ist seitdem Pastor und später Bildungsreferent im Bund Evangelisch-Freikirchlicher Gemeinden. Seit seiner Gründung ist er Leiter des »Forums Pneumatologie«.

Veröffentlichungen aus dem Bereich Pneumatologie:

Wirkungen. Charisma im Alltag, 2. Aufl. Schloss Craheim 1969, Übersetzung in den USA

Haushalter der Gnade Gottes. Von der charismatischen Bewegung zur charismatischen Erneuerung der Gemeinde, 2. Aufl. Wuppertal und Kassel 1978, Übersetzungen in England und Holland

Der Geist ist Leben. Hoffnung und Wagnis der charismatischen Erneuerung, 2. Aufl. Wuppertal und Kassel 1991

Weht der Geist, wo wir wollen? Der »Toronto-Segen« und der Weg der charismatischen Bewegung, Wuppertal und Kassel 1995

zahlreiche Einzelartikel, Dokumentationen des Forums Pneumatologie (Idea Schweiz und Deutschland)

Gerhard Hörster,

D.D., Jahrgang 1934, Studium der Theologie in Wuppertal, Göttingen und Marburg sowie am Predigerseminar der Freien evangelischen Gemeinden, seit 1961 Pastor, seit 1966 Dozent für Ethik und Neues Testament am Theologischen Seminar in Ewersbach, von 1976–1997 dort Rektor, danach im Ruhestand.

Veröffentlichungen aus dem Bereich der Pneumatologie:

Gnadengaben im Neuen Testament, in: Klaus Haacker, Gerhard Hörster u.a. »Mit Geist beschenkt«, Witten 1983

Manifestationen des Geistes. »Charismatische« und biblische Heilsvorstellungen, Witten 1995

Bibelkunde und Einleitung zum Neuen Testament, Wuppertal 1998, vorher erschienen unter dem Titel: Einleitung und Bibelkunde zum Neuen Testament, Wuppertal und Zürich 1993

verschiedene Aufsätze und Lexikonartikel

Gottfried Wenzelmann,

Jahrgang 1951, 1971–1988 Zugehörigkeit zur Christusbruderschaft Selbitz, 1975–1982 Studium der Theologie in Neuendettelsau, Tübingen, Heidelberg und Erlangen, Dr. theol., nach Vikariat Assistent im Fachbereich Systematische Theologie in Würzburg, danach Pfarrer, seit 1999 Pfarrer in der Lebensgemeinschaft und für die Tagungsarbeit auf Schloss Craheim/Unterfranken.

Veröffentlichungen aus dem Bereich Pneumatologie:

Nachfolge und Gemeinschaft. Theologische Grundlegung des kommunitären Lebens, Dissertation, Stuttgart 1994

Heilung und Heilungsdienst der christlichen Gemeinde, in: ThZ 52 (1996)

Geist und Kraft im Neuen Testament, in: idea-Dokumentation 18/97 (2. Forum Pneumatologie)

Detmar Scheunemann

Wo Gottes Feuer brennt

Elemente der Erweckung

176 Seiten, ABCteam-Paperback, Bestell-Nr. 111 163

Das größte Wachstum erlebt die Kirche zur Zeit nicht in Europa, sondern in Asien, Afrika und Lateinamerika. Der Autor, der selbst mehr als dreißig Jahre lang in Indonesien gearbeitet hat, erzählt von Christen in verschiedenen Teilen der Welt, die von Gott ergriffen worden sind. Er schält typische Kennzeichen für Erweckung heraus und zeigt, welche Voraussetzungen dafür vorhanden sein müssen.

Denn auch wenn kein Mensch Erweckung »machen« kann – sich für Gott öffnen, Schuld bekennen und Jesus um Erneuerung und Liebe bitten – das können Christen auch in Europa tun.

Detmar Scheunemann ist Pfarrer und war von 1957–1989 in Indonesien als theologischer Lehrer, Rektor des Bibelinstituts Batu und Regionaldirektor des WEC International für Ost- und Südostasien tätig. Von 1989–1997 war er Prorektor und Studienleiter an der Freien Hochschule für Mission, Korntal. Seit 1997 unterrichtet er im Rahmen des WEC International.

R. BROCKHAUS VERLAG WUPPERTAL

Evangelisches Lexikon für Theologie und Gemeinde

Studienausgabe

Band 1–3

Herausgegeben von Helmut Burkhardt und Uwe Swarat; in Zusammenarbeit mit Otto Betz, Michael Herbst, Gerhard Ruhbach und Theo Sorg

2424 Seiten, mit zahlreichen Fotos, Paperback, 3 Bände im Schuber

»Warum feiern wir eigentlich Abendmahl so, wie wir es feiern?«, »Wer waren die Täufer?«, »Was heißt ›evangelikal‹?« Drei Fragen von vielen, die immer wieder gestellt werden, bei denen es aber schwer ist, ebenso griffige wie kompetente Antworten zu finden.

Dieses Lexikon liefert die gewünschten Informationen in ca. 2800 übersichtlichen Artikeln von über 600 Autoren. Theologen und interessierten Laien bietet es damit hilfreiche Einstiege in das theologische Denken, Informationen über Persönlichkeiten der Kirchengeschichte, über Kirchen, Missionswerke, aber auch Sekten und Sondergruppen.

Über 450 Bilder bedeutender Gestalten der Kirchengeschichte runden das Lexikon ab.

R. BROCKHAUS VERLAG WUPPERTAL